피노키오의 철학

2

진리와 진리가 다툰다면?

2 진리와 진리가 다툰다면?

양운덕 지음

Humanist

일찍이 칸트는 '철학'을 가르칠 수는 있지만 '철학함'을 가르칠 수는 없을 것이라고 충고했습니다. 그래서 많은 입문서들은 독자들에게 사고 과정보다는 완성된 철학을 정리하고 요약해서 전달합니다. "헤겔의 정신 변증법은……" "플라톤이 추구한 정의란……" "니체는 원한에 바탕을 둔 노예도덕을 비판하면서……" 하는 식으로 성대하게 차려진 '그들을 위한' 철학 잔치에 초대받은 독자들은 그리 흥겨워하지도, 배불리 먹지도 않습니다.

　스스로 철학 잔치를 열면서 입맛에 맞는 음식들을 마련하고 정신의 양식을 함께 즐기는 길은 없을까요? 철학은 '사고의 천재'들의 전유물일까요? 평범한 철학 마을 주민들이 철학함의 주인공이 되는 길은 없을까요? '철학함'에 무슨 특별한 능력 같은 것이 필요할까요?

우리는 일상에서 흔히 볼 수 있는 문제들을 소재로 철학 무대를 꾸미고자 합니다. 이 무대는 개념과 사고의 도움으로 주인공들이 어지러운 현실을 해석하고 지혜의 빛을 모아서 난제들의 미로에서 빠져나오는 과정을 제시하고자 합니다.

한 주인공이 개념들로 뒤얽힌 매듭을 시원스레 풀어내고 환호하며 달려가는군요. "유레카(찾았다)!" 다른 친구는 지혜의 여신 소피아를 찾아 헤맵니다. 사랑에 빠졌나 봅니다. 과연 온갖 노력을 쏟고 수많은 고비를 넘어서 그녀의 사랑을 얻을 수 있을까요? 그렇게 많은 철학자들이 근엄하고 진지한 모습으로 하소연하고 인식의 보물단지를 바쳐도 모른 체하던 그녀를 말입니다. 그 친구가 눈을 뜨건 감건 그 모습을 생생하게 그릴 소피아는 어떤 자태일까요? 아름다움 자체를 구현한 자태? 날카로운 지성미를 지닌 모습? '어여쁘고 착하고 참한' 용모? 아니면 그저 그런 평범한 모습? 그보다도 이 친구는 어떻게 그토록 까다롭다는 그녀의 마음을 얻었을까요?

이 책은 새로운 지식을 더 많이 전달하려고 애쓰지 않습니다. 여러분이 소중하게 쌓아 둔 지식들을 돌아보면서 이미 알고 있는 것들을 다르게 생각하고 새로운 질문을 던지고자 합니다. 그래서 생각들의 길을 새로 만들고 그 길들이 어떻게 서로 통하는지, 지식들의 질서가 어떤 것을 밝히면서도 다른 것들을 숨기고 배제하는지, 철학적 사고가 삶에 도움이 되는지 아니면 도리어 해롭거나 위험한지를 다시 물어보고자 합니다.

진리에 목마른 이들은 철학에서 결정적이고 최종적인 답을 기대합니다. 그러면 인간과 세계를 완전하게 해명할 '현자의 돌' 앞에서 무릎 꿇고 경배하면서 지식의 연금술로 모든 것을 황금빛 찬란한 지식으로 바꿔 놓아야 할까요?

철학은 질문에서 시작합니다. 철학의 역사는 질문과 질문이 서로 다투거나 손을 잡는 질문들의 장입니다. 그래서 앞선 질문과 답에 대해서 다르게 질문하고 새롭게 묻습니다. 질문은 사고가 나아갈 방향을 지시하고, 사고할 만한 것을 찾고 일정한 사고의 범위를 윤곽 짓습니다. 좋거나 나쁜 답들은 질문이 구성하는 공간에 거주하는 주민들입니다. 그리고 독자가 질문에 답하는 자가 될지, 아니면 새로운 질문을 던지는 자가 될지는 스스로 결정해야 합니다.

철학이 질문과 함께 시작한다면 그 끝에는 무엇이 있을까요? 다른 모든 답을 물리칠 신성한 '하나의 답'이 있을까요? 그런 답이 새로운 질문들을 가로막는 철학적 전제군주가 되는 것은 아닐까요?

흔히 생각하는 것과 달리, 우리는 세계를 항상 일정한 관점에 따라서 해석합니다. 우리가 보는 눈, 보는 능력에 따라서 세계는 다양한 모습으로 나타납니다. 이렇게 해석한 세계는 우리가 생각하고 행동하는 바탕입니다.

우리에게 어떤 눈이 필요할까요? 이 책은 여러분이 사용할 수 있을 만한 몇 개의 '철학 안경'을 제시합니다. 안경에 따라서 세계는 다르게 보이고 다른 삶의 길이 열릴 겁니다. 어떤 안경이 여러분에게 알맞을까요? 어떤 안경이 더 객관적이고 보편적인 관점을 제공하고 어떤 안경이 구체적이고 흥미롭고 풍성한 관점을 선물할까요? (마음에 드는 게 없다면 새 안경을 만들어 보세요.)

좋은 안경을 골라서 '잘 먹고 잘 살기!' 그런데 기쁨과 능력을 주는 철학이 있는가 하면 슬픔과 무기력을 조장하는 철학도 있습니다. 삶을 긍정하는 것이 있는가 하면 삶을 견디기 어렵게 하는 철학도 있습니다. 값싼 희망과 행복으로 치장하거나 손쉬운 치유를 권하는 철학적 상술이 있는가 하면 고통과 허무를 감당하는 건강한 철학도 있습니다. 어떤 철학이 기쁨을 자아내고 삶의 고통을 껴안으면서 잘 사는 권리와 능력을 얻는 데 도움을 줄까요?

저는 피노키오가 '놀이에 전념하듯이'《피노키오의 철학》이 철학적 사고와 개념 들을 자유롭게 활용하는 놀이판이 되고, 즐거운 철학 놀이를 위한 장난감이 되기를 바랍니다. 놀이하는 주인공은 놀면서 자못 진지하게 온 힘을 집중하고 일정한 규칙에 따르며 일상과 다른 세계를 창조합니다. 우리는 그저 쉽고 재미있다고 즐거워하지는 않습니다. 이런 철학 놀이가 새로운 사고와 관점을 낳고 새로운 질서를 마련했으면 합니다.

그리고 피노키오가 어엿한 인간으로 '성장하는' 것처럼《피노키오의 철학》의 독자들도 자신과 세계를 사랑하며 지혜롭게 사는 능력을 키울 수 있기를 바랍니다. 우리가 먹기 위해서 사는 것도 아니고 살기 위해서 먹는 것도 아니라면, 먹거리 자체를 누리고 즐길 수 있을 겁니다. 성공하거나 유식해지기 위해서 철학공부를 하거나 철학적 진리를 위해서 삶을 희생하는 것이 아니라, 생각하고 논의하면서 즐거움을 만끽하고, 자기 힘으로 철학의 출발점을 새로 세우고, 스스로 사고의 수레를 이끌고, 삶과 고통을 힘차게 긍정하는 어린이처럼 철학의 바닷가 모래사장에서 영원히 놀 수 있는 존재가 되기를 바랍니다.

철학이 모든 문제의 답을 줄 수는 없겠지요. 시의적절한 연애 상담을 하거나 실연에 빠진 친구를 단번에 위로하지도, 주식시장의 흐름을 정확하게 예측하지도, 죽음을 마치 경험이라도 한 듯이 해명하지도, 모차르트의 곡처럼 놀랄 만큼 아름다운 피아노 소나타를 작곡하는 데 도움을 주지도, 병마에 시달리는 이의 육체적 고통을 조금이나마 덜어 주지도 못할 것입니다. 하지만 철학이 삶과 세계의 문제들 앞에서 불확실성과 모순, 역설과 우연 들을 마주해서 혼란스러운 현상들에 질서를 부여할 뿐만 아니라 그 질서의 부작용과 위험을 살피고 새로운 사고를 모색한다면 좋은 친구이자 스승, 나아가 연인이 될 수 있지 않을까요?

이 책에서 다루는 주제들을 소개하겠습니다. 전체가 네 권인데 각 주제들은 독립된 것이어서 특별한 순서가 없으므로 꼭 차례대로 읽지 않아도 됩니다.

1권에서는 먼저 《어린 왕자》의 모자 그림을 '어떻게 자기 나름대로 볼 수 있을까?'를 질문하죠. 이어서 이 시리즈를 대표하는 피노키오의 예를 통해서 피노키오가 사람인지를 질문합니다. 그리고 이 질문에 답하기 위해서 인간에 관한 다양한 논의를 검토합니다. 이어서 다양성을 포괄하는 '하나', 시간과 공간을 뛰어넘어서 변치 않는 '참된 것'을 찾기 위해서 플라톤의 아테네 학당을 찾아갑니다. 또한 현대 과학철학의 주제 가운데 하나인 귀납법을 정당화하는 문제를 살피면서 비판적 사고를 강조합니다.

2권에서는 수리한 희망호가 원래의 배와 같은지를 살피면서 변하는 세계에서 변하지 않는 동일성에 관해 질문합니다. 또한 시간이 흐르면서 일어나는 변화에서 동일성을 찾을 수 있는지도 살핍니다. 아울러 성장한 피노키오가 진리의 스승(데카르트)을 찾아가서 가장 확실한 진리를 찾는 방법을 배웁니다. 그리고 이런 근대 철학의 바탕을 발전시킨 칸트의 비판철학을 소개합니다. 칸트의 진리 재판정에서 인간이 무엇을, 어디까지 알 수 있는 권리가 있는지를 검토합니다. 이어서 참된 도덕의 원리를 세울 수 있는지도 살핍니다.

3권에서는 먼저 현대 철학의 주요한 주제인 언어의 문제를 다룹니다. 여기에서는 언어의 의미가 그것이 가리키는 대상에 있다는 관점을 부정하는 데에 초점을 맞추었습니다. 현대 구조주의 혁명을 일으킨 소쉬르가 '말 자치시'를 건설하려는 이론을 세운다고 보았고, 비트겐슈타인은 말놀이로 일상 언어를 새롭게 탐구하고 말에 대한 오해를 풀고자 합니다. 이어서 포스트모던의 문제의식을 소개하기 위해 미인대회를 구경하면서 아름다움의 척도로 모든 여성의 아름다움을 평가하는 경우에 어떤 무서운 일이 일어나는지를 봅니다. 보편적 진리의 위험성을 간접적으로 살피는 것이죠. 이어서 이성과 진리를 앞세우는 '모던'의 틀에 대해서 (리오타르가 대변하는) '포스트모던' 철학이 무엇을 다르게 생각하는지를 살핍니다.

4권에서는 먼저 니체의 글 한 편을 꼼꼼하게 같이 읽습니다. 서구 철학에 대한 강력한 비판자인 니체를 통해서 지금까지 공부한 진리 찾기가 어떤 전략에서 나온 것이며 어떤 점을 숨기고 있는지를 살핍니다. 그는 진리 없이 사고하는 새로운 가능성을 모색합니다. 현대 철학에 큰 영향을 미치고 있는 니체의 도발적인 논의는 포스트모던, 포스트구조주의의 논의와 관련해서도 중요하지만 무엇보다도 진리의 바닥에 숨겨진 허무주의를 어떻게 극복할 것인가 하는 절박한 질문을 던집니다. 이어서 서구 사고와 과학을 이끈 주요 원리인 결정론을 다루기 위해서 라플라스의 악마를 불러 옵니다. 결정론 패러다임을 대변하는 이 악마의 주장이 얼마나 다양한 영역을 주도하고 있고 어떻게 변형되는지를 살핍니다. 모든 것을 알 수 있다는 자만심에 빠진 예측의 대가인 악마가 놓친 점을 보기 위해서 카오스 이론, 복잡성 이론을 참조합니다. 나비의 날갯짓은 악마에게 위협적입니다.

이어서 결정론의 눈으로 인간 역사를 보는 악마를 따르는 역사법칙론을 보고 우연, 새로움이라는 난처한 문제도 살피면서 결정론 없이 사고할 가능성을 모색합니다. 과연 결정론이 주장하듯이 여러분이 《피노키오의 철학》을 읽도록 '하늘의 두루마리'에 미리 기록되어 있을까요?

이번에 새로 개정판을 내는 이유는 기존 내용을 수정하기 위한 것이라기보다는 독자들의 눈높이를 조금 올리기 위한 것입니다.

《피노키오의 철학》이 첫인사를 한 지 10년이나 지났습니다. 그동안 분에 넘치는 사랑을 받은 덕분에 장난꾸러기는 어엿한 청년으로 성장했습니다. 그런데 귀엽고 익숙한 이름 때문인지 중학생은 물론이고 초등학생들까지 이 책을 찾아서 예상치 않은 결과들이 생기기도 했습니다. 철학 영재들이 데카르트와 칸트, 심지어 소쉬르와 니체, 라플라스의 악마들과 한데 어울려 지혜를 겨루는 기이한 일들이 벌어지곤 했습니다.

《피노키오의 철학》은 철학과 처음 만나는 이들에게 철학마을을 대표하는 철학자들의 사고방식을 상큼하고 귀엽게, 하지만 너무 가볍지는 않게 소개하는 책입니다. 이 책은 모두를 위한 책이라기보다는 사고의 즐거운 놀이에 동참하려는 이들을 위한 책이었으면 합니다. 고등학생이 《순수이성 비판》이나 《정신 현상학》《신학대전》을 읽지 못한다고 절망할 필요가 없는 것처럼, 《피노키오의 철학》에 때때로 등장하는 까다로운 주제나 논증 때문에 철학을 회피하거나 미워할 필요는 없을 겁니다.

마지막으로 이 책의 새로운 탄생을 도와주신 분들께 감사드립니다. 《피노키오의 철학》이 두 번째 세상 구경을 할 수 있도록 어려운 결정을 내린 휴머니스트 출판사와 개정판을 위해서 수고를 아끼지 않은 편집부의 노력이 없었더라면 이 책은 아직도 가능성의 세계를 벗어나지 못했을 것입니다.

'필로소피아'를 아끼고 보살피는 철학 지킴이들께도 아낌없는 감사를 바칩니다. 그리고 《피노키오의 철학》의 새로운 친구와 연인 들에게 다함이 없는 사랑을 전하고 싶습니다.

2012년 가을
서초동 연구실에서
양운덕

신호등 앞에서 쩔쩔매는 황소, 이상한 칠판을 보는 금붕어

여섯 번째 강의

수리한 희망호는 원래의 희망호와 같은가?

무엇이 같고
무엇이 다를까?

🕐 **첫째 시간**

이번 시간에는 '같음'과 '다름'의 문제를 살펴봅시다. 아마 같고 다른 것에 얽힌 문제를 잘 소화한다면 많은 철학 문제들을 풀 수 있을 겁니다. 이때 같음과 다름이 바로 '동일성'과 '차이'입니다. 즉 본질과 현상의 관계를 문제 삼는 거죠.

젓가락 두 짝이 똑같아요

우리나라 어린이들은 동요를 부르면서 철학공부를 합니다. 어릴 때 '같음'이란 무엇인가를 공부한 기억이 납니까? "무엇이 무엇이 똑같은가"라는 노랫말로 시작되는 동요는 흥겹지만 꽤 심각한 질문을 하고 있죠? "무엇이 무엇이 똑같은가? 젓가락 두 짝이 똑같아요. 무엇이 무엇이 똑같은가? 윷가락 네 짝이 똑같아요."

이 동요에서 우리 수준에 맞는 질문을 해 봅시다. '젓가락 두 짝이 똑같다'라는 말이 무슨 뜻일까요? 어떤 점이 같다는 건가요? 젓가락 두 개의 크기, 무게, 모양이 같은가요? 자세히 살피면 두 젓가락의 크기도 약간 다르고, 굵기나 무게, 모양까지도 조금씩 다를 수 있죠. 우리 주변에서도 짝이지만 서로 안 맞는 젓가락을 흔히 볼 수 있죠.

귀퉁이가 닳거나 떨어져 나간 젓가락, 잘못 쪼갠 나무젓가락 등 겉모양이 눈에 띄게 달라도 그 기능이 같으면 '같다'고 할 수 있을까요?

아이들이 부르는 이 동요를 진실의 노래로 만들기 위해서 젓가락 만드는 아저씨가 무게, 크기, 모양을 정확하게 같도록 만든다면 가능할까요? 이때 두 개의 젓가락이 '같음'을 어떻게 알 수 있을까요? 두 젓가락을 a와 b라고 합시다. a와 b가 같은지 확인하려면 a를 기준으로 삼아서 b를 a와 비교하면 될까요? 크기, 모양, 무게, 색, 재질, 원자의 수 등을 측정하면 되나요? 옻은 네 개나 되니까 좀 더 복잡하겠죠.

젓가락을 붕어빵 찍어 내듯이 하나의 같은 틀로 찍어 낸 것이니까 같을 수밖에 없다고 할 수도 있겠죠. 이번에는 젓가락 a, b를 그것에 공통된 '틀'과 비교해야 하죠. 이것은 젓가락의 같고 다름을 그것들 바깥에 있는 '기준'에 맞추어 보는 거죠.

어쨌든 우리는 이런 같음의 문제를 주변에서 많이 볼 수 있습니다. 장미꽃 한 다발 속의 장미들이 같은 것인지, 나무 한 그루의 나뭇잎들은 조금씩 다르지만 그것들을 같다고 해야 할지, 머리를 염색한 경우에 여전히 같은 나인지, 가난해져도 같은 나인지, 온순한 사람이 버럭 화를 낼 때면 다른 사람이 되는지, 사랑에 빠지면 다른 나로 바뀌는지, 술에 잔뜩 취해서 횡설수설하고 비틀거리는 사람은 알코올 성분의 화학 변화 때문에 다른 사람이 된 것인지 등등.

물론 이런 문제들이 쉬워 보이지만 보기보다 쉽진 않을 겁니다. 이 가운데 몇 가지 경우를 생각해 봅시다.

질문

1. 똑같이 인쇄된 10권의 책은 같은 책인가요? 그 책들을 10명이 각각 따로 사서 가지고 있고 책에 자기 이름까지 써 놓았다고 합시다. 모두가 자기 책이라고 하겠죠. 이 경우에 이 책들은 같은 책인가요?

2. 태어날 때의 나와 지금의 내가 상당히 다른 모습을 하고 있는데도 과연 '같은 나'일까요? 같다면 어떤 점에서 같고, 다르다면 어떤 점에서 다를까요?

삼각형과 사각형이 같다?

선생 여기 칠판에 직각삼각형을 그려 볼까요? 그리고 그 옆에 정삼각형을 그립시다. 이 두 삼각형은 같은가요?

지훈 당연히 다르죠.

선생 그렇죠. 이 두 삼각형은 다릅니다. 그 형태나 성질이 몇 가지 다르죠. 이때 이 삼각형들 옆에 사각형을 하나 더 그리면 재미있겠죠.

지훈 앞의 두 삼각형이 사각형과 다르다는 점을 이야기하시려는 거죠?

선생 그렇죠. 두 삼각형이 아무리 서로 다르다고 큰소리쳐도 사각형이 보기에 그들은 한편입니다. 각과 변이 세 개밖에 안 되고, 그 세 각의 합은 사각형의 절반(180도)밖에 안 되죠. 그래서 사각형이 나타나면, 앞의 두 삼각형은 '삼각형족'의 명예를 지키기 위해서 협력할 겁니다. "우리는 저 친구와 달라." 이제는 자기들이 사각형과 다른 점을 부각시키고 자기들이 사실은 같은 종(種)에 속한다고 하겠죠. "우리는 약간 다르게 보일 뿐 본질적으로 같아. 아니 분간하기 어려울 정도로 똑같잖아?"

경민   서로 다른 삼각형들이 사각형 때문에 같은 것이 되고 말겠군요.

선생   이상하죠? 계속해서 그들 옆에 원을 하나 그리면 어떻게 될까요?

경민   그러면 삼각형과 사각형이 같은 것이 되어야 하겠는데요.

선생   그렇죠. 방금 삼각형과 사각형이 서로 다르다고 맞섰지만 사정이 바뀌었죠. 이제 삼각형과 사각형을 나누던 경계선 대신에 삼각형 + 사각형과 원 사이에 선이 그어지죠. "우리는 저 원과 달라"라고 주장하는 삼각형과 사각형은 이제 어깨동무를 하고 같은 편이 되고 말았네요. 아마 이들은 자기 편을 늘리려고 오각형, 육각형, 삼십이각형 등을 불러들일지도 모르죠. 물론 원은 타원을 부르겠죠. 이런 예를 보면 같음과 다름은 어떤 기준으로 묶고 나누는가에 따라서 바뀜을 알 수 있죠. 그러면 계속 같은 놀이를 해 봅시다.

이제 그것들 옆에 정육면체나 직육면체, 삼각뿔이나 사각뿔, 원뿔을 그립시다. 다시 사정이 바뀌었죠. 또 그 옆에 꽃 한 송이를 그려 봅시다. 또 그 옆에 강아지 한 마리를 그려도 좋습니다. 사람도 그려 볼까요? 이 경우에 그려진 것들을 사람과 사람 아닌 것으로 나눌 수 있죠. 또 그 옆에 경민 군이 서 있다고 해 볼까요? 그러면 경민 군은 그려진 것들을 보면서 "이것은 모두 그려진 것들이다"라고 하겠죠. 그리고 나서 그 옆에 '자유'라는 낱말을 쓰거나 '3'이라는 숫자를 쓰면 또 사정이 바뀌겠죠.

이렇게 자꾸 종류가 다른 것들을 계속 불러온다면 같은 것과 다른 것들의 경계선은 계속 바뀝니다. 그런데 이 모든 것들을 한마디로 '존재'라는 막연한 말로 가리킬 수도 있을 겁니다. 그래서 이런 것들은 존재라는 점에서 '모두 같다'고 할 수도 있죠. 좀 어지러운가요?

위상기하학자들은 잘 늘어나는 고무판 위에 삼각형을 그리죠. 이것을 이렇게 저렇게 늘이면서 모양을 바꾸다 보면 사각형이나 원을 만들 수 있죠. 그래서 그것들은 위상적으로 같습니다. 하지만 이 고무판을 아무리 늘였다 줄였다 해도 도넛 모양을 만들 수는 없죠. 도넛에 구멍이 하나 있기 때문이죠. 그래서 구멍이 있고 없고, 몇 개인지에 따라 달라집니다.
예컨대, 가운데 구멍이 뚫린 도넛의 한쪽을 주무르고 늘이다 보면 가운데가 움푹해지면서 컵 모양이 만들어집니다. 구멍이 뚫린 부분은 손잡이가 되겠죠. 그래서 도넛과 손잡이가 하나 있는 컵은 겉으로는 별로 닮은 것이 없어도 위상적으로는 같습니다.

이런 경우 말고도 태어날 때의 나와 지금의 나, 또는 이 강의를 듣기 전의 나와 듣고 난 뒤의 나를 모두 '같은 나'라고 할 수도 있죠. 나의 모습들이나 내용은 상당히 다르지만 그것들을 모두 같다고 보는 거죠. 이때 어떤 이유에서 '같다'고 할까요? 이런 '나1' '나2' 들에는 어떤 같음이 숨어 있을까요? 반대로 다른 모습을 한 '나1'과 '나2'가 다르다면 어떤 점에서 다를까요?

'희망호'를 수리하면서 생긴 문제

선생　이런 같음-다름의 문제를 우리 나름대로 생각해 봅시다. 아, 오늘 강의를 도와줄 '희망호'가 막 도착했군요. 모두 배를 타고 바다 위에서 이야기를 나눠 봅시다.

　이 배는 그동안 온갖 바다를 가로지르며 희망의 항해를 해 왔습니다. 이 배가 떠 있는 바다의 물결은 끊임없이 흐르고 이 배 역시 변한다는 생각을 하면서 앞에서 보았던 문제를 하나씩 풀어 봅시다. 처음부터 모든 것을 따질 수는 없으니까 이 배의 변화에 초점을 맞춥시다.

　이 배는 오래전에 건조되었고, 항해하는 동안 많은 변화를 겪었을 텐데 과연 이 배가 처음의 희망호와 같은 배일까요? 좀 단순화해서 희망호가 100개의 부품들로 이루어졌다고 합시다. 그런데 그중 한 부품이 고장 나서 새것으로 바꿨습니다. 그렇다면 이렇게 수리한 희망호는 여전히 희망호일까요?

학생들　…….

선생　여러분이 망설이더라도 답은 희망호거나 아니거나 둘 중 하나겠죠. 어느 쪽일까요?

경민　조금 달라진 희망호라고 하면 어떨까요?

선생　이상한 답이네요. 같은 배인가 다른 배인가를 물었죠. 답하기 어려울지 모르지만 딱 부러지게 이것인지 저것인지를 밝히면 좋겠습니다. 문제를 피하지 맙시다.

경민　희망호입니다.

선생　그렇죠. 이렇게 한 부품만 수리한 것 때문에 희망호가 다른 배로 바뀌었다고 주장하는 사람은 별로 없을 겁니다. 그런데 이 경우에 어떤 이유로 수리한 배를 여전히 희망호라고 부를까요?

학생들   …….

선생   막상 이런 질문에 답하기는 쉽지 않죠. 답은 알 것 같은데 그 이유를 모른다고 하는 사람도 있겠죠. 물론 답보다는 그 이유를 아는 것이 더 중요하죠.

그러면 문제를 더 만들어 봅시다. 희망호를 계속 타다가 부품2, 부품3…… 계속해서 부품25까지 고치고 새것들로 바꾸었다고 합시다. 이 상황을 알아보기 쉽게 표시해 볼까요? 원래의 부품을 a, 고친 부품을 b로 표시합시다. 그러니까 원래의 배는 100a이고, 그 가운데 한 부품만 고친 배는 99a + 1b가 되죠. 부품을 25개 고친 경우는 75a + 25b로 표시할 수 있겠죠. 이렇게 꽤 많이 수리한 배도 여전히 희망호라고 부를 수 있을까요?

경민   같은 이름을 쓰기 때문에 희망호가 아닌가요?

선생   그런가요? 같은 이름을 쓰는 것은 그 배가 같은 배이기 때문이죠. 그런데 같은 배이기 때문에 같은 이름을 쓰는 것과 같은 이름을 쓰기 때문에 같은 배라고 하는 것은 분명히 다르죠. 수리한 배를 그저 희망호라고 부르는 것이 아니라면, 그렇게 부를 수 있는 까닭이 있어야 하죠. 두 배는 어떤 점에서 같을까요?

은영   어떤 것의 일부를 바꾸었다고 완전히 달라진다고 할 순 없습니다. 예를 들어 오디오나 냉장고의 부품을 바꾸거나 수리했다고 해서 그것이 다른 것이 되지는 않잖아요?

선생   그렇기도 하죠. 그런데 문제가 되는 것은 수리한 냉장고가 '바로 그' 냉장고인가 하는 점이죠. 그래서 수리하는 경우에도 같다면 '어떤 이유에서 같으냐' 하는 것이 문제죠. 둘 사이에 같은 점은 무엇일까요?

학생들   …….

선생   어렵나요? 그러면 그 이유는 잘 모르지만, 일단 같은 배라고 한 김에 계속 이 주장을 밀고 나가 볼까요? 그 후에도 똑같은 희망호인지가 약간 의심스러운, 알쏭달쏭한 이 배의 다른 부분을 계속 수리해서 부품49까지 바꿨습니다(51a +49b). 이 경우는 어떻습니까?

은영   꽤 많이 고쳤지만, 고친 부품보다 원래의 부품이 더 많이 남았으니까 희망호라고 할 수 있을 것 같습니다.

부품을 모두 바꾸어도 똑같은 희망호인가?

선생   고친 부분이 적다는 이유로 여전히 같은 희망호인가요? 그러면 계속 짓궂은 질문을 할 수 있죠. 이를테면 고친 부품이 50이고 남아 있는 부품이 50인 경우(50a +50b)는 어떻게 되나요? 이 경우에 원래 부품이 반 남아 있으니까 절반의 희망호인가요? 아니면 원래의 것이 반이나 남아 있으니 계속 희망호일까요?

명희   선생님, 부품들을 수리할 때 한꺼번에 고칩니까, 아니면 한 부품씩 고칩니까?

선생   여러 경우가 있겠지만 생각하기 편하도록 한 부품씩 고친다고 합시다. 우리가 부품50까지 고친다면 부품을 하나씩 교체한 것들이 모두 50개라는 거죠. 물론 한꺼번에 여러 개를 고친다고 해도 사정이 달라지지는 않죠.

어쨌든 계속 고쳐서 부품51도 고쳤습니다(49a +51b). 이제 원래의 것은 반도 남지 않았습니다. 이 배는 여전히 희망을 가득 실은 희망호일까요? 이제 원래의 것이 더 많다는 이유로 같은 배라고 주장할 수는 없겠죠?

세진　고친 부품이 더 많더라도 어쨌든 부품을 하나씩 고쳤으니 같은 배입니다.

선생　그래요? 그러면 사정을 더 악화시켜 봅시다. 만약 배의 부품을 99까지 바꾸었다고 합시다(1a +99b). 이제 이 배에서 원래의 부품은 하나밖에 남지 않았습니다. 이때에도 희망호라고 할 수 있을까요? 아니면 원래 모습이 거의 사라졌으니 절망호일까요?

은영　바꾼 부품이 많지만 고칠 때마다 희망호답게 만들기 위해서 수리한 것이라면 같은 배가 아닐까요?

세진　그보다는 고친 부품들에 상관없이 고치는 과정에서 배 전체에 변화가 없다면 같은 배입니다.

선생　그렇게 볼 수도 있겠네요. 부품들을 고치더라도 배 전체는 여전히 같다는 거죠?

세진　예. 수리한 부분이 아무리 많더라도 그것은 배의 결함을 보완하는 것이지 다른 배로 만들려고 하는 것은 아니잖아요? 제가 보기에는 원래의 부품이 얼마나 남아 있는가는 문제가 아닌 것 같습니다. 그래서 부품40까지 고쳤을 때(60a +40b)도 같은 배라고 한다면 부품99까지 고친 경우(1a +99b)에도 같은 배인 거죠.

선생　재미있는 설명이군요. 한 번 희망호이면 끝까지 희망호인가 보군요. 여전히 희망호라고 하는 것은 좋은데, 원래의 부품이 90개 있거나 10개 있거나 모두 같다면 부품들을 바꾸는 것은 배의 동일성에 영향을 미치지 않는다는 이야기죠. 하지만 왜 그런지는 잘 모르겠군요. 그러면 부품을 모조리 바꿔서(0a+100b) 원래의 부품이 완전히 사라진 경우는 어떨까요? 이제 원래의 것이라고는 찾아볼 길이 없는데도 여전히 희망호일까요?

지훈   부품을 99까지 고친 경우는 희망호라고 할 수 있지만, 모조리 바꾼 경우에는 달라지는 것 아닐까요?

세진   아니죠. 부품을 모두 바꾸어도 같은 배죠. 수리할 때 항상 한 부품씩만 고친다고 했잖아요? 모든 경우가 사실은 맨 처음에 한 부품만 고친 경우(99a+1b)와 같은 셈이죠.

선생   이야기가 복잡해졌지만 재미있네요.

세진   이것을 회사에 비유하면 그 구성원이 모두 바뀐 경우와 같지 않나요?

선생   사장 이하 모든 사원이 한 사람씩 바뀌다가 결국 모두 바뀐 경우에도 여전히 같은 회사인가 하는 문제와 같다는 거죠? 그런 경우에도 같은 회사라면 사람들은 떠나도 회사는 여전히 남아 있는 셈이군요.

자, 다시 원래 문제로 돌아가 보죠. 희망호의 부품들을 대부분 바꾸거나 모조리 수리한 경우에도 불구하고 여전히 같은 배라면, 왜 같은지를 밝혀야겠죠. 부품을 하나씩 바꿀 때마다 달라진다면 정신없겠죠. 제가 물어본 것은 '부품을 얼마나 바꾸면 같은 배일 수 있는가?'였죠. 사실 그리 좋은 질문은 아니죠. 미안하지만 여러분을 정신없게 하려고 낸 문제죠. 사실 세진 군이 이야기한 것처럼 수리한 부분이 얼마인지, 그것이 많은지 적은지를 따지는 문제가 아니죠.

지훈   선생님, 저희들이 지금 무슨 문제를 풀고 있는 거죠?

선생   '같음'과 '다름'의 문제죠. 그러니까 수리한 희망호에서, 어떤 점이 바뀌고 어떤 점이 같은지를 알고 싶은 거죠. 그리고 이런 변화를 겪으면서도 여전히 같은 점이 무엇인지를 묻는 거죠.

지훈   배의 부품을 모두 바꾼 경우에도 같은 배일 수 있다는 말씀인가요?

수리한 희망호가 같은 희망호인 까닭은?

선생   그보다는 처음 문제로 돌아가서 살피는 게 좋을 것 같습니다. 그냥 넘어간 문제가 있었죠. 맨 처음에 배의 부품1을 바꾼 경우에 원래의 배와 같다고 했죠. 이때 원래의 배(100a)와 그 한 부품만 바꾼 배(99a + 1b)는 어떤 이유에서 같은 배일까요? 이 문제가 풀리면 바뀐 부품이 10이든 90이든 이런 양적 변화와 무관하게 같다고 할 수 있을 겁니다.

세진   선생님, 바뀐 부품은 원래의 것과 같은 기능을 하나요?

선생   당연하죠. 부품들이 바뀌더라도 같은 자리, 같은 역할을 맡아야겠죠.

민규   그러면 전체가 아니라 일부만 바뀌고, 무엇보다도 기능이 같다면 같은 배라고 할 수 있지 않나요?

선생   그렇죠. 일부를 바꾼 배가 원래의 배와 같은 기능을 하니까 같은 배라고 본다는 거죠. 그러면 희망호를 같은 기능을 유지하도록 수리하는 경우에는 수리한 부품이 적든 많든 문제가 안 되겠군요?

민규   그렇습니다.

선생   그러면 배의 부품을 모조리 고쳐서 원래의 부품이 하나도 남아 있지 않아도 문제는 희망호가 같은 기능을 하는지, 아니면 그 기능이 바뀌었는지를 살피면 되겠군요.

민규   그 기능만 같다면 그 부품들이 옛것이든 새것이든, 좀 더 멋있는 색으로 칠을 했든 여전히 희망호인 거죠.

선생   그렇다면 희망호가 변하더라도 여전히 희망호의 동일성을 유지하는 것이 '기능'이란 말이죠?

민규   그렇습니다.

선생   그러면 문제를 정리해 봅시다. 배의 부품을 적게 혹은 많이 고쳤을 때, 이런 차이에도 불구하고 오로지 그 기능이 같다면 같은 배로 볼 수 있다는 이야기가 나왔습니다. 즉 기능의 동일성으로 희망호의 동일성을 설명했습니다.

명희   선생님, 기능이 아니라 '목적'이 아닐까요? 만약 희망호가 다른 목적으로 사용되면 다른 배라고 해야 하지 않을까요?

선생   그럴 수도 있겠군요. 이를테면 희망호의 용도는 여객선으로 쓰기 위한 것이었는데, 화물용이나 전함으로 쓴다든가, 영화 촬영 세트로 쓴다거나, 그것도 여의치 않아서 부둣가에서 식당용 배로 쓴다면, 그 목적이 바뀌었으니까 다른 배라고 해야 한다는 이야기인가요?

명희   그렇죠. 기능은 목적을 위한 것이니까요.

선생   그렇게 볼 수도 있겠군요. 배의 목적은 배를 어떻게, 어디에 쓰는가에 관한 것이죠. 배 자체에 대해서 묻는 것과는 좀 다르죠.

지훈   배의 부품을 모두 바꾼 경우는 어떻게 되나요?

선생   지금 나온 이야기에 따르면, 배에서 원래의 부품이 전혀 남아 있지 않은 경우에도 기능이나 목적이 같다면 같은 배라고 할 수 있겠군요.

지훈　배의 부품들을 모두 바꿀 때 그것을 원래의 설계도에 따라서 바꾸면 같은 배 아닙니까? 그리고 배를 수리하거나 새로 만들 때에 같은 설계도를 이용하잖아요.

선생　그런가요? 그러면 이런 경우는 어떻게 될까요? 희망호가 불의의 사고로 침몰한 경우를 생각해 봅시다. 안타까운 일이지만 희망을 갖고 냉정하게 생각해 봅시다. 희망을 바다에 침몰시켜서는 안 되니까요. 그래서 원래의 설계도에 따라서 새 희망호를 똑같이 만들었습니다. 이처럼 새로 건조한 배를 희망호라고 할 수 있나요? 물론 선장과 선원이 바뀌었고 돈이 2배로 들었다는 점 등은 문제 삼지 않기로 합시다.

명희　같은 희망호죠.

선생　그러면 희망호를 처음부터 같은 설계도로 똑같이 두 척을 만든 경우, 또는 희망호를 흉내 낸 배를 만드는 경우는 어떻게 될까요?

지훈　제1희망호, 제2희망호라고 해야 하지 않을까요?

선생　그렇게 부르는 것은 사실상 다른 배로 보는 거죠. 어쨌든 쉽지 않은 문제들이 많이 숨어 있군요. 아마 이 문제는 복제 문제와도 연결되겠죠.

　지금까지는 희망호의 각 부품들을 더 중요하고 덜 중요한 것으로 나누지 않고 같은 질을 지녔다고 보았습니다. 그런데 부품들 가운데 더 중요하고 덜 중요한 것이 있을 수 있죠. 이 점을 고려하면 사정이 달라지지 않을까요?

본질적인 부품을 바꾸면 다른 배인가?

진호　선생님, 희망호의 엔진을 바꾸는 경우는 어떻게 되나요? 엔진을 바꾸면 달라지지 않을까요?

선생　아, 그런 문제가 있군요. 그런 질문을 받으니까, 우리가 앞에서 배를 볼 때 양적 측면만 보고, 질의 문제를 따지지 않았군요. 그렇죠. 배에서 모든 부품이 똑같이 중요한 것은 아니죠. 부차적인 부품도 있으니까, 그것들을 중요도에 따라서 구별해야겠군요.

진호　희망호의 엔진을 바꾸지 않은 경우에는 여전히 희망호겠죠.

선생　그러니까 희망호의 부품 100개 가운데 부차적인 부품 99개를 바꾸어도 희망호는 여전히 같은 배지만, 본질적인 부품인 엔진을 바꾸면 희망호는 다른 배가 된다는 거죠? 그러면 희망호를 희망호답게 하는 본질적인 부품이 바로 엔진이군요.

명희　선생님, 이처럼 본질적인 것과 부차적인 것을 나누는 것도 좋은데, 배에서 본질적인 부품을 반드시 엔진이라고만 보아야 하나요?

선생　먼저 본질적인 부분이 무엇인지를 알아야겠군요. 만약 어떤 인간주의자가 나타나서 배는 사람을 위해서 있기 때문에, 배가 아니라 인간이 부여한 목적이나 의미가 중요하다고 주장할 수도 있죠. 또한 본질을 선장이나 배의 소유자라고 보거나, 아니면 배를 이용하는 승객이라고 주장할 수도 있죠. 그러면 이렇게 관점에 따라서 본질이 달라질 수 있겠군요.

명희   본질이 무엇인지를 아는 것이 그 배가 같은 배인지를 정하는 데 가장 중요한 일이군요. 도대체 본질은 무엇이죠?

선생   본질이라…… 본질은 어떤 것에서 그것을 그것답게 만들어 주는 것, 그러니까 그것이 없으면 더 이상 그것이라고 할 수 없는 것 아닐까요? 달리 표현하면, 현상이 이렇게 저렇게 변하더라도 항상 똑같은 것이라고 할 수 있겠죠.

노랑머리로 염색하면 다른 내가 되는가?

선생   우리 몸을 봅시다. 우리가 머리카락을 짧게 자르거나 빨강 머리, 노랑머리로 염색한다고 해서 다른 사람이 되나요?

은영   다른 사람처럼 보이거나 다른 느낌을 줄 뿐 다른 사람이 되지는 않습니다.

선생   그렇죠. 예를 들어서 어떤 남학생이 머리를 스님처럼 짧게 깎고 오는 경우가 있죠. "야. 저 친구, 모종의 결단을 했나 봐. 이제는 예전과 다른 매운맛을 보여 주련가 본데, 과연 잘될까?" 아니면 어떤 여학생이 심경의 변화를 일으켜 머리 스타일을 확 바꾸는 경우에 우리는 그 친구가 다른 삶의 스타일을 추구하게 되었다고 짐작할 수 있죠. 이런 경우에도 그들은 다른 사람이 된 것은 아니고 다만 자신을 꽤 변화시킨 것이라고 해야겠죠.

또 다른 예로, 머리카락이 5만 개쯤 있던 사람이 그 가운데 3만 개 정도 빠져서 주변머리 중심 체제로 바뀌는 경우에도 그 사람은 여전히 그 사람일 수밖에 없죠. 정작 본인이 대머리공포증에 시달리거나, 머리카락 수에 비례해서 사는 맛이 줄어들거나, 나이 들어 보여서 기분이 별로일지라도 그런 느낌의 차이는 무시해야겠죠.

명희   선생님, 별로 좋은 예는 아니지만 교통사고로 한쪽 팔을 잃은 경우는 어떻게 되나요?

선생   그런 당사자에게 "미안하지만 한 팔을 잃은 너는 더 이상 네가 아니다"라는 무자비한 말을 하는 사람은 없겠죠? 팔이 중요하긴 하지만 그것이 개인의 본질이 아니라면 말이죠.

명희   어떤 골프 선수가 팔을 다쳐서 더 이상 선수 생활을 할 수 없는 경우는 좀 다르지 않나요?

선생   안타까운 일이죠. 그가 "나는 죽은 거나 마찬가지야. 팔은 나의 본질이고 나를 나답게 하는 것이다"라고 하더라도 우리는 그렇게 울부짖는 그를 '그가 아니다'라고 하지는 않습니다. 비록 팔 때문에 골퍼로서의 생명이 끝났더라도 말이죠. 그는 골퍼이기 이전에 자기 자신이니까요.

예를 든 김에 좀 더 잔인한 경우도 생각해 봅시다. 이 가상 인물이 나머지 팔마저 잃고, 게다가 다리 한쪽까지 잃었다고 합시다. 이처럼 신체 대부분을 잃은 극단적인 경우에 그가 겪는 고통을 헛되이 하지 않기 위해서라도 이 주인공의 동일성 문제를 잘 생각해 보아야 할 겁니다. 이렇게 신체가 심하게 손상된 경우에도 그 사람은 여전히 같은 사람일까요? 보통 이런 경우에 삶의 상황은 많이 바뀌겠죠. 하지만 이 불운의 주인공이 자기 동일성을 유지함을 아무도 의심하지 않을 겁니다. 그리고 그 자신도 이런 사건 때문에 이름을 바꾸지는 않을 겁니다.

> 첼리스트 자클린 뒤 프레와 피아니스트 다니엘 바렌보임은 부부였죠. 이들이 함께 연주하는 첼로 소나타의 절묘한 화음은 바로 그들 사랑의 화음이고, 많은 사람들을 감동시켰죠. 그런데 병으로 뒤 프레는 전신이 마비되고 말죠. 이제 그녀는 첼로 연주는 물론이고 자기 힘으로 몸을 움직일 수도 없었습니다. 뒤 프레와 함께 첼로 소나타를 연주할 수 없게 된 바렌보임은 자신의 피아노와 함께 어우러질 첼로가 주인 없이 버려진 가슴 아픈 상황을 더 이상 볼 수 없어서 피아노 연주를 중단하고 지휘로 돌아섭니다.
>
> 이런 불운을 겪은 뒤 프레의 경우, 주위 사람들이 첼리스트로서의 그녀와 건강을 잃은 후의 그녀를 같은 사람으로 받아들일지도 문제지만, 그녀가 스스로를 어떻게 받아들였을까요? 이 경우에도 뒤 프레는 여전히 자기 동일성을 유지하고, 음악과 자신을 뗄 수 없는 것으로 여겼던 자기와 음악 바깥에 있는 자기를 같은 사람으로 받아들였을까요?

심장이나 뇌를 이식하면 다른 사람이 되는가?

선생 우리는 신체의 어떤 부분을 본질로 보고 있을까요? 달리 말해 신체의 어떤 부분을 자기 보존하면 자기 동일성(self-identity)을 유지하고, 어떤 부분을 상실하면 자기 동일성이 바뀌거나 없어질까요? 자기를 자기답게 하는 신체 기관은 무엇일까요?

극단적으로 심장 이식의 경우를 봅시다. 차연 씨가 심장에 이상이 생겨서 다른 사람의 심장을 기증 받는 경우를 생각해 봅시다. 이때 차연 씨는 심장을 이식해 준 사람에게 더없이 고마워하겠지만 그 사람의 이름을 써야 하는 것은 아니죠. 왜 차연 씨는 원래 자기 이름을 쓸 수 있을까요?

은영   심장이 중요하지만, 심장이 바뀐다고 자기 정체성을 잃지는 않으니까요.

선생   그렇겠죠? 그런데 고대 이집트인은 심장이 선과 악을 분별한다고 보았다네요. 그래서 사람이 죽으면 심장을 저울에 달아 보고, 심장이 무거우면 나쁜 짓을 많이 했다고 생각했답니다. 또 고대 그리스인은 인간의 정신이 심장에 있다고 생각했다네요. 큐피드의 화살이 노리는 곳은 머리가 아니라 심장이었죠. 사랑의 화살을 심장에 맞으면 사랑에 눈먼 다른 사람이 되겠죠.

그러면 심장이 아닌 다른 사람의 뇌를 이식한다면 어떻게 될까요? 여러분은 뇌를 이식한 경우에는 절대로 같은 사람이 아니라고 할 것 같습니다만.

경민   뇌는 우리 몸에서 가장 중요한 부분이기에 뇌를 이식한 경우를 콩팥이나 골수를 이식한 경우와 똑같이 볼 수는 없습니다.

선생   일리 있는 이야기죠. 뇌가 사고 및 지각, 감정을 총괄하기 때문에 그것이 제어하는 다른 부분들 전체보다 더 본질적이라는 거죠? 그러면 뇌 이외의 부분은 비본질적이라는 이야기가 되겠군요?

경민   기분이 이상하긴 하지만 굳이 나누자면 그럴 것 같습니다.

선생   하기야 뇌가 본질적이라면 다른 부분이 본질적일 수는 없겠죠. 그러면 본질적인 부분은 다른 부분들보다 더 중요하고 우월해서 다른 부분들을 지휘하고 명령하겠군요. 그래서 본질적인 부분이 남아 있다면 다른 부분들이 교체되더라도 여전히 같은 것이죠.

경민　예, 변하긴 했어도 같은 본질을 지니고, 동일성도 같은 것이니까요.

소머즈와 로보캅

선생　그렇죠. 단지 겉으로만 달라 보일 뿐 본질적으로는 같으니까요. 이와 관련된 문제를 볼까요? 잘 아는지 모르겠지만, 아름다운 첩보원 '소머즈'의 경우는 어떨까요? 온몸에 심한 상처를 입은 그녀는 다양한 보철물 덕분에 다시 멀쩡한 몸을 갖게 되죠. 평범한 여성에서 탁월한 능력을 지닌 특수요원으로 바뀐 소머즈는 어떻게 될까요? 자기 몸의 대부분을 강력한 기능을 지닌 인조 기관들로 바꾸어도 여전히 같은 사람이라고 할 수 있을까요?

경민　방금 이야기했듯이 자기 뇌를 그대로 지니고 있으니까, 신체 여러 부분을 보조 기관으로 보완했다고 다른 사람이 되지는 않겠죠.

선생　이 경우는 우리가 의치나 의수를 하고 안경을 쓰고 보청기를 사용하고 인공 장기를 사용하는 경우를 극단적으로 상정해 본 거죠. 여러분의 주장대로라면, 뇌가 동일하니까 그녀는 여전히 같은 사람이라고 해야겠군요. 좀 싱겁긴 하지만 '소머즈는 당연히 소머즈다'가 되나요?

경민　선생님, '로보캅'의 경우는 어떻게 됩니까?

선생　좀 어려운 예가 나왔군요. 문제의

영화 〈바이센테니얼 맨〉에 나오는 앤드류는 가정용 로봇으로 태어났지만 스스로 사고하는 두뇌를 갖고 있죠. 그리고 끊임없이 자기를 개조, 발전시켜서 인간처럼 되죠. 그런데도 결국 '죽지 않는 몸' 때문에 인간으로 인정받지 못하죠. 두뇌를 중시하는 입장에서는 이런 앤드류가 인간인지를 판정할 때 무엇을 기준으로 삼을까요?

아주 까다로운 기억의 문제를 볼까요? 같은 기억을 지닌 경우에 같은 사람이라고 본다면 이 기준은 같은 뇌를 지닌 경우보다 더 까다로운 기준을 제시하는 것입니다. 뇌를 이식한 경우에 그 뇌에 기억이 그대로 보존되었다가 이식된 사람에게 과거의 기억을 그대로 갖도록 할까요? 과연 서랍 안에 서류가 차곡차곡 들어 있듯이 뇌 안에 기억이 들어 있을까요?

주인공은 위험한 경찰 임무를 수행하다가 크게 다쳐서 온몸이 만신창이가 되었죠. 다행히 두뇌는 크게 다치지 않아서 그를 살리기 위해서 몸을 로봇에 가까울 정도로 거의 전부 개조했죠. 그래서 그는 디트로이트 경찰의 명예를 지키는 로보캅으로 재탄생하죠. 이 경우에는 두뇌만 남기고 신체를 전부 인공적으로 개조했는데, 뇌만 남아 있는 그가 살아 있다고 할 수 있을까요? 또는 로보캅으로 변신한 그가 이전의 자기 자신과 같은 인물이라고 할 수 있을까요?

경민   로보캅은 같은 정신으로 새 몸을 움직일 뿐이니까 같은 사람으로 볼 수 있을 것 같습니다.

선생   두뇌를 몸의 본질로 본다면, 이 두뇌가 보존되는 한 몸을 인조 기관으로 움직이더라도 같은 사람이라고 하겠군요. 좀 어색하지 않나요? 이런 사고방식은 우리가 인공 두뇌를 만들 수 있고 인공 두뇌를 지닌 로봇이나 스스로 사고하는 프로그램을 지닌 인조인간이 있다면 꽤 곤란한 문제에 부딪히지 않을까요?

이처럼 두뇌가 본질적이라면 뇌사 상태에 있는 사람을 어떻게 볼 수 있을까요? 그의 뇌가 죽었으니 더 이상 자기 본질을 유지하고 있다고 볼 수 없나요? 자기 본질은커녕 그를 죽은 사람으로 볼 수도 있죠. 그래서 뇌사 상태에 있는 사람의 살아 있는 장기들을 다른 사람에게 이식할 수도 있죠.

과연 이런 사고가 정당할까요? 그의 뇌가 죽어서 아무런 의사 표시도 하지 못한다고 해서 이 식물인간의 살아 있는 다른 부분들을

(그의 동의를 미리 받았다 하더라도) 마음대로 처리해도 될까요? 이 점은 뇌사를 인정하는 법률이 있음에도 여전히 논란거리가 되고 있죠. 하지만 정작 문제는 이런 논란보다도 인간의 몸에서 본질적인 부분을 '뇌'로 볼 것인가 하는 점이죠. 이처럼 사람의 몸에서 두뇌가 본질이라면, 같은 이유로 몸의 다른 부분들은 두뇌의 부수적인 것에 지나지 않을까요?

나의 세포들이 바뀌면 '다른 나'로 바뀌는가?

선생　좀 다른 각도에서 살펴볼까요? 한 사람을 그 사람답게 하는 것을 그 사람의 동일성 또는 같음이라고 했죠. 그러면 한 사람이 시간이 흐르면서 조금씩 또는 많이 바뀌는 경우를 봅시다. 예컨대, 큰 병으로 대수술을 받으러 수술실에 들어가면서 '이제 나는 다른 사람이 될지도 모른다'라는 고민을 해야 할까요?

은영　앞에서 그런 경우에 같은 사람으로 본다고 했습니다.

선생　그랬죠. 그러면 이런 변화 가운데 좀 쉬워 보이는 예를 보죠. 생물학적으로 우리 몸의 세포는 몇 개나 될까요?

은영　30억 개나 300억 개라고 하는 것 같던데요.

선생　학자마다 견해가 다르지만, 이상하게도 연구할 때마다 그 수가 늘어나는지, 요즘은 어른의 경우 60~70조 개의 세포가 있다고 하더군요. 어마어마한 수죠. 자그마치 세계 인구의 1000배나 됩니다. 어떤 학자는 1000,000,000,000,000개나 된다고 하더군요. 자그마치 0이 15개나 되니 잘 세어 보세요. 게다가 우리 몸의 세포는 영구적인 것이 아니고 신진대사 과정에서 교체, 재생됩니다. 우리 몸의 그 많은 세포들이 어느 정도 지나면 완전히 교체될까요? 죽을 때쯤이면 한 번 완전히 교체될까요?

은영   대략 7년 정도라고 하던데요.

선생   그런가요? 얼마 전에 책에서 80일마다 세포의 반이 죽고 새로 생긴다는 내용을 본 적이 있습니다만. 어쨌든 세포들이 얼마나 빨리 교체되는지 알 만하죠. 태어난 지 몇 년 만 지나도 태어날 때 세포들과 완전히 다른 세포들로 바뀌죠. 세포들은 일정 기간 열심히 일하다가 다른 세포로 대체되죠. 그러니 여러분의 경우에 벌써 몇 번이나 물갈이, 아니 세포 완전 교체를 했을까요? 여러분이 세심하게 보지 않는 사이에 어릴 때 여러분의 몸을 이루던 그 정다운 친구들이 온다간다는 말 한마디 없이 어디론가 사라지고 처음 보는 녀석들이 마치 아무 일도 없었던 것처럼 여러분의 몸을 이루고 있죠.

명희   선생님, 우리 몸이 이렇게 변하는데도 여전히 같은 몸인가요?

선생   제 질문을 빼앗겼군요. 이처럼 세포가 새로운 것들로 바뀌어도 같은 몸이라고 한다면, 무슨 까닭이 있겠죠.

명희   세포들이 변화해도 항상 동일한 어떤 것이 있어야 한다는 이야기입니까?

선생   그렇죠. 이때 재미있는 것은 우리 몸에서 계속 변하는 면과 함께 변하지 않는 측면, 즉 변화 속에서 (상대적인) 동일성을 유지하는 면이 있다는 점이죠.

명희   선생님, 세포가 바뀌거나 재생될 때 같은 기능을 하는 세포로 대체되지 않습니까?

선생   세포들이 같은 작용을 하는 세포로 바뀐다면 그 몸은 여전히 같은 몸이라는 건가요?

은영 그보다도 분자생물학에서 보듯이 DNA에 있는 유전 정보에 따라서 세포가 재생된다면, 유전자에서 그 비밀을 찾아야 하지 않을까요?

선생 유전자(gene)의 동일성이 우리 몸의 동일성을 보존한다고 보는 거죠. 예전에 유전자를 해독해서 유전자 지도를 그리는 작업이 한창 진행되었습니다. 한 생물체의 유전 정보를 담고 있는 DNA의 집합체를 게놈(genome)이라고 하죠. 생물학자들은 세포에 들어 있는 유전 정보를 해독해서 세포생산 프로그램을 알려고 했죠. 그래서 따로 본질을 찾을 것 없이, 불변적인 유전 암호를 밝혀 내면 몸을 이루는 세포들을 일정하게 조직하고 생산하는 메커니즘을 알 수 있다는 거죠.

이렇게 보면 몸의 일부인 세포 안에 유전 정보를 담은 DNA가 있고, DNA의 변치 않는 복제 체제가 몸을 이루는 비밀의 열쇠를 지닌 것이죠. 그래서 몸에서 본질적인 부분은 바로 유전자나 DNA가 되고, 유전자가 세포들의 변화를 조절하는 프로그램을 작동시키죠.

'29살의 나'와 '9살의 나'가 만나면?

선생 어쨌든 이런 사고는 분자 이하 수준인 유전자를 본질로 보고, 유전자의 불변성에서 세포들과 몸을 이루는 동일성을 찾는 거죠. 그런데 앞에서 우리가 자기 몸이 바뀌는 과정에서도 계속 나의 동일성이 유지되는가를 물었죠. 이제 다른 각도에서 생각해 볼까요?

나는 한순간도 쉬지 않고 변합니다. '어제의 나'와 '오늘의 나'가 다르죠. 갓 태어났을 때의 나와 9살 때의 나, 19살 때의 나는 다릅니다. 9살 때의 나는 훌륭한 사람이 되고 싶고, 만화영화를 좋아하고, 짜장면이나 피자를 사 달라고 조르고, 꼬박꼬박 일기 숙제를 하고 검사를 맡죠. 이때의 나는 아직 대학 입시도 모르고, 햄릿의 고뇌나 알료샤의 선량함도 모른 채 자신에게 잘해 주는 사람에게만 매달리고, 사람들의 말 속에 숨은 뜻이 둘 이상 있다는 것도 잘 모르죠. 그저 자신이 친절히 돌보아 주는 사람의 손길이 필요하죠.

그런데 19살 때의 나는 꽤 다른 모습이죠. 나름대로 삶의 단맛 쓴맛을 좀 알고, 사회를 움직이는 냉정한 논리를 어렴풋이 짐작하고, 사랑의 쓰라림과 그것에 묻어 있는 환희도 알고, 자기 삶의 가능성들에 대해서 좀 더 현실적으로 볼 수 있죠. 그때의 나는 장군이나 대통령, 과학자, 스타가 되지 못할지도 모른다는 생각을 하기 시작하고, 어쨌든 좀 더 어른스러운 생각에 엄마 아빠로부터 벗어나 자기만의 세계를 만들려고 애쓰게 되죠.

이런 나도 10년이 지나면 나이 먹는 것에 민감하고 시간이 왜 이렇게 빨리 가냐고 의아해 하면서 지난 시절의 스스로를 되돌아보죠. 그러면서 자기 앞에 남은 시간들을 헤아려 보기 시작하죠. 자기가 훌륭하거나 인기 있는 사람이 될 수 있는 가능성보다는 현실을 다소곳이 받아들이기 시작하고, 평범한 사람들이 썩 마음에 들지는 않지만 자기와 친근한 존재라고 생각하죠. 29살의 나는 이전의 나와는 또 다른 사고와 행동을 하면서 다른 양식의 삶을 살아가는 거죠.

우리는 이런 여러 '나'에 대해서 여전히 같은 이름을 쓰지만, 이 나들은 거의 알아보기 힘들 만큼 서로 다릅니다. 앞의 나와 뒤의 내가 서로 쉽게 이해할 수 있을까요? 만약 '9살의 나'와 '29살의 나'가 만날 기회가 있다면 서로 말이 잘 통할까요? 아니면 각각 다른 나들에 대해서 서로 다른 나로 보아야 할까요?

은영   그렇게 보기는 힘들죠. 그 각각의 나는 달라 보여도 같은 나라고 해야죠.

선생   왜죠?

은영   앞에서 현상과 본질을 나누었잖아요. 서로 다른 나들이 현상적으로만 다를 뿐 본질적으로는 같기 때문이죠.

선생   그러니까 '9살의 나'와 '19살의 나'의 나는 겉으로, 현상적으로만 다르고 그 본질은 같다는 거죠? 거 본질이라는 녀석, 참 끈질기군요. 시간이 지나도 바뀔 줄 모르니까 말입니다.

그러면 개별적인 나들은 저마다 다르지만 이런 현상적 차이 밑에 변하지 않는 어떤 기체(基體, substance)가 있다고 생각할 수 있죠. 그것은 현상들이 변하더라도 항상 같음을 지니죠. 이것을 '자아'라고 부를까요? 그래서 이 자아를 그때마다 변하고 달라지는 것(변화와 차이)의 근거나 중심에 둡시다.

자아 쪽에서 본다면, 서로 다르게 나타나는 나들은 사실상 하나죠. 그들은 다만 다르게 보일 뿐이죠. 즉 '하나의 나'가 '여러 나들'로 나타난 거죠.

그런데 과연 이런 자아가 있을까요? 아니면 이런 자아는 현상적으로 다양한 나를 하나로 종합하기 위해서 우리가 가정하는 것은 아닐까요?

'자아'라는 본질은 앞에서 희망호의 경우처럼 눈에 보이는 부분이나 엔진 같은 것이 아니죠. 개별적인 나들은 각각 나름의 얼굴을 지니고 있지만, 자아는 얼굴이 없죠. 이처럼 볼 수도 만질 수도 없는 자아는 현상적인 다양한 나와 같은 종류가 아니죠. 현상적인 나는 계속 바뀌지만 자아는 어떠한 경우에도 변하지 않죠. 양자는 본성상 다릅니다. 자아는 여러 현상적인 나 가운데 하나가 아닙니다. 그런 현상적인 나들을 모두 모은다고 해서 자아가 되는 것도 아니죠.

사실 이런 불변적이고 본질적인 자아에 대해서 아직도 논란이 끊이지 않습니다. 우리는 조금 물러서서 희망호의 본질을 찾는 공부를 좀 더 하기로 하죠. 앞에서 우리는 희망호를 본질적인 부분과 부차적이고 현상적인 부분으로 나누었죠. 그런데 과연 배를 배답게 하는 배의 본질이 우리가 본 것처럼 배를 이루는 부분 가운데 하나라고 보아야 할까요? 배의 본질이 보거나 만질 수 있는 감각적인 것일까요? 우리 몸에서 보듯이 몸을 이루는 한 부분(그것이 심장이든 두뇌든 유전자든)이 반드시 몸 전체를 몸답게 하는 본질이라고 해야 할까요? 그리고 (유전자처럼) 그런 본질적인 부분이 전체를 대표하거나 전체를 온전하게 설명할 수 있다고 보는 게 좋을까요?

세진   배의 본질이 보이지도 않고, 부분들 가운데 있지도 않다면 그런 것을 어떻게 알 수 있습니까?

선생   그런 본질을 설명하는 방식이 몇 가지 있습니다만, 그 가운데 두 가지만 보기로 할까요? 원래는 여러분께 한 가지만 소개하려고 했는데, 여기까지 끈질기게 따라왔으니 둘 다 소개해야 할 것 같습니다.

⏰ **둘째 시간** | # '희망호다움'은
어디에 있을까?

우리는 희망호의 본질을 찾고 있죠. 변하는 것들 가운데 변하지 않는 것, '항상 같은 것'을 찾는 두 가지 틀을 공부하려고 합니다. 순서는 현대에서 고대로 거꾸로 올라가서, 먼저 '구조(structure)'를 보고 난 다음에 '형상(form)'을 봅시다.

희망호의 구조

선생   먼저 희망호의 변치 않는 점을 '구조'에서 찾아볼까요? 우리가 구조의 관점에서 보려면 눈을 부분에서 전체로 돌려야 합니다. 어떤 이론가가 희망호를 수리하면서 부품들을 바꾸는 경우에도 그 구조가 같다면 여전히 같은 희망호라고 주장하는 것을 본 적이 있습니다. 그 내용을 소개하죠.

    구조는 부분들을 관계 짓는 전체의 틀에 주목하죠. 구조는 그것을 이루는 요소들을 일정한 틀로 조직하죠. 그래서 요소들이 전체 관계망에서 서로 어울리도록 합니다. 물론 이런 구조는 볼 수도 만질 수도 없죠. 곧 감각적인 것이 아닙니다.

세진   그러면 이제 어떤 점이 달라집니까? 희망호를 요소들과 그 구조로 구별해야 하나요?

선생   그렇죠. 구조가 요소들을 질서 지으니까 요소와 구조는 다른 수준에 있는 거죠. 희망호에서 배를 이루는 부분들은 모두 요소죠. 그리고 어떤 요소든 그것들은 구조의 일부일 뿐이죠. (물론 그 가운데 엔진도 있겠지만) 부분들 가운데 하나가 전체를 틀 지을 수는 없습니다. 오히려 전체 구조 안에 그 부분들이 있다고 해야겠죠.

   그래서 각 요소들을 하나의 구조로 조직하기 위해서는 요소들에게 적절한 역할, 자리, 의미를 정해 주어야 합니다. 각 요소는 정해진 자리에서 나름의 역할과 의미를 갖기 때문에 각 요소가 서로 어우러져 하나의 구조를 이루죠.

세진   그러면 희망호를 수리하는 과정에서 요소가 변하느냐, 구조가 변하느냐가 문제겠군요.

선생   그렇죠. 그 구조가 같다면, 그 부분들을 교체하거나 부분적인 변화가 있더라도 부분들 간의 관계 방식이 일정하므로 같은 것이죠. 이런 까닭에 부분들의 관계가 일정하다면 부품들을 떼었다 붙였다 해도 희망호는 여전히 희망호인 거죠. 부품 10개를 고치건, 60개를 고치건, 90개를 고치건 사정은 마찬가지겠죠. 극단적으로 부품들을 모두 수리해서 원래의 부품이 하나도 없더라도, 희망호의 구조가 바뀌지 않는다면 희망호는 여전히 희망호죠.

   이처럼 구조는 요소들이 변한다고 따라서 변하지 않습니다. 그런 변화가 만드는 차이들 밑에서 항상 같은 것으로 남아 있죠.

선장도 따라야 하는 구조

선생   이번에는 다르게 설명해 봅시다. 배의 부품들을 하나씩 수리할 때마다, 선원들이 하나둘 바뀔 때마다, 즉 배의 요소들이 바뀔 때마다 희망호가 다른 배가 된다고 할 수는 없습니다. 바뀐 요소들은 같은 구조 안에서 같은 역할을 하고 같은 의미를 부여 받죠.

그래서 선장이 선원들을 자기 마음대로 뽑거나 해고하는 경우에도 인적 구조를 유지하는 선에서 인사권을 행사해야겠죠. 희망호의 선장 '오희망' 씨가 자기 마음대로 사람을 고용하는 것처럼 보여도 사실 선장의 권한이나 지배적 지위도 구조 위에 있을 수는 없습니다. 알고 보면 오희망 선장도 희망호의 인적 구조 가운데 한 요소일 뿐이죠. 물론 자기를 가장 중요한 존재라고 생각하는 것은 자유겠지만 자기가 구조 위에 있다고 생각해서는 안 되겠죠.

은영   선장도 구조 앞에서는 힘을 못 쓰나 봐요?

선생   그보다는 그 힘을 구조에 알맞게 써야 한다는 거죠. 선장답게 행동하는 것은 구조의 명령에 따르는 것이라고 할 수 있죠. 우리가 구조라는 관점에서 요소들을 보면 사고방식이 크게 달라지죠. 바로 요소가 구조에 앞서는 것이 아니라 구조가 요소에 앞섭니다. 구조가 먼저 요소들을 관계 짓는 방식을 결정한 다음에, 그 관계 안에서 개별적 요소들이 자기에게 알맞은 자리를 갖죠. 요소들은 구조 안에서 자기에게 배당된 자리나 의미, 기능, 역할, 목적을 갖습니다. 선원이나 선장은 물론이고 배의 엔진과 다른 부분도 구조가 부여한 각각의 자리, 의미, 역할을 배당 받죠. 이렇게 볼 때 희망호의 엔진도 그것이 전체에서 차지하는 기능이나 의미 때문에 중요하지, 그것만 외따로 본질이 되거나 그 하나로 전체를 대신할 수는 없습니다.

그러므로 구조를 이루는 요소들 사이의 관계가 변하더라도 그것들을 조절해서 전체 구조를 유지한다면 구조의 동일성은 같죠. 구조는 이런 요소들의 변화에 휩쓸리지 않습니다. 물론 구조가 바뀌면 같은 요소도 다른 관계를 갖습니다.

전체는 부분의 합인가?

선생　이런 구조와 관련해서 전체와 부분의 관계를 한번 정리해볼까요? 보통 전체와 부분의 관계를 어떻게 보나요?

세진　전체는 부분이나 요소 들로 이루어져 있습니다. 그래서 전체를 부분들의 합으로 볼 수 있습니다.

선생　전체가 부분들의 합인 것은 사실이고 부분들 없는 전체를 생각할 수는 없죠. 마찬가지로 국민이 없는 국가란 있을 수 없습니다. 하지만 전체를 단순히 부분들을 더한 것으로만 볼 수 있을까요?

경민　전체가 그것을 이루는 부분들의 합보다 클 수 있습니까?

선생　그럴 수도 있죠. 그러면 부분과 전체의 관계를 보는 두 가지 틀을 나누어 봅시다. 그 하나는 전체를 단지 부분들의 합으로 보는 방식이죠.

$$전체 = 부분1 + 부분2 + 부분3 + 부분4 + \cdots + 부분n (\sum_{k=1}^{n} 부분K)$$

만약 이것을 개인과 사회에 적용한다면, 사회 = 개인1 + 개인2 + 개인3 + ⋯⋯ + 개인n이 될 겁니다.

경제학자 애덤 스미스(Adam Smith)는 국가 전체의 부(富)를 개인들의 부를 모두 더한 것으로 보죠. 그래서 각자가 자기 재산을 늘리면 국부가 증가한다고 봅니다. 즉 국가 전체의 부라는 추상적인 부가 아니라 (시장경제에서) 개인의 구체적 부를 늘리면 ('보이지 않는 손'의 도움으로) 전체의 부가 늘어난다고 보죠. 그래서 개인 각자가 (전체를 고려하지 않고도) 이익을 추구하면 사회가 풍요롭게 된다고 봅니다. 예를 들어 모든 개인이 2배의 부를 축적하면 국가 전체의 부가 2배로 증가하는 거죠.

이런 방식은 부분들 하나하나가 독립된 것이라고 봅니다. 그리고 그것들을 더하기만 하면 전체가 된다고 생각하죠. 예를 들어 우리 몸을 볼 때, '팔+다리+눈+머리+…… =몸'이라는 식으로, 몸을 이루는 부분들을 단순히 합하면 전체 몸이 된다고 보죠.

만약에 몸에 병이 나면 어떻게 해야 할까요? 눈이 아프면 안과, 소화가 잘 안 되거나 너무 잘되면 내과, 이가 아프면 치과에 가는 식이죠. 몸의 각 부분들을 나누어서 고치면 몸 전체가 좋아진다고 보며, 몸의 각 부분들은 제각기 독립된 것으로 보죠.

이렇게 보는 경우에, 그 부분들에 변화가 생기면 전체도 함께 바뀐다고 봅니다. 그래서 부분들의 수를 늘리거나 줄이면 전체가 늘거나 줄어든다고 보죠. (개인의 부가 증대하거나 감소하면 국가의 부도 따라서 증대하거나 감소할 수밖에 없겠죠.) 또한 배에서 선원이 한 사람 줄거나, 배의 부품을 바꾸거나 보조 부품을 덧붙이는 경우에도 배 전체가 달라진다고 해야겠죠. 이 틀에서는 부분의 움직임에 항상 주의를 기울이고 약간이라도 변화가 생기면 그때마다 전체의 모습을 다시 더해야 합니다. 다시 말해 부분들이 전체를 쥐고 흔듭니다.

희망호를 여기에 적용하면 어떻게 되나요? 부분들이 바뀌는 것에 따라서 전체가 달라진다고 봐야 하죠. 물론 부분들이 전체를 유지하면서 바뀌는 경우에도, 전체 자체가 부분들을 합한 것이라고 했으므로 결국 부분들에 따라 변하는 셈이죠.

수업의 경우를 볼까요? 수업을 이루는 요소들을 더하면 수업이라는 하나의 전체를 설명할 수 있을까요? 교실＋책상과 걸상＋수업 자료＋칠판＋학생과 교사＋청소부＋수업을 관리하는 직원＋교실 주변의 조용한 상태…… 등을 한자리에 모으면 수업이 이루어지나요? 만약 몇몇 학생이 결석하고, 수업의 내용이 조금씩 바뀌고, 책상이 몇 개 모자라고, 학교 시설에 약간의 문제가 생기고, 교사가 바뀌면, 그로 인해 수업이 전혀 다른 것이 되나요? 이처럼 수업 요소들이 수업에 앞서나요?

그러면 이 틀을 조금 세련되게 바꾸어 볼까요? 전체를 이루는 요소들 가운데 중요한 것과 사소한 것을 구별해 봅시다. 이런 틀은 배전체에서 엔진을 본질적인 부분으로 보죠. 중요한 부분이 바뀌지 않는 한 전체의 본질은 변하지 않는다고 봅니다.

지훈 제가 보기에는 두 경우 모두 각 부분에 어떤 가치를 부여하건 간에 부분들이 전체를 이루고 전체를 규정한다고 보는 점에서 같은 것 같은데요.

선생 뛰어난 통찰력이군요. 방금 이야기한 대로 이 틀은 부분의 합으로 전체를 설명하죠. 예를 회사로 바꾸어 볼까요? 이 회사는 많은 자회사를 거느리고 있고, 회사명이 '사성(四星)'이라고 합시다. 사성은 수많은 요소로 이루어져 있고, 신입사원들이 매년 수십 명들어온다고 합시다. 이들도 회사를 이루는 요소들이죠. 하지만 이런 요소들이 보충된다고 해서 이 회사가 다른 회사로 바뀌거나 '오성(五星)'으로 이름을 바꾸지는 않죠.

그러면 이들보다 높은 과장, 부장, 전무, 이사 들이 바뀌면 어떻게 되나요? 이 경우에도 사성은 눈 하나 깜짝하지 않고 다만 약간 아쉬운 듯한 표정을 지을 뿐이죠. 이런 표정 변화에도 회사는 그 동일성을 잃지 않습니다. 사람은 바뀌어도 자리는 여전하니까요. 한 사람은 가고 그 자리에 다른 사람이 오겠죠.

과연 사성을 사성답게 만드는 것이 무엇이기에 사람들을 교체해도 회사 전체에 아무런 변화를 주지 못할까요? 또 회사를 경영하는 사장, 아니 이 많은 회사를 총괄 지휘하는 남다른 능력을 지닌 회장이 바뀌면 어떻게 될까요? 그 이름을 부르기에도 가슴이 벅찬 회장님은 하늘의 무지개보다도 높은 자리에 앉아 있죠. 이에 비해서 다른 요소들은 부차적이죠. 그런데 이런 생각이 설득력 있습니까?

명희　　선생님, 이것은 앞에서 살펴본 몸과 두뇌의 관계처럼, 회장을 마치 우리 몸의 두뇌처럼 생각하는 것 아닙니까?

선생　　그렇게 볼 수 있죠. 두뇌가 몸에서 이 일을 시키고 저 일을 명령하는 것처럼, 회장은 모든 것을 총괄하는 최고의 자리로 보죠. 그래서 다른 사람들은 스스로 판단하거나 명령할 수 없고, 다만 중앙, 최고 자리에 있는 사람의 통제와 명령에 따라서 자기 할 일과 의미를 부여 받게 되죠. 이 경우 '핵심'이 바뀌면 전체가 바뀐다고 봅니다. 사성의 경우에 회장을 제외한 수많은 사람이 바뀌어도 사성은 여전히 사성이고, 새 인물들은 여전히 "사성이여 영원하라!" 하고 구호를 외치겠죠. 사원의 생명은 짧으나 회사는 영원한가 보군요.

이런 사고 틀은 그림에서 보듯이 중심과 주변을 나누거나, 피라미드 모양에서 상부와 하부를 나누죠. 중심이 주변에 대해서, 상부가 하부에 대해서 본질적이라고 생각하죠. 이렇게 본다면 사성의 핵심은 그 최상부에 있는 회장이죠. 이 피라미드의 가장 높은 곳에서 피라미드를 총괄 지휘하는 신적인 존재가 바로 회장이죠.

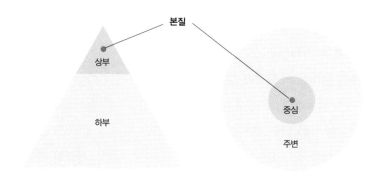

이런 모델은 비민주적이고 권위주의적이겠죠. 회장의 단독 결정이 모든 것을 좌지우지한다면, 주변과 밑에서 그 명령에 따라 살기도 하고 죽는 시늉도 해야 하는 이들은 그저 전체의 한 조각으로서 회장의 입김에 이리저리 휘둘리는 신세가 될 수 있죠. 이런 틀에서는 핵심적인 부분이 전체를 대표하거나 장악하죠. 그래서 마치 전체가 이 부분 안에 있는 것처럼 주장합니다. "나는 곧 이 회사다" "이 기업은 내 것이다"라는 주장도 가능하죠. 물론 "사원들도 내 것이다"라고 하지는 않겠지만, 사원들의 입장에서는 소유물이 되는 듯한 꺼림칙한 느낌을 떨쳐버릴 수 없겠군요.

예전에 프랑스의 한 국왕이 "짐은 곧 국가다"라고 주장한 적이 있죠. 절대주의 국가관을 잘 보여 주는 예로 국왕의 욕망이 국가의 욕망이자 국민의 욕망이 되어야 한다고 주장했죠. 짐이 바라는 것이 곧 국민이 바라는 것이고, 짐을 위하는 것이 곧 국가를 위하는 것이니라!

전체는 부분들의 합을 넘어선다

선생   그런데 이와 다르게 볼 수도 있죠. '전체를 부분들의 합 이상'으로 보면 어떨까요?

전체 〉 부분1 + 부분2 + 부분3 + 부분4 + …… + 부분n(부분들의 합)

그러니까 전체가 일정한 틀을 마련한 바탕 위에서 각 부분들이 지정된 자리에 배치됩니다. 그것들은 전체 질서에 어울리는 각각의 의미와 역할을 맡죠. 이런 식으로 부분들 하나하나는 그 자체로 의미가 있는 것이 아니라 항상 전체 구조 안에서 다른 부분과 일정한 관계를 맺습니다.

예컨대 몸에서 팔, 다리, 머리, 눈, 위, 간 등은 서로 무관하지 않습니다. 각 부분은 유기적 전체 안에서 주어진 역할과 의미를 갖죠. 팔이 팔인 까닭은 몸 전체의 유기적 구조를 이루는 하나의 요소기 때문이죠. 그래서 팔은 유기적 전체가 지정한 역할, 의미를 맡을 때 팔의 가치를 갖죠.

이런 틀에서 어떤 한 부분이 전체를 고스란히 나타내는 경우는 없습니다. 구조는 개별적인 부분들 밑에서 또는 위에서 그것들과 독립된 어떤 것, 일정한 관계망 안에 있습니다. 앞에서 살펴보았듯이 국왕이 국가인 것이 아니라, 국가라는 전체가 국왕에게 어떤 자리와 의미를 부여하죠. 국왕은 그런 관계망에서만 국왕이라 불리고, 그에 알맞은 자리와 의미를 갖죠. 국왕은 왕의 자리에 있는 사람을 부르는 이름이죠. 만약 국가 조직이 무너진다면 왕의 자리도 사라집니다.

국왕은 국가를 대표할 수는 있지만 그 자신이 국가일 수는 없습니다. 국왕이 이런 전체나 구조가 부여한 의미나 역할을 거스를 때 그는 다른 국왕으로 교체될 수 있습니다. 바로 '국가의 이름'으로 국왕이 바뀌는 거죠. 짐은 국가도 아니고, 국가는 국왕의 소유물도 아닙니다.

명희　그렇다면 앞에서 살펴본 회장의 경우에도 회사가 있고, 그 다음에 회장이 있으니까 회사는 회장의 것이 아니군요.

선생　그렇게 되나요? 회장님께서 별로 좋아하시지 않겠군요.

명희　선생님, 앞에서 수업을 예로 드셨는데 이제는 그것을 다르게 보아야 할 것 같습니다. 수업이 그 요소들에 앞서는 것이 아닐까요? 수업을 단순히 그 요소들을 더하는 것으로 설명할 수는 없을 것 같습니다.

선생　그렇다면 수업을 앞세워 그런 요소들을 모으고, 일정하게 배치하고 조직해야겠군요. 수업의 요소를 갖추었지만 그것에 제대로 결합되거나 알맞은 관계를 맺지 못해서 수업 아닌 수업이 이루어지는 경우도 있겠군요. 또한 같은 요소들을 다르게 조합해서 수업과 다른 관계 방식을 만들 수도 있겠군요. 수업시간에 학생과 교사가 합의해서 수업과 무관한 인생 상담을 하거나 다른 종류의 집회를 하거나 노래 부르기 모임으로 운영할 수도 있겠죠. 이 경우에 요소들은 같더라도 그 구조, 전체는 분명히 다르죠.

수업이라는 구조는 그런 요소들을 일정
하게 배치하고, 의미와 역할을 부여합니
다. 즉 요소들은 수업을 이루는 방식으로
일정하게 관계를 맺어야 합니다. 교사에게

요소 가운데 가장 중요한 것이 구조보다 우월
할 수 있나요? 구조는 어떤 점에서 모든 요소
보다 우월할까요?

는 교사의 역할과 의미가, 학생에게는 그 나름의 자리가, 책상이나
교실에도 일정한 기능이 주어지죠. 그래서 이 요소들이 변하더라도
'수업-구조'를 바꾸지 않은 한 수업은 여전히 같은 수업이죠.

물론 학생들이 지각하거나 결석을 하고, 책상이 몇 개 모자라고,
시설에 문제가 있고, 교사가 바뀌는 경우도 있겠지만 이때에도 수
업-구조는 일정하게 유지될 수 있습니다. 모든 요소는 수업을 수업
답게 만들기 위해서 각자 알맞은 역할을 맡고 나름의 의미를 지닙니
다. 그래서 하나의 전체로 조화를 이루고 관계 맺습니다.

사람이 아니라 철수, 소크라테스

선생　이제 본질을 형상으로 설명하는 고전적인 논리를 볼까요?
약 2000년 전에 나온 '본질론'입니다. 타임머신을 타고 아리스토텔
레스 선생님의 '본질이란 무엇인가'를 들으러 갑시다. 원래 이 내용
은 '형이상학'에 속하는 것이어서 보통 사람들에게는 잘 가르쳐 주
지 않는 것이랍니다.

우리가 사람을 볼 때 철수, 지영, 소크라테스, '늑대와 함께 춤을'
등의 개별적이고 구체적인 사람이 존재한다고 볼 것인지, 그들을 대
표하는 사람이라는 보편 개념이 존재한다고 볼 것인지는 어려운 문
제죠.

아리스토텔레스는 말〔馬〕과 사람이 아니라 구체적인 이 말, 저 말, 철수, 지영이 실제로 있다고 보죠. 그래서 배가 아니라 희망호, 한국호, 버지니아호가 있다는 거죠. 즉 실제로 있는 구체적이고 개별적인 것에 주목하죠. 그는 이런 개체들을 '실체(實體, ousia)'라고 부릅니다. 또 이런 특정한 이것 또는 저것을 '제1실체' 또는 '첫 번째 실체'라고 부르기도 합니다.

아리스토텔레스는 이런 실체의 두 측면을 구별하죠. 즉 실체와 속성으로 나눕니다. 속성은 실체가 지닌 성질들이죠. '이 말은 다리가 넷이고, 잘 달리고, 힘이 세고, 온순하고, 꼬리가 있습니다.' '지영은 두 발로 걷고, 여학생이고, 고운 얼굴에 고집이 세고, 영화를 좋아하지만 컴퓨터 오락은 즐기지 않습니다.' 이런 여러 속성은 각각 '이 말'과 '지영'에 속합니다. 즉 '이 말'과 '지영'이라는 실체가 그 속성들의 바탕이죠.

> 이런 실체의 존재를 논리적으로 옮기면, 실체는 문장에서 주어 자리에 있게 되죠. 그리고 실체가 지닌 이러저러한 속성은 술어 자리에 있습니다.
> '지영은 다리가 둘이다.'
> '지영은 여학생이다.'
> '지영은 고집이 세다.'
> '지영은 영화를 좋아한다.'

속성은 그것만으로 독립된 것이 아니어서 '다른 것 안에(ens in alio)' 있고, 다른 것으로부터 생기는 것이죠. 이와 달리 실체는 다른 것에 의존하지 않고 자립적이므로 '자기 안에(ens in se)' 있습니다. 그래서 독자적이고 본질적입니다. 다시 정리하면 실체는 변하는 것과 달리 항상 같은 것이고, 의존하는 것과 달리 독립적인 것이죠. 한마디로 현상에 대해서 본질이라고 할 수 있습니다.

플라톤은 개별적인 사물들의 본질이 사물 안에 있지 않고 그것들 너머에 '이데아'로 존재한다고 보죠. 하지만 제자인 아리스토텔레스는 개별적인 사물들의 본질이 하나하나의 사물 '바깥'이 아니라 그 '안'에 있다고 봅니다. 그래서 아리스토텔레스에 따르면, 희망호의 본질은 희망호를 뛰어넘어서 존재하는 배의 이데아에서가 아니라 희망호라는 구체적인 배 안에서 찾아야 합니다.

재미있는 것은 아리스토텔레스가 이처럼 개별적이고 감각적인 사물 '안'에 본질이 있다고 보는 점에서 스승인 플라톤의 이데아론과 상당한 차이를 보인다는 점이죠.

이 질료에 어떤 형식을 부여할까?

우리가 개별적이고 감각적인 것을 탐구한다고 해서 그것의 본질이 반드시 개별적인 것 안에 있고, 보고 만질 수 있는 감각적인 것이라고 할 수는 없죠. 개별적인 것은 이러저러한 변화에 휩쓸리죠. 우리는 그런 다양한 변화를 겪으면서도 항상 같은 것으로 남아 있는 것을 찾아야 합니다. 그것을 어떻게 찾을 수 있을까요?

아리스토텔레스의 '형상-질료 이론'을 보기로 하죠. 이것은 조금 어렵기도 하지만 여러분은 충분히 따라올 수 있을 겁니다.

아리스토텔레스는 구체적이고 개별적인 실체에서 출발했죠. 앞에서 구체적인 철수, 지영, 소크라테스 등을 통해서 사람을 보았죠. 그런데 철수라는 실체는 무엇일까요? 철수는 사람이죠. 이제 철수라는 실체가 보편적인 것, 곧 사람이라는 종(種)에 의해서 파악됩니다. 마찬가지로 희망호나 버지니아호는 모두 배죠. 아리스토텔레스는 이런 보편적인 것, 종적인 것(eidos)을 '제2실체'라고 부릅니다.

아리스토텔레스는 이런 제2실체가 제1실체에 앞선다고 봅니다. 그리고 보편적인 것과 개별적인 것을 마주 세워 놓고 볼 때, 보편적인 것이 더 중요하다고 봅니다. 왜냐하면 개별적인 철수, 지영이는 보편적인 사람에 의해서만 이해되기 때문이죠. 사람이 없다면 철수, 지영, 소크라테스를 찾아볼 길도 없죠.

그런데 앞에서 구체적인 실체를 중시할 때하고 얘기가 달라진 것 같지 않습니까? 앞에서는 스승을 비판하더니, 이제 와서는 스승의 견해를 슬쩍 받아들이는 것 같죠. 이 때문에 논란이 많습니다. 이에 대해서 아리스토텔레스는 플라톤을 벗어나려고 하지만 여전히 그의 그늘 밑에 있다거나 변장한 플라톤주의자라는 지적도 있습니다. 하지만 이런 싸움판을 만들기보다는 스승의 견해를 비판적으로 보완하는 것으로 보면 어떨까요? 스승과 제자는 서로 비슷하면서도 꽤 다른 태도를 보이죠. 물론 스승과 제자의 차이가 작지는 않습니다.

이런 문제가 생기는 것은 지식, 진리가 개별적인 것에 만족하는 것이 아니라 보편적인 것을 추구하기 때문이죠. 이때 보편성을 우선적인 것으로 보는 것 자체가 문제라고 하기보다는 그것을 개별적인 것과 관련해서 어떻게 설명하는지가 중요합니다. 기억날지 모르겠지만 《피노키오 철학 1》에서 스승은 하늘을, 제자는 땅을 가리키는 그림이 있었죠. 이때 서로 가리키는 방향은 다르지만 모두가 본질을 찾는다는 점에서는 같다고 할 수 있습니다. 손가락으로 아무것도 가리키지 않을 수도 있으니까요.

형상이 질료와 만날 때

아리스토텔레스는 형상과 질료가 결합해서 실체를 이룬다고 봅니다. 예를 들어 식물, 동물, 집, 조각 등을 볼 때 이것들은 그 바탕이 되는 질료(質料, matter)와 그것에 일정한 질서를 부여하는 형상(形相, form)이 결합된 것이죠. 조각된 석고상에서 석고는 질료이고, 그 조각된 모양은 형상이죠. 나무로 책상을 만들었다면 나무는 질료이고, 책상 모양이 형상이 되겠죠.

몇 가지 더 볼까요? 글을 쓰는 것은 글자를 질료로 해서 의미라는 형상을 표현하는 것이죠. 그래서 여러분이 글을 읽을 때는 글자를 읽어서는 안 되고 글자의 의미를 읽고 이해해야 하겠죠. 마찬가지로 건축은 건축 재료라는 질료에 일정한 형상을 부여해서 건물을 짓는 것이죠. 또한 노동은 자연 대상을 질료로 삼아서 그것에 일정한 형식을 부여해서 생활에 필요한 것을 만드는 작업이죠.

이처럼 존재하는 모든 실체는 질료와 형상이 합쳐진 것(synolon)이죠. 그래서 형상이나 질료는 그 자체만으로는 있을 수 없습니다. 질료 없이 형상만 있거나 형상 없이 질료만 있는 경우를 생각해 보면 재미있지 않나요? 예컨대 석고라는 재료가 없는 석고 조각이나 건물의 설계도 없이 벽돌만 잔뜩 쌓아 둔 상태를 생각해 보면 되겠죠.

서로 어울려야만 나름의 의미를 지니는 두 쌍을 조금 더 살펴봅시다. 먼저 형상을 볼까요? 개별적인 제1실체들은 보편적인 제2실체에 의해서 규정됩니다. 이런 형상

아리스토텔레스는 이런 형상이 참된 것이고, 다양한 존재자의 근거이며 영원하다고 봅니다. 아마 여러분은 다시 플라톤의 이데아가 되풀이된다고 생각할지 모르겠지만, 이런 형상이 물체 '안'에 있다는 점에서 이데아와 다르다는 점을 소홀히 해서는 안 됩니다.

은 어떤 것을 규정하는 것, 형성하는 것, 존재를 주는 것입니다. 그래서 존재하는 모든 것은 형성된 것, 즉 일정한 형상을 부여 받은 것이죠. 예를 들어 침대 만들기는 나무에 침대 형식을 주는 거죠.

이런 형상의 짝이 질료입니다. 당연한 이야기지만, 우리는 집의 형상만으로 집을 지을 수 없죠. 벽돌, 콘크리트, 나무, 철근, 유리 등의 재료가 필요하죠. 이런 질료들은 아직 집은 아니지만 집이 될 수 있는 것이죠. 즉 질료는 존재와 무(아무것도 아닌 것) 사이에 있는 것이고, 질료는 형상과 결합해서 어떤 것이 될 수 있는 '가능성'을 지닌 바탕(element)입니다.

이를테면 나무 질료가 책상 형상을 받아들이면 책상이 되죠. 그리고 그 형상을 잃고 다른 형상(예를 들어서 의자나 침대 등)을 받아들일 때 다른 것이 되는 거죠. 이런 형상–질료 이론은 인간의 제작 행위를 모델로 삼은 것이죠. 제작(poiesis)은 일정한 목적으로 질료에 형식을 부여하는 활동입니다.

형상과 질료 관계를 좀 더 살펴볼까요? 앞에서 철수, 지영, 소크라테스 등의 개인들은 모두 사람이라고 했죠. 그래서 사람의 형상은 모든 개인들에게 하나이고 같습니다. 철수와 소크라테스는 똑같은 사람 형상을 함께 지니고 있죠. "야, 철수는 좋겠다. 소크라테스와 똑같은 형상을 지니고 있으니." 별로 좋아할 것도 없죠. 그렇게 감탄하는 여러분도 같은 형상을 지니고 있으니까요.

그러면 개인들은 어떤 점에서 다를까요?

철수와 소크라테스가 다른 까닭은 그 질료가 다르기 때문이죠. 또 책상들의 경우에도 이 책상과 저 책상은 그 형상이 같지만 질료가 달라서 다른 것이 되겠죠.

그런데 이 책상은 나무로 되어 있고, 저 책상은 쇠로 되어 있다면 얘기가 쉽지만, 철수와 소크라테스의 질료가 다르다는 것은 무엇을 말하는지 잘 모르겠군요. 하기야 사람마다 질료가 똑같다고 할 수는 없죠. 몸과 마음을 이루는 질료가 조금씩은 다르지 않겠습니까?

무엇이 이들을 다르게 만들까요? 아리스토텔레스는 이것을 질료로 설명합니다. 곧 모든 사람에게 똑같은 형상이 어떻게 개별적인 사람으로 되는지를 설명하는 것은 질료입니다. 그래서 사람 형상이 이런저런 질료와 만나서 이런저런 개인이 된다고 봅니다. 이해가 되나요?

질료와 형상이 결합할 때, 질료는 어떤 점에서 형상을 구체화하고, 형상은 어떤 점에서 질료에 질서를 부여할까요? 한 편의 영화를 만들 때 각 단계에서 질료와 형상이 어떻게 구별되고 또 결합할까요?

어쨌든 형상이 질료를 얻으면 구체적으로 존재하는 실체가 되는 거죠. 책상 형상은 책상으로 구체화되고, 나무 질료는 단순한 나무를 벗어나 책상으로 됩니다. 그래서 형상은 이제 구체적이고 개별적인 것이 되죠. 형상은 그 자체만으로는 보거나 만질 수 없지만 질료를 통해서 구체화되면 비로소 보거나 만질 수 있죠.

이런 맥락에서 질료는 '개별화하는(individualize)' 바탕이고, 이처럼 형상이 질료와 만나면 실체가 태어납니다. 실체를 이루는 이 둘 중에서 어느 것이 더 중요할까요? 어떤 것에 우선권을 주기보다는 이 둘의 결합이 필수적이라는 점에 주목해야 합니다. 질료가 토라져서 도망가면 형상은 허공에 떠 있을 수밖에 없죠.

희망호의 형상은?

은영　그러면 형상-질료 틀로 희망호를 어떻게 설명할 수 있습니까?

선생　이제 희망호의 본질을 문제 삼을 때, 그것을 실체와 속성으로, 또한 형상과 질료로 나누어 볼 수 있겠죠. '형상-질료' 틀로 희망호를 볼까요? 먼저 희망호는 배니까 배의 형상을 지니지만, 또 희망호의 질료는 다른 배와 달라야 합니다. 정리하면, 모든 배에 보편적인 배의 형상과 희망호를 이루는 질료의 특수성이라는 두 요소가 결합해서 희망호라는 구체적인 배가 됩니다.

이제 희망호의 내부 사정을 볼까요? 희망호를 이루는 부품들을 질료라고 한다면, 형상은 배답게 조직되도록 그 부분들에 질서를 부여하는 원리입니다. 고개를 갸우뚱하는 사람들이 많은 것 같은데 달리 설명할 길이 없군요. 계속해서 이 틀을 희망호의 수리 과정에 적용해 봅시다. 이 과정에서 초점은 '형상이 변하는가?'죠. ('희망호'를 '희망호'답게 하는 것은 형상이죠.) 그래서 희망호의 부품들이 바뀌더라도, 그 형상이 바뀌지 않는다면 같은 배죠.

하지만 희망호의 부품들을 (비행기나 잠수함 같은) 다른 형식으로 재조립한다면 희망호는 사라지죠. 그렇지만 엔진을 바꾸어도 그 형상이 같다면 다른 배가 되지는 않겠죠. 이런 까닭에 엔진을 본질적인 부분이라고 할 수 없죠.

같은 모델로 똑같이 생산하면 같은 것들인가?

은영   선생님, 이상한 게 있습니다.

선생   뭔가요?

은영   공장에서 자동차를 생산하는 경우에도 과연 이런 식으로 설명할 수 있나요? 그러니까 자동차를 같은 재료와 부품 들로 똑같은 설계도에 따라서 같은 모델로 여러 대 생산하는 경우가 있잖아요? 이때에도 그것들을 같다고 해야 하나요?

선생   아주 날카로운 질문이군요. 설명이 쉽지 않습니다. 같은 모델의 차라도 무게가 조금 다르거나 부품이 조금씩 달라서 다소 다른 점이 있다면 그나마 이야기가 쉬울 것 같은데 말이죠. 책을 출판할 때에도 같은 문제가 생기겠군요. 같은 글자체로, 같은 질의 종이와 잉크로 같은 제목을 달고 있는 책을 한꺼번에 100권 찍었을 때, 이 책들은 같은 책일까요?

은영 　그 책들은 다른 제목의 책들에 대해서는 같다고 해야 하지만, 그 하나하나는 다른 책이죠.

선생 　그렇죠. 제가 들고 있는 이 책과 은영 군이 보고 있는 책이 같은 인쇄본이라 하더라도 다르죠. 그런데 아리스토텔레스에 따르면, 대량 복제된 책들은 모두 형상이 같고, 그 질료만 다르다고 해야 하죠. 그 질료가 얼마나 다른지 세심하게 살펴야 하고요. 여러분은 이런 설명을 받아들일 수 있나요?

세진 　선생님, 비슷한 예인데요, 〈아기 공룡 둘리〉를 DVD로 대량 제작했을 때 그것을 같은 DVD라고 해야 하나요?

선생 　이 문제에 어떻게 답해야 할까요? 또한 세계 최초의 포유동물 복제로 태어난 복제양 '돌리'는 어떻게 될까요? 복제된 양은 원래의 양과 같은 양인가요? 같다면 두 양은 항상 같이 뛰어다니고 밥도 한그릇에 먹고 "돌리" 하고 부르면 두 녀석이 한꺼번에 달려올까요? 아니면 두 양은 서로 달라서 따로 뛰어다니고 따로 밥 먹고 한 마리가 하품할 때 다른 녀석은 눈을 부릅뜨고 있을까요?

　아리스토텔레스는 DVD로 대량 제작된 '둘리' 문제와 복제양 '돌리' 문제를 어떻게 설명할까요? 둘리 DVD를 이루는 질료 하나하나가 모두 다르다고 해야 하지 않을까요? 그리고 돌리의 원래 세포와 복제된 돌리의 세포가 달라서 두 양이 다르다고 해야 할까요? 돌리 달라 보이는 사람들이 사실 같은 형상을 지녔다고 할 때, 사람들의 다른 모습 때문에 형상이 같음을 쉽게 알아보기 어렵죠. 반면 대량 생산된 차들의 경우에는 그 차들이 같은 형상을 지닌 점에서 더 쉽게 알아볼 수 있죠. 그런데 같은 모델의 차라고 해서 그 질료가 엄밀하게 같다고 할 수는 없죠. 이렇게 본다면 아리스토텔레스의 설명이 이 문제를 훌륭하게, 아니 좀 더 쉽게 설명한다고 할 수도 있습니다.

건 둘리건 그것들은 형상이 같고 (잘 구별되지 않지만) 질료가 다르다고 해야 할까요?

명희   선생님, 만약에 희망호와 같은 재료, 부품을 사용하여 배를 하나 더 만든 경우에는 어떻게 됩니까?

선생   두 배가 각각 나무와 강철로 만든 경우라면 쉽게 구별되겠지만, 같은 재료나 부품을 사용하면 구별하기가 어렵겠군요. 희망호와 같은 부품으로 만든 성공호가 있다면, 부품의 재질과 종류는 같지만 그 내용이 다르다고 해야겠죠. 같은 쇠라도 모두 똑같은 질의 쇠는 아니죠. 이 책상의 나무와 저 책상의 나무는 서로 다르죠.

여기서 아리스토텔레스가 '왜' 철수와 소크라테스가 같은 형상을 지니고 있다고 했는지를 다시 한 번 살피는 게 좋겠군요. 제가 보기에 아리스토텔레스가 형상을 중시하는 것은 '차이'보다는 '동일성'에 관심을 갖기 때문인 것 같습니다. 그러니까 이 배와 저 배의 차이보다는 배들이 지닌 같은 점에 주목하는 거죠. 그래서 희망호와 성공호가 있을 때 양자의 같은 점을 형상에서, 다른 점을 질료에서 찾는 거죠.

정리해 보면, 지금까지 우리는 본질을 설명하는 두 관점을 보았습니다. 그런데 '구조'로 보는 틀은 같은 질료로 이루어졌더라도 구조가 달라지면 다른 것이라고 보는데, 아리스토텔레스는 같은 형상이라도 질료가 달라지면 다르다고 보는 것 같습니다.

질문

1. 본질을 구조로 보는 관점과 형상으로 보는 관점은 어떤 점에서 다를까요?

2. 이 두 관점은 어떤 점을 잘 설명하고 어떤 점을 잘 설명하지 못할까요?

셋째 시간

오늘의 '오희망' 씨는 내일이면 '오절망' 씨가 되는가?

앞에서 우리는 희망호를 살피면서 변하는 가운데 같은 것을 찾았습니다. 하지만 변화를 이야기하면서 '시간' 문제에 소홀했죠. 이제는 시간 안에서 같음과 다름을 살펴봅시다.

시간이여, 멈추어라!

"아빠, 어제는 어디로 갔어요?"

아이의 이런 질문에 어떻게 답해야 할까요? 방금 있던 시간은 벌써 우리 손을 벗어나 버렸죠. 그렇게 지나간 시간은 어디에 있을까요? 과거라는 보이지 않는 기억의 나라로 갔을까요? 시간은 사물을 바꿔 놓죠. 우리도 시간 안에서 계속 변합니다. 시간이라는 예술가는 사물과 우리의 모습을 끊임없이 빚어냅니다. 이 시간의 조각품은 내가 손으로 만지는 순간에 사라져 버리죠.

그리스 신화에서 크로노스(시간)는 자기 자식들을 잡아먹죠. 이 무서운 비유는 현재가 과거 속으로 사라지는 것을 표현한 것이겠죠? 현재라는 부모가 끊임없이 과거라는 자식을 낳으면서 낳는 대로 모조리…… 어쨌든 시간은 모든 것을 변화시킵니다. 이번에는 이런 시간의 한 모습만이라도 살펴보기로 합시다.

《잠자는 숲속의 공주》를 아시죠? 마녀의 물레에 손가락을 찔려 쓰러진 공주를 구하려고 한 요정이 공주를 영원한 잠에 빠지게 하는 신기한 장면이 있죠. 요정은 요술

우리가 쓰는 개념들은 고정된 것이기 때문에 변하는 세계, 시간의 흐름을 포착하기가 어렵습니다. 우리가 쓴 '시간' '변화'라는 글자 자체가 벌써 꼼짝 않고 버티면서 변하지 않는 것처럼 보이지 않습니까? 우리는 개념이라는 서투른 그물로 쉬지 않고 변하는 시간을 낚으려고 합니다.

로 공주와 그를 둘러싼 모든 사람과 사물을 잠에 빠지게 하죠. 왕과 왕비, 보초병, 요리사 등이 그대로 잠들고, 타고 있던 불도 그 상태로 잠들죠. 마치 영화 필름을 돌리다가 잠시 멈춘 상태와 비슷하죠. 이처럼 모든 것이 움직이지 않고, 변화의 물결을 잠시 멈추고, 부동자세를 취한 이 상황은 시간이 정지한 세계죠. 시간이 멈추면 모든 것이 그 자리에 그대로 멈추는 거죠.

잠자는 동안에 무슨 일이 일어났을까요? 시간이 쉬고 있는데 무슨 일이 생길 순 없겠죠. 만약 요정의 요술이 잠자는 공주의 나라뿐만 아니라 모든 동화의 세계를 시간의 잠 속에 빠뜨리면 어떻게 될까요? 잠자는 동화 나라! 모든 주인공이 그 순간 그대로 있고, 아무런 변화도 생기지 않는 세계의 단조로움만 나타날 겁니다. 지루함을 견디다 못해 "시간아 움직여라!"라는 외침으로 이 세계를 되살리고 싶겠죠.

자, 시간 안으로 들어가 봅시다. 이제 시간 안에서 같음, 동일성을 어떻게 생각할 수 있는지 살펴봅시다. 시간 이야기를 하니까 정신이

어지럽지 않나요? 그렇다고 해서 자기 동일성을 잃어버리면 안 되죠. 그리고 동일성을 유지한다는 명목으로 수업 듣기 전의 여러분과 수업 후의 여러분이 똑같은 상태라면 그것도 곤란하죠. 저는 여러분이 수업 후에 이 강의로 인해 조금이라도 달라졌으면 합니다. 변하는 시간 속에서 계속 같은 상태로 있겠다고 고집을 부리면 시간이 그냥 두지 않을 겁니다. 시간 안에서 그 어떤 것도 똑같이 있을 수 없기 때문입니다. 나날이 새로워지거나 늙으면서, 날마다 달라지는 [日新] 것은 분명하죠.

나는 옛날의 내가 아니다

먼저 이상한 이야기를 하나 할까 합니다. '어처구니'라는 사람이 오래전에 '순진한'에게 돈을 꾸었습니다. 약속한 날이 지나서 순진한이 어처구니에게 돈을 갚으라고 요구했습니다. 그랬더니 어처구니는 자기는 돈을 꾼 기억이 나지 않는다며 발뺌했죠. 또 설사 기억난다 해도 자기는 더 이상 옛날의 자기가 아니라는 거죠. "꼭 돈을 받고 싶으면 과거의 어처구니, 즉 돈을 꾸었던 당시의 어처구니에게 가서 받으시오!"

어처구니가 없기도 하고 괘씸하기도 해서 흥분한 순진한이 어처구니를 한 방 쥐어박았습니다. 그런데 어처구니는 이런 이유 없는 폭력을 참을 수 없다면서 순진한을 폭행죄로 경찰에 고소했죠. 순진한은 돈을 받기는커녕 폭행으로 고소까지 당했으니 묘하게 된 거죠. 그런데 법 앞에서 흥분한다고 도움이 되나요? 좀 더 차분하게 자기의 정당성을 밝히는 것이 좋을 겁니다.

자, 여러분이라면 이 기분 나쁜 상황에 어떻게 대처할 건가요? 자기가 폭행을 행사한 이유는 꾸어 준 돈을 받지 못했기 때문에 생긴 것이니 먼저 돈을 갚지 않은 사건을 밝히자고 할까요? 하지만 그렇더라도 악의의 채무자를 때린 것은 분명한 사실이

법률 용어에서 '악의'라고 하면 해당 사실을 알고 해당 행위를 한 자를 말합니다. 그러니까 어처구니는 자기가 돈을 꾼 것을 알고 있으면서도 갚지 않기 때문에 악의의 채무자죠. 반면 하자가 있는 물건을 모르고 판 경우에 '선의'의 판매자가 되는 거죠.

죠. 여러분도 함부로 주먹을 휘두르면 그 이유야 어떻든 처벌 받는다는 것을 알아 두세요.

명희   선생님, 좋은 생각이 있습니다.

선생   어떤 생각이죠? 저도 그럴듯한 생각이 나긴 했습니다만.

명희   어처구니가 자신은 옛날의 자기가 아니라 시간이 지나면서 바뀐 현재의 자기라고 우긴 것을 그대로 써먹는 거죠.

선생   같은 방식을 역이용한다는 건가요?

명희   그렇죠. 순진한도 자기가 옛날의 자기가 아니기 때문에 지금의 자기는 주먹을 휘두른 폭력적인 과거의 자기가 아니라고 주장하면 되죠. 순진한도 어처구니처럼 "나는 더 이상 옛날의 내가 아니다"라고 주장하면 어떻게 할 수 없겠죠.

선생   그러면 한마디를 더 보탭시다. 순진한이 이렇게 말하면 어떨까요? "제가 폭력을 행사한 것 같기는 합니다. 저도 오면서 과거의 저에게 듣긴 했습니다. 그러니 저기 있는 현재의 어처구니 말고 나에게 얻어맞은 과거의 어처구니를 불러 주십시오."

민규   재미있긴 한데요. 그렇게 시간이 지날 때마다 순간순간 바뀐다면 곤란한 점이 한두 가지가 아니겠군요. 도대체 어처구니와 순진한의 경우를 어떻게 설명해야 합니까?

선생　앞에서도 이야기한 적이 있지만 우리 몸이나 정신은 끊임없이 변하죠. 우리는 매순간 달라지지만 한 상태와 다른 상태 사이에 근본적인 단절이 없다면 상대적 동일성을 주장할 수는 있겠죠. 돈을 꾼 어처구니와 돈을 안 갚는 어처구니, 돈을 빌려 준 순진한과 한 방 먹인 순진한은 상대적으로 동일한 사람이라고 할 수 있죠.

이 문제가 고대 그리스에서 어떻게 논의되었는지를 변화, 생성과 관련된 논의와 함께 보기로 할까요? 먼저 제가 칠판에 똑같은 사각형을 5분 간격으로 하나씩 그립니다.

각각 다른 시간에 똑같은 사각형을 그렸습니다. 이 사각형들은 같은 것일까요? 아니면 다른 것일까요?

지훈　시간을 고려한다면 다른 사각형이라고 해야 합니다. d는 아직 그리지 않은 것이니까 현재 있는 a, b, c와 달리 아직 없는 사각형이죠.

선생　그렇죠. 재미있지 않나요? 그러니까 과거의 사각형, 현재의 사각형과 아직 그리지 않은 미래의 사각형은 서로 다르죠. 이처럼 시간 속에 있는 사각형들은 서로 다를 수 있고, 마찬가지로 존재들도 시간 안에서 항상 같은 것이 아니라 변합니다. 당장 5분 뒤의 세계는 아직 존재하지 않기 때문에 그것이 지금과 같은 것이라고 할 수는 없죠. 이처럼 우리가 시간을 고려하면 이야기가 복잡해집니다. 그러니까 시간 안에서 변하지 않는 것은 없죠. 만약 그런 것이 있다면 초시간적이고 영원한 것이라고 해야 합니다.

모든 것은 변한다

선생   이처럼 시간 안에서 사물들이 변하는 것을 사물과 세계의 참된 모습이라고 주장한 사람이 바로 헤라클레이토스(Heracleitos)입니다. 잘 알려진 이야기인데, 그는 만물유전(萬物流轉), 즉 모든 것은 항상 같은 것으로 있지 않고 끊임없이 바뀐다고 주장합니다.

경민   헤라클레이토스가 예로 든 것이 흐르는 강물 아닌가요?

선생   그렇죠. "같은 강물에 발을 두 번 담글 수 없다"라고 했죠. 이것이 어떤 의미입니까?

경민   강물이 계속 흐르기 때문에 내가 한 번 발을 담근 뒤에 다시 발을 담그면 이미 그 강물이 저만치 흘러갔다는 이야기죠. 그러니까 사물은 항상 변한다는 이야기 아닙니까?

선생   맞아요. 그리고 강물만 흐르는 것이 아니죠. 강물을 보고 있는 나도 강물과 마찬가지로 변합니다. 그래서 내 발도 첫 번째와 두 번째가 다르고, 그 발과 강물을 인식하는 나도 달라졌다고 해야겠죠. 재미있지 않습니까? 자기도 변하면서 변하는 강물을 보고 변한다고 하고 있으니 말입니다. (물론 이때 이렇게 변하는 우리를 기억이 붙잡고 있긴 하죠. 기억은 다른 순간들을 이어서 하나의 흐름을 만들어 주죠.) 그래서 미라보 다리 아래 센 강은 흐르고, 우리의 사랑도, 우리 자신도 흘러가죠.

은영   강물도 흐르고 우리도 흐르는군요. 그래서 존재하는 세계에
서 변하지 않는 것은 없겠네요.

선생   ′ 좋은 지적입니다. 이런 점에서 헤라클레이토스는 존재의 세
계 대신에 '생성'의 세계, '변화'하는 세계가 참된 모습이라고 봅니
다. 그런데 이처럼 사물이 변할 때 그 겉모습만 변하는지, 아니면 그
본질까지 변하는지가 문제가 되죠.

은영   사물이 겉모습(현상)만 변하고 그 본질이 바뀌지 않는다면
사실상 불변한다는 이야기잖아요?

선생   그렇죠. 헤라클레이토스처럼 모든 것이 변한다고 하려면,
사물의 현상은 물론이고 그 본질까지도 변해야겠죠. 보통은 본질을
조금도 변치 않는 것이라고 보는데, 그는 바로 이 '본질까지도 변한
다'고 보는 점에서 색다르죠.

세진   선생님, 전에 어떤 친구가 이 '만물유전설'을 비판하는 이야
기를 들었거든요. 모든 것이 변한다면 '모든 것이 변한다'라는 말도
변하나요?

은영   '모든 것이 변한다'라는 말을 제외하고 다른 모든 것이 변한
다면, 모든 것이 변하는 것은 아니네요. 말 그대로 모든 것이 변한다
면 '모든 것이 변한다'라는 말도 변해야 하죠.

선생   날카로운 지적입니다. 모든 것은 변하지만, 그것을 표현하
는 '모든 것은 변한다'라는 말은 고정되어 있군요. 말과 그것이 가리
키는 내용이 서로 맞물려서 악순환을 이루죠. 역설의 한 예죠. 어떤
대상을 가리키는 말을 그 말 자체에 적용해서 모순이 생긴 경우죠.
예를 들어 '모든 것은 부조리하다'라는 말이 있을 때, 말 그대로 모
든 것이 부조리하다고 하더라도 정작 '모든 것이 부조리하다'라는

말은 조리가 있어야 한다는 거죠.

이 문제는 꽤 복잡한데 나중에 따로 보기로 하고, 임시방편으로 처리해 볼까요? 예컨대 "이 다이아몬드는 가짜다"라는 명제를 봅시다. 그런데 누가 이 명제를 말하고 있을까요? 보석감정가인 철수 씨 군요. 그러면 이 명제를 완전하게 쓰면, "나(철수)는 '이 다이아몬드는 가짜다'라고 주장한다"가 되죠. 그런데 이것을 나누어 보면, '이 다이아몬드는 가짜다'라는 부분은 대상인 '다이아몬드'를 가리키는 말이죠. 그런데 "나는 ○○라고 주장한다"라는 부분은 실제 대상이 아니라 '대상을 가리키는 말'을 가리키죠. 그러니까 '대상에 대한 말'이 아니라 '말에 대한 말'이죠. 이렇듯 이 두 말은 종류가 다릅니다. 보통 대상을 가리키는 말을 '대상 언어'라고 한다면, 말에 대한 말은 '메타 언어'라고 하죠.

이렇게 본다면 '모든 것은 변한다'라는 말은 대상들을 가리키는 말인데, 이 말 자체를 '모든 것은 변한다'라는 말에 적용한다면 이 말까지도 (그것이 가리키는) 대상 가운데 하나라고 보는 거죠. 그래서 혼란이 생깁니다. 굳이 구분하자면, '모든 것은 변한다'라는 말을 제외한 모든 것은 변합니다. 그리고 '모든 것은 변한다'라는 말은 변하지 않습니다. '모든 것은 변한다'라는 말을 그 말 자체에 적용하면 헤어날 수 없는 역설에 빠지죠. 이런 언어와 관련된 문제에 주의를 기울일 필요가 있을 것 같습니다.

삶 안에 죽음이 있다

선생   헤라클레이토스는 모든 것이 변하는 세계에서도 질서, 로고

스가 있다고 주장합니다. 그는 이런 질서를 '불'의 비유를 들어서 설명하죠. 여기에서는 이에 대해 설명하지는 않겠습니다. 좀 더 흥미로운 것은 그가 사물이 변하는 것을 사물 안에 있는 '대립' '투쟁'으로 설명한다는 점이죠.

예를 들어 봅시다. 만약 삶에 순전히 삶만 있고 죽음이 전혀 없다면 어떻게 될까요? 그 살아 있는 것이 죽을 리가 있을까요? 하지만 살아 있는 것은 태어나고 성장하고 죽습니다. 왜 살아 있는 것이 영원히 살지 않고 죽을까요? 삶은 삶이고, 죽음은 죽음이라면 이런 변화(생성과 소멸)가 생길 수 없습니다.

헤라클레이토스는 삶 안에 단순히 삶만 있는 것이 아니라 그것에 맞서는 것, 삶을 불가능하게 하는 죽음이 함께 있다고 봅니다. 곧 삶은 삶과 죽음이 다투는 과정이라고 봅니다. 살아 있는 것은 결국 소멸해야 하는 운명을 지니죠. 물론 죽음 안에도 삶이 있습니다. 죽음 안에 삶이 없다면, 모든 살아 있는 것은 죽기만 하고 아무것도 남지 않겠죠. (그래서 죽은 것에서 새로운 생명이 나타납니다. 삶과 죽음의 순환과 부활이라는 신비한 주장은 이런 점에 주목하는 거죠.)

"삶 안에는 죽음이 있고, 죽음 안에는 삶이 있다." 모든 변화는 삶에서 죽음으로, 또 죽음에서 삶으로 오가는 거죠. 삶과 죽음은 영원한 것이 아니라 변하는 세계의 한 모습입니다. 영원한 삶도, 영원한 죽음도 없죠. 삶과 죽음을 오가는 양자의 다툼과 조화가 있을 뿐이죠. 그래서 우리는 우리 안에 있는 죽음의 힘과 겨루고 그것을 이기는 동안에만 살아 있다고 볼 수 있겠죠.

다시 정리하면 헤라클레이토스는 한 사물은 자기 안에 있는 투쟁, 대립의 힘 때문에 자기이면서 동시에 자기가 아니라고 봅니다. "나는 나이고 동시에 내가 아니다." 이런 까닭에 '나'는 항상 '다른 나'로 바뀔 수 있죠.

명희　그러면 투쟁은 모든 변화를 이끄는 원리군요. 아이들도 많이 싸워야 잘 크겠군요.

선생　그렇게 되나요? 이처럼 다툼을 운동 원리로 본다면, 진리의 장(場)은 진리와 오류가 격렬하게 다투는 곳이겠죠. 또한 사랑에도 미움이 있고, 미움에도 사랑이 있겠죠. 사랑과 미움의 다툼을 잘 이해하면 재미있는 사실을 알 수 있습니다. 사랑하지 않는 자는 미워하지도 않죠. 그리고 미움도 사랑으로 곧잘 바뀝니다. 격렬한 미움은 사랑의 에너지가 바뀐 것이기도 하죠. 파국에 이르지 않는다면 잘 다투는 부부가 서로에게 무관심한 부부보다는 사이가 좋다고 할 수 있지 않을까요?

> 희망호의 경우를 이 틀로 본다면, 희망호는 굳이 수리하지 않더라도 매순간 변하죠. 희망호 안에는 희망호 아닌 요소가 들어 있죠. 그래서 희망호는 조금씩 또는 많이 변합니다. 이 변화에 저항하려면 배를 수리하면서 희망호 나름의 모습을 유지해야겠죠. 그동안에는 (상대적으로 동일한) 희망호가 유지됩니다. 하지만 이런 변화들이 쌓여서 어느 시점에 이르면 그것은 완전히 달라질 겁니다.

미련한 자들은 모든 것이 변한다고 하더라!

선생　그런데 이처럼 모든 사물이 항상 변할 수밖에 없다고 보는 주장에 대해서 정면으로 반박하는 사람이 있죠. 바로 '파르메니데스

(Parmenides)'입니다. 그는 헤라클레이토스와 달리 '변하지 않는 존재'를 내세웁니다. 변화는 사물의 겉모습일 뿐이고 실상을 제대로 보면 어떠한 변화도 없다고 합니다.

파르메니데스는 자기 주장을 한마디로 "있는 것은 있고, 없는 것은 없다"라고 요약합니다. 어떻습니까? 있는 것은 있으니까 없지 않고, 없는 것은 없으니까 있지 않다는 말이 맞지 않나요?

경민　당연한 주장 같은데요. 있는 것을 없다고 할 수 없고, 거꾸로 없는 것을 있다고 해서도 안 되지 않나요?

선생　그런데 이 주장의 결과가 재미있습니다. 먼저 생성(生成, becoming)의 경우를 보죠. 생성은 어떤 사물이 새롭게 생기는 경우죠. 곧 어떤 것이 존재하지 않다가 어느 시점에서 존재하게 되는 거죠. 여러분도 처음에는 없다가 고고한 울음소리와 함께 태어났죠. 여러분은 그전에 어디 있었나요?

자, 문제는 '생겨났다'는 것인데 어떤 것이 없다가 어느 시점에 '있는' 것으로 되었다는 거죠. 즉 없던 것이 있는 것으로 바뀌는 거죠. 그래서 (시간 변화를 무시한다면) 없던 것이 있게 된 것이죠. 곧 없는 것이 있다가 됩니다. 앞에서 '없는 것은 없다'라는 말에 고개를 끄덕여 놓고 이제 와서 '없는 것이 있다'라고 할 수는 없죠. 왜죠?

은영　말 그대로 없는 것은 없으니까요.

선생　그렇죠. 그래서 새롭게 생겨나는 것은 없다고 해야 합니다. 파르메니데스가 볼 때 사물의 생성은 존재와 무를 뒤섞고 혼동하는 것일 뿐이죠. 그것은 모순입니다.

은영　선생님, 그러면 '소멸(消滅)'의 경우도 비슷하게 설명할 수 있겠네요. 바로 있던 것이 없어지는 것이니까요.

선생　하나를 배우면 둘을 아는군요. 여기에 책상이 있죠. 그런데 이 책상은 일정한 시간이 지나면 사라집니다. 물론 책상만 그런 것이 아니죠. 우리 모두는 미래의 어느 날 존재하지 않을 겁니다. 어떤 것이 소멸했다는 것은 바로 그것이 한때 있다가 이제는 없다는 거죠. 즉 있던 것이 없는 것으로 바뀌는 거죠. '있는 것이 없다'가 됩니다. 앞에서 '있는 것은 있다'고 한 것과 충돌하죠. 그래서 소멸도 논리적으로 모순을 범하는 것에 지나지 않죠.

자, 조금 더 복잡한 '변화/운동'의 경우를 볼까요? 예를 들어 '가'라는 것이 그것과 다른 '나'로 바뀌는 경우죠. (또는 어떤 자리에 있던 '가'가 다른 자리 '나'로 이동하는 경우죠.) 여기에서 '가'가 '나'로 바뀌는 것이 무엇을 말하나요? 바로 전에 있던 '가'는 사라지고, 없던 '나'가 생겨난 것이죠.

기준 시점	이전	이후
생성	없음	가
소멸	가	없음
변화	가 없음	없음('가'의 소멸) 나('나'의 생성)→'가'가 '나'로 바뀜

이처럼 변화/운동은 새로 나타난 '나'가 생성되면서 동시에 전에 있던 '가'가 소멸하는 것, 즉 생성과 소멸을 한데 합쳐 놓은 거죠. 앞에서 생성이나 소멸이 모순된 것이라고 했죠. 그런데도 변화/운동은 겁도 없이 모순에 모순을 곱한 셈이죠.

변화를 알 수 없는 까닭

파르메니데스는 생성, 소멸을 포함한 모든 변화를 '가상' '허상'이라고 봅니다. 또한 그것을 설명할 수도 없다고 하죠. 이처럼 변화에 대한 설명은 모순을 범하므로 사물을 헛본 것이고, 겉모습에 속은 거죠. 그래서 파르메니데스는 있는 것만 있기 때문에 없는 것을 이야기할 수도 없다고 보죠. 그는 '존재'만 이야기합니다. 그러면 이런 존재는 어떤 것일까요?

그는 (참으로 있는) 존재는 생겨나지도 소멸되지도 변하지도 않는다고 봅니다. 앞에서 보았듯이 생성은 불가능하므로 존재는 어느 시점에 생겨날 수 없죠. 또한 소멸도 있을 수 없으므로 존재는 어느 때에 사라지지도 않습니다. 그래서 존재는 생겨나지도 않고[不生], 사라지지도 않습니다[不滅]. 마찬가지로 존재는 변하지도 않고[不變], 항상 그 모습 그대로입니다.

파르메니데스는 존재가 어떠한 빈틈도 없는 '충만한 하나'라고 봅니다. 만약 존재에 빈틈이 있다면 텅 비어 있는 공허, 곧 없는 것이 있는 셈이죠. 그래서 존재에는 빈틈이나 여백이 전혀 없어야 합니다. 그리고 존재는 여럿이 아니라 '하나(the One)'라고 봅니다. 만약 존재가 둘이라면, 이것과 저것이 있으니까 그것들 사이에 빈틈이 있어야 할 겁니다. 그런데 빈틈은 있을 수 없는 것이죠. 그래서 존재는 하나일 수밖에 없죠.

비유적으로 얘기하면, 우리가 누군가와 사랑에 빠질 때, 사랑에서 헤어났을 때 자기가 근본적으로 다른 사람처럼 변했다고 느끼거나, 높은 지위에 올라 어깨에 잔뜩 힘을 주면서 주위를 다른 눈으로 둘러볼 때 자기가 크고 강해졌다고 생각하는 것은 착각이죠. 사랑할 때나 미워할 때나, 지위가 높거나 낮거나, 부유하거나 가난하거나, 시험에 붙거나 떨어지거나 자기의 원래 모습은 여전히 그대로라고 생각할 수 있을까요?

하나의 충만한 실재인 존재는 자기를 다른 것과 비교할 수도 없죠. 하나밖에 없고 둘이 있을 수 없기[唯一無二] 때문이죠. 그래서 우리가 감각을 통해서 보는 다양한 것들은 가상에 지나지 않는다고 하죠. 실제로 다양한 것들이 있는 것이 아니라 오직 '하나의 존재'만 있죠. 우리 감각에 나타나는 다양한 것들은 단지 감각을 속이는 것이고, 존재의 겉모습, 존재의 껍데기일 뿐입니다.

그래서 이러한 존재는 감각을 통해서는 알 수 없고 다만 사고를 통해서만 알 수 있습니다. 만약 이런 존재가 여럿 있다고 하거나, 변한다고 본다면 우둔한 감각이나 미련한 머리 때문에 뭔가 중요한 것을 착각한 것입니다. 정신을 똑바로 차려야 알 수 있습니다. 그렇게 제대로 볼 수 있으면, 하나의 불변적이고 충만한 존재가 당신의 머리를 꽉 채울 겁니다.

100미터를 달릴 수 없는 사연

선생　여러분은 파르메니데스가 말하는 '존재'를 이해할 수 있나요. 처음에 '있는 것은 있다'라는 주장에 '예'라고 답한 결과가 바로 이것이죠. 그런데 그의 제자인 제논(Zenon)은 사람들이 스승의 견해를 이해하지 못하고 반대하는 것을 못마땅하게 여겨 그들을 논박합니다.

제논은 귀류법(歸謬法, reductio ad absurdum)을 사용해서 자기와 상반되는 주장이 모순에 빠질 수밖에 없음을 보여 줍

여러분은 유명한 '제논의 역설'을 아시죠. 제논이 바로 파르메니데스의 제자죠. 그가 이런 역설을 만든 까닭은 불변적 존재를 이해하지 못하는 사람들이 엉뚱하게 운동과 변화를 주장하고, 존재하는 것이 여럿이라고 하기 때문에 이런 오해를 없애기 위해서였죠. 그래서 그런 사고방식이 역설에 빠짐을 보여 주려고 합니다.

니다. 즉 상대방의 주장을 부조리로 몰고 가죠. 그러면 당연히 그 반대인 자기 주장은 타당할 수밖에 없죠. "내가 맞는 것은 나에게 반대하는 네가 틀리기 때문이다." "네 꾀에 네가 넘어가도록 하겠다."

제논이 사람들을 골탕 먹이는 데 사용한 역설 가운데 한두 가지만 살펴볼까요? 먼저 100미터 경주로를 떠올려 보세요. 제논은 우리가 경주로를 달리는 경우 아무리 열심히 달려도 끝까지 갈 수 없다고 주장합니다. 왜 그럴까요? 우리가 한 번에 경주로의 끝까지 갈 수 없으니까 일단 2분의 1 지점까지 가야겠죠. 그리고 2분의 1 지점까지 가려면 4분의 1 지점까지 가야 하고, 그 지점에 가려면 또 8분의 1 지점까지 가야 합니다. 그러고 나서도 이런 분할을 계속하죠. 문제는 이 분할을 도중에 그만두지 않고 미련하게 계속 밀고 나간다는 점이죠. 이처럼 나눌 수 있는 데까지 나누면 어떻게 될까요?

일정한 길이를 무한하게 분할할 수 있다면, 무한하게 많은 지점들이 있겠죠. 그러면 이 무한한 지점들을 통과하는 데 시간이 얼마나 걸릴까요?

은영   무한히 많은 시간이 걸리겠죠. 아무리 가도 그 끝까지 갈 수 없습니다.

실제로 우리가 100미터 달리기를 하면 끝까지 달릴 수 있죠. 서울에서 대구까지도 얼마든지 달릴 수 있습니다. 그러면 이렇게 실제로 달리면 제논의 역설을 논박하는 것이 될까요? 제논은 왜 이런 사정을 알면서 이런 역설을 주장했을까요? 제논은 무엇을 주장하기 위해서 이런 모순을 지적할까요?

선생   그렇죠. 내가 서울에서 대구까지 가는 데 무한한 시간이 걸린다면 내가 살아서 가지 못하는 것은 물론이고 자손들이 대를 이어 달려도 갈 수 없죠. 10대에 걸쳐서 달린다고 한들 1000년도 안 될 테니까, 그 정도는 무한한 시간에 비하면 아무것도 아니죠.

아킬레스가 거북을 따라잡을 수 없다니!

이와 비슷한 예가 바로 아킬레스와 거북의 경주입니다. 거북이 달리는(기어가는) 속도가 늦기 때문에 아킬레스보다 조금 앞에서 출발하게 합시다. 이 경우에 거북보다 몇 배나 빠른 아킬레스가 언제 거북을 앞지를 수 있을까요? 제논은 아킬레스가 영원히 거북을 앞지를 수 없다고 주장하죠. 흥미롭지 않나요?

그 까닭을 봅시다. 일단 아킬레스가 거북보다 10배 빠르다고 합시다. 자, 출발 신호가 울렸습니다. 아킬레스는 제논을 비웃으면서 단숨에 거북을 앞지르려고 내달립니다. 그런데 제논에 따르면, 아킬레스가 아무리 빨리 달려도 거북을 따라 잡으려면 어쨌든 거북이 출발한 지점(t_0)까지 와야 합니다. 하지만 부지런한 거북은 빠르진 않지만 꾸준히 기어갑니다. 그래서 아킬레스가 t_0에 왔을 때, 거북은 그 지점에서 조금 더 나간 다음 지점(t_1)에 와 있습니다.

그러니까 아킬레스는 단숨에 t_0에 이르렀지만 거북은 조금 더 앞으로 나갔겠죠. "녀석, 느리지만 조금씩 가긴 가는군." 아킬레스는 미소를 띠고 거북이 방금 있던 자리(t_1)까지 숨도 안 쉬고 가죠. 그리 멀지도 않으니까 금방 갑니다. 그런데 거북은 그 사이에 쉬지 않고 조금 더 갑니다. 그래서 t_2에 있습니다.

아킬레스는 어이없어 하며 다시 그 지점까지 반숨에 가죠. 하지만 거북은 이미 그 자리에 없습니다. 역시 조금 더 나가서 t_3에 있습니다. 아킬레스는 다시 눈을 부릅뜨고 그 자리까지 반의 반숨 만에 가지만, 거북은 또 '쪼끔' 더 가 있죠.

이 경우도 무한분할 때문에 역설이 생긴 거죠. 물론 실제로 이런 일이 생길 수는 없죠. 하지만 이론적으로는 가능한 일입니다. 그래서 제논은 이런 고소한 예들로, 일정한 공간을 나누어서 여러 개로 보는 관점이 모순에서 헤어날 수 없음을 보여 주죠. 그러니 100미터밖에 안 되는 경주로를 늙어 죽을 때까지 달리거나 땀을 흘리면서 거북을 뒤쫓은 아킬레스 신세가 되지 않으려면 자기 스승의 말씀을 따르는 게 좋다는 거죠.

> 혹시 이 문제로 밤새 고민하는 분이 있을까 봐, 제가 한 가지 다른 생각을 소개하겠습니다. 수학적인 방식이죠. 거북이 1초에 1미터를 간다고 합시다. 아킬레스는 거북보다 10배 빠르고 초당 10미터를 달린다고 합시다. 시작할 때 거북이 10미터 앞에서 출발한다고 하죠.
>
> 그러면 첫 시점에 아킬레스가 거북이 있던 지점에 가는 시간은 1초 걸리죠. 두 번째 시점은 $1/10$초이고, 세 번째 시점은 $1/100$초이죠. 열 번째 시점은 $1/10^9$초가 걸립니다. 100번째 시점은 $1/10^{99}$초가 걸립니다. 그러면 전체 시간이 얼마나 걸릴지 계산해 봅시다. $1 + 1/10 + 1/100 + 1/1000 + \cdots\cdots 1/10^n \cdots\cdots$ 이것은 무한하지 않죠. $10/9$초입니다. 왜 이렇게 되는지 모르는 사람은 수학 공부를 좀 더 하는 게 좋겠죠. 물론 당시의 제논은 이런 방식을 몰랐을 겁니다.

나는 화살은 날지 않는다

역설을 하나 더 볼까요? 바로 "나는 화살은 날지 않는다"입니다. 자, 화살을 공중에 쏘아 봅시다. 화살은 일정한 궤도를 그리면서 날아갑니다. 제논은 이런 현상에 대해서 독특하게 설명하죠. "사실은 화살은 날아가는 것이 아닌데, 날아가는 것처럼 보일 뿐이다. 똑똑한 사람은 화살이 날지 않음을 알 수 있다." 왜 그럴까요?

화살은 그 궤도 위에서 항상 화살 길이만큼의 자리를 차지합니다. 궤도 위의 지점이 100개라면 화살은 100개의 지점을 거쳐 가야겠죠. 그래서 그 궤도 위의 자리 하나하나에서 화살은 자기 길이만큼의 자리를 차지하면서 '정지해 있다'는 거죠. 궤도가 a, b, c, d 등의 자리를 지나간다면 화살은 a, b, c, d 등의 자리에 정지해 있다는 거죠. 다만 우리 눈에는 그것이 날아가는 것처럼 보일 뿐이죠.

화살이 a자리를 차지하지 않고서는 b로 갈 수 없습니다. 그래서 화살은 a자리에 있어야 합니다. 이처럼 화살이 a자리에 있다는 것은 화살이 정지해 있는 거죠. 그다음 화살은 b의 자리에 정지해 있고, 마찬가지로 c, d 자리에서도 정지한 채로 있죠. 아직 이해가 안 된다면 영화를 본다고 생각해 보세요. 개별적인 장면 하나하나는 정지한 것이지만 그것을 이어서 일정한 속도로 보여 주는 방식 말입니다.

어쨌든 제논에 따르면 나는 화살이 정지해 있는 것처럼, 어떠한 운동이나 장소 변화도 가능하지 않습니다. 똑똑한 논리에 따르면 운동이나 변화는 없습니다. 멍청한 감각에게만 운동이 있죠.

이런 '화살의 역설'은 운동이 불가능함을 보여 주려는 예입니다. 제논의 설명, 제논이 만든 역설이 설득력이 있나요? 여러분은 이런 역설을 논박할 수 있습니까? 그래서 제논과 반대로 운동이 가능하거나 존재가 하나가 아닌 여럿이라고 주장할 수 있을까요?

지금까지 파르메니데스의 주장에 대해서 많은 사람들이 반박해 왔죠. 그리고 실제 세계에서는 아킬레스가 거북을 당연히 추월하고, 날아가는 화살은 화살이 날지 않는다고 이야기하는 사람의 가슴에 화살이 a에서 b로 날아가려면, a에 있으면서 동시에 a에 없고 다음 자리로 가야 하죠. 이처럼 a에 있으면서 동시에 a에 없는 것은 모순이죠. 운동을 설명하기 위해서는 이 모순을 어떻게 설명하면 좋을까요?

상처를 입히죠. 물론 이 현상들을 이론적으로 설명하기는 쉽지 않습니다.

제논에 대한 논박은 여러분에게 맡기겠습니다. 아마 이성적인 논리로 제논을 논박하기는 쉽지 않을 겁니다. 확실한 논박을 할 수 있으면 연락 주세요. 세계 철학자 명단에 이름을 올려야 하니까요.

원자들과 빈 공간에서 일어나는 운동

헤라클레이토스와 파르메니데스의 맞서는 주장을 한꺼번에 보면 좀 어지러울 겁니다. 여러분은 어느 쪽을 지지하나요? 세계와 사물이 끊임없이 변하나요? 아니면 변화는 허깨비에 지나지 않을까요? 여러분이 답할 동안 저는 고대 그리스에서 이 논의를 어떻게 소화하는지 소개하겠습니다.

그리스 자연철학의 하나인 '원자론'을 볼까요? 이것은 나름대로 헤라클레이토스와 파르메니데스의 통찰을 적절하게 종합하려는 시도로 볼 수 있습니다. 데모크리토스(Democritos) 같은 원자론자들은 자연에 존재하는 운동을 설명하면서 동시에 그런 운동과 변화가 어떤 변하지 않는 것에 의한 것임을 보여 주고자 합니다. (앞의 관점은 헤라클레이토스를 따르고, 뒤의 관점은 파르메니데스를 따르죠.)

원자론자는 사물을 이루는 기본 단위를 원자(原子, atom)로 봅니다. 원자는 말 그대로 더 이상 나눌 수 없는 것이죠. 즉 그보다 더 작은 것이 없는 최소의 것이죠. 동양식으로 표현하면 (너무 작아서) 그

'안이 없는 것(無內)'이죠. 이처럼 작고 단순한 원자는 더 이상 나눌 수 없기 때문에 쪼개지지도 변하지도 않는 실체입니다. 또한 이렇게 작기 때문에 감각으로 지각할 수도 없죠.

이런 원자는 파르메니데스가 말한 성질을 지니고 있습니다. 그것은 생성하지도 소멸하지도 않습니다. 그리고 그 자체는 변하지 않습니다. 원자론은 이런 불변적 존재를 받아들이지만, 원자가 하나만 있다고 생각하지는 않습니다. 이들은 원자가 '많이' 있다고 보죠. (그래서 원자론은 다원론이죠.)

그리고 이런 원자들은 양적인 차이를 지닌다고 보죠. (그 크기와 형태가 다르고 단단함이라는 성질만 지니고 있다고 봅니다.) 그래서 원자a가 하나 있는 경우와 둘이 결합한 경우는 서로 다른 성질을 갖죠. 원자 $a+b+c$와 $3a+5b+23c$는 다른 성질을 갖겠죠.

원자론자들은 이런 원자들로 사물의 운동을 설명하고자 합니다. 이 세계에는 원자들만 있는 것이 아니라, 원자들 사이에 '빈 공간'이 있다고 생각합니다. 만약 이런 빈 공간이 없이 원자들로만 꽉 차 있다면 어떠한 운동도 일어날 수 없겠죠. 그래서 이들은 원자들과 빈 공간이라는 두 요소로 자연에 존재하는 사물들과 그것들의 운동을 설명할 수 있다고 봅니다.

다시 정리하면, 자연의 무수하게 많은 사물들은 그 요소들인 원자들의 결합이나 분리로 설명할 수 있습니다. 그리고 헤라클레이토스의 주장처럼 사물들은 변하지만, 이것은 원자들이 공간 안을 운동하기 때문이죠. 그래서 변하지 않는 원자들이

이 가설은 현대 물리학자들에게 이어서서 이들이 물리적 세계를 좀 더 정확하게 설명하는 작업으로 원자론의 승리를 선언합니다. 하지만 최근에는 원자 이하 단위의 소립자들이 발견되면서 원자론을 유지하기가 만만하지 않다고 합니다.

운동하므로, 모든 것이 운동하고 변한다고 설명할 수 있습니다. (물론 헤라클레이토스는 이런 원자까지도 변한다고 하겠죠.) 결론적으로 사물들은 변하지만 그 변화 밑에서 원자들의 불변성이 변화를 떠받치고 있습니다.

> 원자론은 원자들의 운동이 어떤 목적에 따라서 만들어졌다고 보지 않습니다. 만약 원자들을 창조한 존재가 있다면 그것도 원자들로 이루어져야 하기 때문에 원자들은 창조되지 않습니다. 그리고 이런 창조자가 없기 때문에 원자들이 일정한 목적을 지향하거나 정해진 목적을 이루려고 정해진 길을 따라간다고 보지는 않습니다.
> 　만약 소풍을 가는 날이나 빨래를 한 날에 비가 온다면 그것은 어떤 신비한 힘의 짓궂은 장난이 아니라 무수한 원자들의 운동이 그런 결과를 낳도록 일정하게 결합했기 때문입니다. 이처럼 원자론은 이 세계에 미리 정해진 목적이 있는 것도, 이 세계가 어떤 목적에 이끌려 정해진 길을 가는 것도 아니라고 생각합니다.

닭이 달걀보다 먼저

아리스토텔레스는 이런 운동과 변화를 어떻게 설명할까요? 그는 운동을 설명하는 선배들의 방식이 불충분하다고 봅니다. 아리스토텔레스는 선배들을 비판하고 다른 길을 찾습니다. 그는 파르메니데스처럼 운동을 부정하는 것은 바람직하지 않고, 헤라클레이토스처럼 한 사물에 대립된 힘들이 맞선다는 것도 이해하기 어렵다고 봅니다.

　그는 실체 안에 운동과 변화를 낳은 '원리'가 있다고 보고, 운동의 종류를 나눕니다.

1) 양적인 운동은 늘어나거나 줄어드는 것, 또는 성장하고 소멸하는 것을 말하죠.

2) 질적인 운동은 어떤 것이 다른 것으로 변하는 것을 말하죠.

3) 공간적인 운동은 장소를 바꾸는 것을 말합니다.

아리스토텔레스는 이 가운데 공간적인 운동을 원형적인 것으로 봅니다. 그는 이 세 가지 운동이 모두 하나의 실체에 속하고, 속성이 변한다고 봅니다. 물론 운동하는 실체 자체가 변하기도 합니다.

아리스토텔레스는 운동을 '가능태가 현실태로 바뀌는 것'이라는 유명한 주장을 합니다. 달리 말하면 가능한 존재가 실제로 실현되는 것이죠. 예컨대 나무를 쪼갤 때, 이런 변화는 나무 안에 들어 있는 쪼개질 가능성이 실제로 나타나는 것이라고 보죠. 그래서 나무에 원래 들어 있던 가능성이 현실에 실현된다고 봅니다. 달걀이 닭이 되는 것도 달걀에 닭이 될 가능성이 들어 있다가 일정한 조건이 갖추어지면 현실의 닭으로 실현된다고 봅니다.

그는 가능성과 현실성의 관계에 대해서 재미있게 이야기합니다. 여러분은 "닭이 먼저냐, 달걀이 먼저냐"라는 짓궂은 질문에 답해 본 적이 있을 겁니다. 어느 쪽이 먼저일까요?

지훈　달걀이 먼저 있어야 닭이 나오지 않습니까?

경민　그러면 그 달걀은 누가 낳았을 거 아닙니까? 닭도 없이 그냥 달걀이 생길 수는 없죠.

선생　그 달걀은 엄마 닭과 아빠 닭이 없는 불쌍한 녀석인가 보죠.

경민　닭이 달걀을 낳아야 하니까 당연히 닭이 먼저입니다.

지훈　그러면 그 닭은 달걀에서 나오지 않고 처음부터 닭이란 말입니까? 이상한 닭이네요. 아까 닭이 달걀을 낳아야 한다고 했지만,

그 닭은 달걀에서 시작해야 하는 것 아닙니까?

선생 　그렇죠. 어쨌든 이 싸움은 끝이 없을 것 같습니다. 서로 맞물리는 주장을 얼마든지 할 수 있기 때문입니다. "어른이 먼저 있는지, 아이가 먼저 있는지"를 물어보아도 마찬가지겠죠. 그러면 아리스토텔레스는 이 짓궂은 질문에 어떻게 답할까요? 닭이 먼저라는 '닭파'일까요, 아니면 달걀이 먼저라는 '달걀파'일까요?

그는 "현실적인 것이 가능한 것보다 항상 앞선다"라고 주장합니다. 그러니까 현실의 닭이 달걀에 앞서고, 먼저 있다는 이야기죠. 바로 '닭파'입니다. 어떤 이유 때문일까요?

먼저 그는 '현실적인 것'은 시간상으로 가능한 것에 앞선다고 보죠. 쉽게 이야기하면 어른이 먼저 있어야 아이를 낳을 것 아닙니까? 아이가 어른을 낳을 수는 없죠. 이처럼 이미 운동하고 있는 현실적인 것이 원인이 되어서 가능한 것을 현실적인 것으로 만들죠. (물론 아이가 커서 어른이 되기 때문에 시간 순서로는 아이가 어른에 앞서지만, 아이는 어른이 되기 위해서 있기 때문에 원리적으로는 어른이 앞서죠.)

또한 '현실적인 것'은 가능한 것보다 원리상으로 앞선다고 봅니다. 왜냐하면 가능한 것은 아직 가능성일 뿐이지만 필요한 조건이 갖추어지면 실현될 수 있기 때문이죠. 가능한 것은 현실적인 것을 앞세우고 그것을 추구해야 하죠. 집을 지을 때 집의 설계도나 구상이 없다면 집을 제대로 지을 수 없습니다. 즉 닭이 있어야 달걀을 낳을 거라는 거죠. 이런 까닭에 현실적인 것은 실제로나 원리상으로나 가능한 것에 앞섭니다.

아리스토텔레스는 이런 가능태와 현실태의 틀로 파르메니데스를 비판하죠. 파르메니데스는 비(非)존재에서 존재가 생길 수 없다고 하죠. 그래서 불은 공기로부터 생길 수 없다고 봅니다. 공기는 공기고, 불은 불이기 때문이죠. 그런데 아리스토텔레스는 불이 공기로부터 생기는 것을 가능한 불의 개념으로 설명하죠. 즉 불은 아직 불이 아니지만 불이 될 수 있는 공기로부터 생긴다고 봅니다. (좀 더 복잡하게 설명하면 '결핍' 개념을 쓸 수 있습니다. 어떤 사물이 생기는 경우에, 그 사물은 아직 그것이 되려는 것이 아닌 것으로부터, 즉 결핍된 것으로부터 생긴다고 할 수 있습니다.)

쉬고 있는 장인은 장인이 아닌가?

이런 틀의 특징을 다른 사고와 비교해 볼까요? 아리스토텔레스는 당시에 가능한 것은 인정하지 않는 입장(메가라학파)을 비판하죠. 그 입장은 현실적인 것만 있고, 가능한 것을 없다고 봅니다.

아리스토텔레스는 "만약 어떤 장인이 작업을 하고 있지 않다면, 그가 일할 능력이 있는 경우에도 장인이 아닌가"라고 질문하죠. 이 입장은 현실적인 것만 인정하기 때문에 실제로 작업하고 있는 사람만이 장인이라고 봅니다. 그렇다면 쉬고 있는 장인은 작업하고 있지 않기 때문에 장인이 아니겠죠. 그런데 그는 일을 하지 않는 동안에는 자기 능력을 잃어버려서 작업을 다시 시작할 때 처음부터 일을 배워야 합니까?

시력이 좋은 사람이 잠깐 눈을 감고 있을 때, 그 사람이 '현실적으로 보지 않는다'는 이유로 눈이 멀었다고 해야 할까요? 그가 볼 수 있는 능력(가능성)을 잃어버렸다고 하는 것이 온당한 걸까요? 학생이 공부를 하지 않거나 수업시간에 다른 곳에서 시간을 보내면 학생이 아니라 놀생인가요? 우리가 잠잘 때 생각하지 않기 때문에 우리는 아무 생각이 없는 존재인가요?

아리스토텔레스는 '가능한 것을 없다'고 해서는 안 된다는 거죠. 물론 가능한 것이 모두 현실에 나타나지는 않지만, 그렇다고 지금 여기에 없다는 이유로 가능성이 없는 것으로 보기는 어렵죠. 지금 위상수학을 모르는 학생에게 "너는 위상수학을 모르는 걸 보니 머리가 별로 유연하지 않구나"라고 하기보다는 그 학생이 그것을 배울 능력이 있는지를 살피는 것이 좋겠죠. 그것을 제대로 배우면 그 학생은 자신의 수학적 가능성을 실현시킬 것이고, 현실적으로 아는 자가 될 수 있죠.

지금 당장 철학 개념들을 모른다고 이 책을 다 읽고 나서도 계속 모르라는 법이 있나요? 아리스토텔레스가 아는 것이라면 여러분도 알 수 있죠. 갑자기 가슴이 벅찬 느낌이 들지 않습니까? 다만 앞사람은 그것을 현실적으로, 여러분은 가능적으로 아는 차이가 있을 뿐이죠. 철학 꿈나무인 여러분의 무한한 가능성에 존경을 표하는 바입니다.

> 파르메니데스는 존재를 움직이지 않는 것으로 보았죠. 이런 틀에서 보면 사물들은 항상 현재 있는 그대로 있을 뿐이고 변하지 않습니다. 그래서 어떤 것이 생겨나거나 변한다고 하면 없던 것이 있게 되고, 어떤 것이 다른 것으로 변한다고 해야 하기 때문에 모순을 일으킵니다.

그런데 아리스토텔레스처럼 보면 사정이 다르죠. 존재를 현실적인 것과 가능한 것으로 나누어 보기 때문에, 존재의 한 상태에서 다른 상태로 갈 수 있는 길이 생기죠. 어떤 것이 현실적 존재인 한에서 그것은 자기 자신과 같습니다. 하지만 그것의 가능성을 고려하면 그것은 다른 것이 될 수 있는 것이기도 하죠. 나무는 나중에 책상이 될 수 있죠. 이 경우에 나무는 가능한 책상인 셈이죠.

도토리는 도토리나무라는 목적을 지향한다

아리스토텔레스는 존재를 목적의 틀로 봅니다. 그는 석고를 조각할 때, 집을 지을 때 그저 재미로 짓는 것이 아니라 어떤 목적에 따른다고 봅니다. 그는 우리가 어떤 계획을 세우는 경우는 물론이고, 자연에도 목적이 있다고 보고 싶어 하죠.

개미들이 부지런히 오가고, 거미가 정교하게 거미줄을 만들고, 나뭇잎이 광합성을 하고 아름답고 향기로운 꽃이 나비와 벌을 유혹하고, 나무가 맛있는 열매를 이용해서 자기 씨를 퍼뜨리는 경우를 봅시다. 이처럼 "자연은 무의미하고 목적 없는 일을 하지 않습니다."

물론 비가 와서 식물이 자라는 경우에 식물을 위해서 비가 내리는 것은 아니죠. 기후변화가 비를 내리게 하죠. 비는 의도적으로 내리지는 않습니다. 하지만 비가 내리면 필연적 질서에 의해서 식물이 자라죠. 자연에는 항상 어디에서나 같은 질서가 있습니다. 그래서 아리스토텔레스는 "자연이란 한 가지 원리를 바탕으로…… 하나의 목적을 향해 진행한다"고 봅니다. (이런 사고는 원자론처럼 자연이 어떠한 목적도 없이 기계적으로 움직이는 것이라고 보는 사고와 대조적이죠.)

도토리나무와 도토리의 관계를 볼까요? 도토리나무는 도토리가 발전하는 과정에서 지향하는 마지막 목적입니다. 도토리의 완성된 모습은 아직 도토리 속에 없지만, 도토리는 그것의 완전한 발전을 추구하는 내적이고 자연적인 경향을 지니고 있습니다. 약간 이상하게 들릴지라도 자연에 합목적성과 질서를 주기 위한 설명이겠죠.

그리고 아리스토텔레스가 말하는 목적은 사물이 지닌 가능성을 완전하게 실현시키고, 사물의 운동에 방향과 의미를 주는 것입니다. 이것은 앞에서 살펴본 형상(본질)과 같죠.

또 신기한 점이 있습니다. 모든 작용이 하나의 목표를 향하여 나아간다면, 그것이 도달해야 할 마지막 목적은 모든 과정이 끝난 다음에야 비로소 나타날까요? 그렇지 않죠. 이 마지막은 그 작용이 시작할 때 이미 본질, 형상에 들어 있다고 봅니다. 마지막에 있는 것은 처음에 이미 있습니다. 처음은 제멋대로 갈 길을 가지 않습니다. 자기가 가야 할 길을 제대로 가면 마지막에 자기답게 되는 거죠. 만약 이런 이야기가 맞다면 여러분은 처음에 어떤 길을 가도록 정해져 있는지, 여러분을 이끄는 의미와 목적이 무엇인지, 여러분이 도달할 목적이 마음에 드는지 모르겠습니다.

질문

1. 여러분은 자연에 목적이 있다고 생각하나요? 아니면 없다고 보나요? 어떤 이유에서 그렇게 주장하나요?

2. 여러분의 삶에 어떤 목적이 있다면, 그 목적은 언제부터 여러분 안에 있어 왔을까요? 그리고 그 목적이 여러분의 삶을 이끌고, 여러분이 그것을 따라간다면 여러분의 행위들은 정해진 길을 걷는 것과 같지 않을까요?

나날이 새로워진다

선생   여러분은 '나날이 새로워진다〔日新又日新〕'라는 말을 들어본 적이 있을 겁니다. 이렇게 나날이 항상 새로워진다면 어떻게 될까요?

세진   끊임없이 향상되는 모습을 보여 주겠죠. 그런데 앞에서 공부한 대로 계속 새로운 모습을 보여 준다고 하더라도 근본적으로는 같은 본질을 유지한다고 보아야 하지 않을까요?

선생   그렇죠. '항상 새로워진다'는 말은 변하는 측면에 중점을 둔 거죠. 그런데 우리가 옛 모습에 비해서 새로운 모습을 보인다고 할 때는 그 모습을 비교할 어떤 기준이 필요하죠. 그래서 오늘과 다른 내일의 새로운 모습을 보여 줄 때 새롭다고 하기 위해서는 그 모습들의 바탕에 변치 않음이 있어야 합니다. 그래서 한 사람이나 사물이 날마다 새로워진다는 것은 어떤 근본을 유지하면서 항상 새롭고 발전된 모습을 보여 주는 거죠. 나날이 새로워진다고 완전히 다른 존재가 되지는 않죠.

은영   선생님, 괄목상대(刮目相對)란 말도 비슷하지 않나요?

선생   그런가요? 항상 진보하기 때문에 며칠만 보지 않으면 눈을 비비고 보아야 할 정도로 달라져 있다는 이야기죠. 이것은 실력이 날로 향상되어서 옛 모습을 알아보기 어렵다는 것이지, 알아보는 것이 불가능하다는 것은 아니죠. 진짜로 못 알아보면 그 실력이 나아진 것도 알 수 없을 겁니다. 그래서 근본적인 모습을 보존하면서 최대한 발전된 모습을 보여 주는 거겠죠.

지금까지 시간 안에서 변하는 것에 대해 설명하는 몇 가지 틀을 보았습니다. 이런 설명이 충분하다고 보기는 어렵죠. 특히 변하는 것이 항상 비슷하거나 같은 모습만 보인다면, 모든 변화는 지루하게 반복되고 하늘 아래 새로운 것은 없을 겁니다. 새로움이나 창조가 없는 거죠. 우리는 이런 새로움, 예측할 수 없음을 제대로 설명할 수 있는 설명 틀을 찾을 필요가 있을 겁니다.

헤겔(F. Hegel)이 이런 변화의 모습을 설명하면서 지양(止揚, Aufhe bung)이라는 표현을 쓰는 것도 이런 맥락과 같죠. 어떤 사람이 범죄를 저지르고 처벌 받을 때, 그 처벌을 달게 받고 새로운 사람으로 바뀌었다고 합시다. 이 경우에 꽤 복잡한 변화가 얽혀 있습니다. 먼저 헤겔의 지양이란 표현에는 한자 그대로 '그치게 하고 [止]' 또 '끌어올린다[揚]'는 뜻이 함께 있죠.

하나 더 덧붙이면 이렇게 어떤 모습을 그치게 하는 경우에도 그것을 완전하게 부정하거나 없앤다는 뜻이 아닙니다. 그 본래 모습을 보존하는 상태에서 어떤 특정한 측면을 부정한다는 겁니다. 그래서 어떤 사람에게 벌을 줄 때 그 사람을 완전하게 부정해서는 안 됩니다. 그를 살려 둔 채로 그 사람의 특정한 잘못에 대해서 그것을 고치도록 처벌해야 합니다. 그런 벌을 통해서 자기 잘못을 인정하고 좀 더 나은 사람이 되도록 해야 합니다.

복잡한가요? 헤겔의 변증법(辨證法)은 변화를 이런 방식으로 보죠. 그래서 '지양하다'라는 것은 자신의 본래 모습은 유지하면서 특정한 면을 부정해서 더욱 나은 방향으로 드높이는 것을 가리킵니다. 물론 이때 '드높인다'는 것은 변화와 발전의 바람직한 방향을 미리 알고 있을 것을 요구합니다. 그런데 자신의 잘못된 행위에 대해서 처벌 받으면서도 그것에 앙심을 품고 엇나가는 경우는 이런 지양이라고 할 수는 없죠.

우리가 새로운 생각을 받아들일 때나 생각을 바꿀 때도 이전의 생각을 완전히 버리고 백지상태에서 출발할 수는 없죠. 낡은 사고 가운데 어떤 것은 버리고 어떤 바탕은 보존된 가운데 좀 더 잘 사고할 수 있을지를 구체적으로 생각해야 합니다. 물론 이런 설명은 바람직한 변화의 방향을 알고 있어야 할 뿐더러, 변화에도 질서가 있다는 사고가 바탕에 깔려 있습니다. 변증법적 사고를 배우는 데는 따로 시간을 내도록 합시다. 변증법도 변화를 일정한 논리로 설명하는 재미있는 모델입니다.

나는 속는다.
그러므로
나는 있다

피노키오,
베리타스 선생을 만나다

우리는 일상에서 속은 적이 많죠. 특히 '진리'라고 주장하는 것들에 속은 경우도 많습니다. 그러면 우리가 속거나 속이지 않으려면 어떻게 해야 할까요? 확실한 것이 있다면, 의심할 여지가 조금도 없는 것이 있다면, 속임은 끝나지 않을까요? 이번 강의에서는 '확실한 진리'를 찾아보고, 인간이 이런 확실한 진리를 알 수 있다면 어떤 자리에 서게 되는지 보기로 하죠. 근대 철학의 출발점에서 왜 확실성이 중요하고, 이런 진리가 우리를 '주체'로 만드는지를 봅시다. 이번에도 피노키오와 이 여행을 함께하기로 합시다.

베리타스를 찾아간 피노키오

앞에서 우리는 피노키오가 학교에서 열심히 공부해서 우등생이 되었다는 이야기를 한 적이 있죠. 이후 피노키오는 성실하고 도덕적인 생활을 한 까닭에 그토록 바라던 '진짜 사람'이 되었죠. 그런 피노키오가 성장해서 이제 대학에 들어갈 나이가 되었습니다.

피노키오는 대학에 가서 철학을 공부하고 싶었습니다. 그래서 나름대로 책을 보면서 많은 주제들에 대해 생각했죠. 그런데 혼자 힘으로 풀 수 없는 문제들이 점점 많아지고 공부를 하면 할수록 모르는 것이 늘어나서 훌륭한 스승의 도움을 간절하게 바랐죠. 피노키오는 당시의 유명한 철학자 베리타스 선생님께 편지를 보냈습니다.

몇 가지 궁금한 주제들에 대한 질문과 함께 별로 기대하지는 않았

지만 한 번이라도 만나 뵈었으면 좋겠다고 써 보냈죠. 물론 선생님
이 쓰신 《방법 이야기(Discours de la méthode)》를 읽었는데 아주 감
동적이었다는 이야기도 덧붙였죠. 그랬더니 생각지도 않게 베리타
스 선생님께서 한번 찾아와도 좋다는 연락을 주셨습니다. 피노키오
는 좋은 기회를 놓치기 싫어서 편지를 받자마자 꿈에 그리던 베리타
스 선생님께 달려갔습니다.

　산 넘고 물 건너 선생님 곁에 있는 진리를 찾아서 그 먼 길을 떠난
거죠. 물론 그동안에도 열심히 철학공부를 하면서 손에서 책을 놓지
않았고, 선생님의 가르침대로 생각하기를 게을리하지 않았습니다.
우리는 피노키오가 선생님께 가르침을 받은 날들 가운데 이틀 동안
의 대화만 들어 보기로 합시다.

　그런데 베리타스 선생님은 누구일까요? 17세기 프랑스에 '케르타
베리타스(Certa Veritas)'라는 학자가 있었습니다. 그는 자기 이름처
럼 '확실한 진리'를 찾으려고 했습니다. 몸이 약한 편이었지만 어려
서부터 학문을 좋아하고 좋은 학교에서 훌륭한 교육을 받으면서 무
엇보다도 자기 스스로 사고하는 것을 즐기고, 좋은 책과 스승보다는
진리를 안내자로 삼았습니다.

　베리타스는 진리가 있는 곳이면 어디든지 찾아갔고 진리를 자처
하는 모든 이론을 배우고 검토하는 데 열중했지만, 그런 진리들 가
운데에서 확실한 진리를 찾는 데는 실패했습니다. 진리여행에서 항
상 빈손으로 돌아온 셈이죠. 그는 진리의 고향을 찾는 여행에서 의
심의 바다를 항해할 수밖에 없었습니다. 그래서 그는 이 바다의 풍
랑을 헤치며 진리에 이르는 가장 확실한 항로를 개척하고자 하였습
니다.

그는 모든 방법을 찾아보던 끝에 당장 진리를 찾으려고 하기보다는 일단 거짓을 남김없이 물리쳐야 한다고 보았습니다. 그렇게 한 뒤에 어떤 확실한 것이 있을 수 있는지를 알고 싶었습니다. 그래서 그는 모든 것을 철저하게 의심하는 길을 걷기로 했습니다. 물론 이것은 의심에 빠져서 진리까지 의심하려는 태도가 아니라 의심할 수 없는 진리를 찾기 위한 방법이죠. 한마디로 그는 유사 진리에 번번이 속은 끝에, 가짜 진리에 속아 살아온 삶을 청산하기 위해서 기존의 진리에 대한 의심, 회의로 무장한 거죠.

그는 기존 진리들을 전면적으로 재검토합니다. 최초의 토대에서 다시 시작할 필요가 있다고 보았죠. 전통적인 철학과 선배들이 지어 놓은 '진리의 왕국'을 헐어 버리고 완전하게 새로 건설해야 한다고 보았죠. 그는 진리의 전당을 새롭게 건설하려는 건축가가 되고자 합니다. 우리도 베리타스가 의심하는 과정을 따라가면서 그가 과연 어떤 험난한 과정을 겪으면서 어떤 진리, 어떤 확실성을 찾는지 보기로 합시다.

이 과정은 이미 진리를 알고 있는 사람이 진리를 보여 주는 과정이 아니라 아직 진리를 모르는 사람이 진리를 찾아 나가는 과정이어서 우리도 그 길을 따라갈 수 있습니다. 이렇게 진리를 찾는 여행에서는 방법이 중요하죠. 성급하게 진리를 찾으려다가 길을 잃는 위험보다는 바른 방법에 따라서 차분하게 가는 것이 안전하죠.

철학(philosophia)은 지혜(sophia)를 사랑(philos)한다는 뜻하죠. 이런 점에서 베리타스를 지혜를 사랑한 자(철학자)라고 할 수 있죠. 물론 이때 지혜를 무엇으로 볼 것인가는 논란의 여지가 있지만, 그것이 모두에게 확실한 것이어야 함은 분명하죠. 우리가 이런 확실한 진리를 소유한다면 우리는 앎과 행위에서 흔들림 없는 원리와 규칙을 마련할 수 있을 겁니다. 이런 확실성은 모두에게 타당하고 필연적인 앎을 보장할 겁니다.

그래서 베리타스는 확실성의 관점에서 '참된 것이 무엇인가'를 다시 묻고, 모두에게 참된 것을 보장할 수 있는 안정된 길을 닦으라고 합니다.

의심하는 데에도 방법이 있다

피노키오 　선생님을 뵙게 되어서 정말 영광입니다.

베리타스 　먼 길을 오느라고 애썼네. 자네가 그 유명한 개구쟁이 피노키오로구먼. 나도 자네 어린 시절 이야기를 재미있게 보았지. 이제는 어엿한 청년이로구나.

피노키오 　어릴 땐 뭘 모르고 그렇게 말썽을 많이 부렸죠. 이제는 조금 달라졌습니다. 그런데 궁금한 게 너무 많아서 여쭈어 볼 것이 한두 가지가 아닙니다. 무엇보다도 진리를 찾으려면 처음에 어떤 점을 유의해야 할까요?

베리타스 　좋은 질문이구나. 무엇보다도 먼저 적절한 방법을 찾아야지. 진리를 찾겠다는 열망으로 내달리기보다는 차분하게 어떤 방법으로 진리에 이를 수 있는지를 살피는 게 좋지. 바른 방법을 모른다면 노력한다는 것이 길을 헤매는 결과가 될 수도 있거든. 그래서 올바른 방법을 안다면 서두르지 않아도 한 걸음씩 진리에 가까이 갈 수 있지. 그 길은 멀어 보이지만 그리 먼 길이 아닐 수도 있어.

피노키오 　그러면 어떤 방법이 좋을까요?

베리타스 네가 《방법 이야기》를 읽었다고 하니까 자세하게 이야기는 않겠네만, 무엇보다도 '의심하는 방법'을 권하고 싶구나. 나는 훌륭한 교육을 많이 받았음에도 어린 시절부터 내가 얼마나 많은 거짓을 참으로 여겨 왔던가를 되새겨 보았지. 그래서 학문에서 확고하고 불변적인 것을 세우려고 한다면 일생에 '적어도 한 번쯤은' 모든 것을 철저하게 뒤집어 보아야 한다고 생각했지.

피노키오 저도 선생님의 경험담을 책에서 읽었어요. 그리고 선생님께서 특히 의심하는 방법을 강조하시는 것을 알았습니다. 그것은 단순히 의심이 많으셔서 그런 것이 아니라 절대적으로 확실한 참된 것을 찾으려 하시기 때문이란 것도 알고 있고요.

베리타스 그래, 그러면 이야기가 좀 쉬워지겠구나. 누구나 알듯이 진리는 참된 것이지. 그래서 그것은 가장 확실한 것이어야 할 텐데, 지금까지 나온 진리들은 불만스럽게도 확실한 것도, 의심을 견딜 수 있는 것도 아니지. 비유적으로 '진리의 건축물'이 있다고 할 때, 그것이 겉보기에는 멀쩡하지만 실제로는 얼마 가지 못해서 무너질 것이라면 진리의 전당이라고 할 수는 없겠지.

피노키오 진리의 전당이 쉽게 무너져서는 안 되죠. 아니 절대로 무너지면 안 되는 거죠.

베리타스 그러니까 진리가 불확실해서 여러 주장이 맞서거나, 항상 똑같지 않고 그때그때 바뀌거나, 사람에 따라서 다르게 이해된다면 어떻게 그것을 참된 것이라고 할 수 있겠니? 그래서 일단 지금까지 우리가 '참'이라고 알고 있는 것들을 모두 무시하고 처음부터 새로 시작하는 기분으로 가장 확실한 것을 찾은 다음에 그것을 바탕으로 삼아서 하나하나 다시 살펴볼 필요가 있는 거야.

피노키오 선생님, 그런데 우리가 모든 것을 의심할 수는 없지 않나요? 의심하는 데에도 어떤 방법이 있을 것 같은데요?

베리타스 그렇지. 무작정 의심한다고 되는 것은 아니지. 모든 견해가 거짓임을 밝히려고 모든 거짓과 다투고 그것을 모조리 검토하기에는 우리 삶은 너무나 짧아. 그래서 기존의 견해들이 서 있는 토대만 살펴보는 것으로 충분하지.

피노키오 의심하는 데에도 적절한 방법이 필요하군요. 어떤 주장이든 원리에 바탕을 두고 있으므로 그 원리를 살펴서 그것이 거짓이면 그 위에 서 있는 것들은 모두 거짓일 뿐이라는 말씀이시죠?

베리타스 그렇지. 아까 비유한 것처럼 진리의 건축물이 무너진다면 그 기초가 단단하지 않기 때문이야. 우리는 기초를 검토하면서 어떤 건물이 무너질 가능성이 있는지를 철저하게 살펴보아야지. 그리고 이런 기초에 아주 사소한 결함이라도 있다면 당장은 문제가 되지 않겠지만 언젠가는 무너지지. 그러니까 하나라도 의심할 만한 것이 있다면 그 건물이 안전하다고 할 수 없겠지. 아깝긴 하지만 그것을 헐고 새로 지어야 하지.

피노키오 그러면 선생님께서는 '진리의 건축가'가 되시는 셈이네요?

베리타스 그런가? 내가 보기에 건축물이 여러 부분으로 이루어지고 여러 사람의 손으로 만들어진 것은 완전성이 떨어지는 경우가 많더구나. 그보다는 한 사람의 건축가가 완성한 건축물이 더 질서 있고 아름답더구나. 마찬가지로 법률이나 학문도 한 사람에 의해서 제정되고 구축되었을 때 전체가 하나의 목적을 갖는 이성적인 것이 될 수 있지.

피노키오 실제로 그런 건축물을 만들기는 어렵겠는데요.

베리타스 그렇지. 한 사람이 나라나 도시 전체를 기초부터 새로 만들겠다고 할 수는 없지. 마찬가지로 학문의 체계나 교육방식을 혼자의 힘으로 개혁하겠다고 해서도 안 되지. 하지만 내가 믿고 받아들인 모든 견해에 대해서는 그것을 기초부터 살펴보고 의심해 본 뒤에 내 자신의 생각을 개혁하고 진리의 전당을 세울 수는 있을 거야.

피노키오 그렇게 하려면 우리의 능력을 잘 사용해야겠군요.

진리를 안내하는 규칙과 방법

베리타스 내가 《방법 이야기》에서 몇 가지 규칙을 이야기했는데, 너도 알고 있을 거야.

피노키오 예. 가장 기본적인 네 가지를 말씀하셨죠.

베리타스 그래. 그게 어떤 것이었더라.

피노키오 먼저 "분명하게 참이라고 아는 것 외에는 참된 것으로 받아들이지 말라"고 하셨죠. 편견이나 성급한 결론을 피하라는 말씀 같아요. 그래서 조금이라도 의심할 여지가 있으면 받아들이지 말고, '명석(明晳)하고 판명(判明)한' 것 이외에는 판단을 내리지 말라고 하셨죠. 선생님 죄송한데요, 명석하고 판명한 것이 무엇인지 잘 모르겠어요.

베리타스 용어가 낯설어서 그런가 보구나. 그래, 말을 좀 바꾸어 보자. '명석한(clear)' 것은 우리 정신 앞에 분명하게 있는 것으로, 어떠한 모호함도 없는 것을 말하지. 그리고 '판명한(distinct)' 것은 아주 명확해서 다른 것과 섞이지 않고 잘 구별되면서 명석한 것만 포함하는 것을 말하지. 한마디로 아주 분명해서 오해나 혼동의 여지가 없는 것이지. 이런 것은 의심할 수 없지. 네가 이해하기 쉽도록 이 말을 '분명하고 뚜렷한' 것으로 바꾸어 볼까?

피노키오 예. 좋아요. 그러면 우리가 분명하고 뚜렷한 지식만 받아들이려면 가장 확실한 것에 동의해야겠군요?

베리타스 그렇지. 분명하고 뚜렷한 것에만 동의하면 절대로 잘못을 저지르지 않을 거야. 그러니까 불분명하고 뒤섞여 있어서 모호한 것들은 아무리 익숙하고 그럴듯하게 보여도 버려야지.

피노키오 잘 알겠습니다. 두 번째 규칙으로 "어렵고 복잡한 문제를 가능한 한 작은 부분들로 나누라"라고 하셨죠. 그리고 세 번째 규칙으로 "생각을 순서(order)에 따라서 이끌어 가야 한다"라고 하셨어요. 이것은 가장 단순하고 알기 쉬운 것에서 시작해서 차근차근 단계적으로 올라가야 가장 복잡한 것까지 알 수 있다고 하신 거죠? 만약 순서가 없다면 순서를 만들어서 생각을 진행해야 한다고 하셨죠.

베리타스 그래. 우리의 앎은 서로 연결되어 있으니까, 어떤 것을 다른 것에서 이끌어 낼 때 필요한 순서를 잘 지키면 아무리 멀리 있거나 숨겨져 있어도 결국 알게 되지. 마지막으로 규칙이 하나 더 있지?

피노키오 예. "모든 것을 빠뜨리지 말고 완벽하게 나열하고 전반적으로 검토해야 한다"라고 하셨죠.

베리타스 그렇지. 그런 규칙만 잘 지키면 우리의 길은 그리 어둡지도 힘들지도 않을 거야. 그리고 그런 규칙들과 함께 우리를 바르게 안내할 방법도 필요하지. 그것은 직관과 연역이지.

피노키오 설명을 듣고 싶어요.

베리타스 이 가운데 직관(直觀, intuition)이 더 중요한데, 직관이란 순수하고 주의하는 정신의 생각(conception)으로 아무런 의심도 남기지 않을 정도로 단순하고 확실한 것을 말하지. 예컨대 자기가 있다는 것, 자기가 생각한다는 것, 삼각형은 오직 세 선분으로 되어 있다는 것, 원에는 면이 오직 하나 있다는 것 등을 말하지. 직관은 단순한 것을 순간적으로 파악하지.

그리고 연역(演繹, deduction)에 의해서도 확실한 것을 얻을 수 있지. 이것은 그 자체로 참되고 분명한 것은 아니지만, 이미 알고 있는 참된 원리에서 출발해서 연속적이고 빠짐없이 사고 활동을 이어 나가서 결론을 얻는 절차지. 그래서 처음의 원리는 직관으로 얻고, 다음의 결과들은 연역에 의해서 이끌어 낼 수 있지. 이것이 확실성에 이르는 유일한 두 가지 방법이지. 이 방법으로 명증한(evident) 것을 얻을 수 있어.

피노키오 가장 분명하고 단순한 성질들은 직관에 의해서만 알 수 있군요. 그리고 처음에 직관으로 파악한 것을 연역을 통해서 차례대로 이어 가면 결론을 얻을 수 있군요.

베리타스 잘 이해하고 있구나. 바로 그거야. 너 혹시 연역이나 귀납이 무엇인지는 알고 있지?

피노키오 예. 귀납은 개별적 사실들을 모아서 일반적 원리를 이끌어 내는 방법이고요, 연역은 거꾸로 일반 원리에서 시작해서 개별적인 것들을 차례대로 이끌어 내는 방법이죠.

베리타스 잘 알고 있구나.

피노키오 선생님, 이제 제대로 의심하는 방법에 따라서 진리를 찾아 나서야 하지 않을까요?

감각을 믿을 수 있는가?

베리타스 그럴까? 그러면 전혀 의심할 수 없는 것이 있는지 보자. 먼저 감각을 보기로 하자. 감각을 통해서 진리를 찾을 수 있을까?

피노키오 보통 우리는 주변 사물들을 감각을 통해서 보고 듣고 만지면서 안다고 생각하죠.

베리타스 우리는 감각을 통해서 대상을 제대로 아는 경우도 많지. 하지만 때때로 잘못 아는 경우도 있지 않니? 감각은 종종 우리에게 세계와 우리 자신의 참모습을 보여 주지 않고 불확실한 겉모습만 보여 줄 때가 많지. 우리가 감각이라는 창문으로 세계를 본다면 세계를 투명하고 확실하게 볼 수는 없지.

피노키오 그런 것 같아요. 유리컵에 들어 있는 젓가락이 빛의 굴절 때문에 휘어 보이기도 하고, 멀리서 둥글게 보이던 탑이 가까이 가보면 사각형인 경우도 있고, 실제로 큰 것이 작게 보이기도 하고, 겨울에 찬물에 손을 넣었다가 미지근한 물에 손을 넣으면 훨씬 따뜻하게 느껴지기도 하죠.

베리타스 그런 감각적 착오는 비교적 간단한 경우로 바로잡기가 쉬운 편이야. 태양이나 달을 생각해 보자. 태양은 우리 눈에 공만 한 크기의 동그랗고 노란 원반처럼 보이지. 하지만 우리 눈에 보이는 태양이 실제의 태양과 똑같다고 할 수는 없겠지.

피노키오 저도 그 정도는 알죠. 얼마 전에 파브르 아저씨의 책을 보았더니 태양에 대한 이야기가 나와 있었어요. 지구에서 태양까지의 거리는 1억 4,960만 킬로미터이고, 이 거리는 지구 둘레의 약 3,750배나 된대요. 그래서 1시간에 60킬로미터의 속력으로 달리는 기차가 태양까지 가는 데 300년도 더 걸린대요. 물론 빛의 속도로는 8분 정도 걸리죠. 게다가 태양 크기는 지구의 130만 배나 된다고 해요. 만약 태양 속이 비어 있다면 그것을 채우는 데 지구만 한 크기의 공이 130만 개나 필요한 거죠. 보기와 달리 어마어마하게 커요.

베리타스 그래, 잘 알고 있구나. 우리가 감각을 통해서 태양을 있는 그대로 볼 수는 없지. 그래서 태양은 두 종류가 있는 거야. 하나는 우리 눈에 보이는 작은 노란 원반 같은 감각적인 태양이고, 다른 하나는 천문학자들이 이론적으로 계산한 태양이지. 그러니 우리 눈에 보이는 대로 사물들이 존재한다고 생각해서는 안 되겠지.

피노키오 그런데 선생님께서는 우리가 보고 듣고 냄새 맡는 등의 감각경험이 무조건 믿을 수 없다고 하시는 것은 아니죠?

베리타스 물론이지. 감각경험들 가운데 믿을 만한 경우도 많아. 내가 감각경험을 믿을 수 없다고 하는 것은 감각경험이 때때로 우리를 속이기 때문이지. 우리가 진리를 찾고 있는데 가끔은 맞고 가끔은 틀리는 것을 안내자로 삼을 수는 없지 않을까?

피노키오 그러니까 감각경험은 확실한 것이 아니기 때문에 조심하는 게 좋겠군요. 감각이 한 번이라도 우리를 속인다면 감각을 무조건 믿어서는 안 되죠.

확실한 감각도 믿을 수 없는가?

베리타스 그렇지. 한 번이라도 틀리거나, 틀릴 수 있는 여지가 있다면 확실한 것은 아니니까. 그러면 이제 방향을 바꾸어 볼까? 감각을 무조건 믿어서는 안 되지만, 이제 감각이 알려 주는 것 가운데 믿을 만한 점이 있는지 살펴보기로 하자. 우리에게 감각은 중요하니까 완전히 무시할 수는 없지.

피노키오 이야기 방향이 바뀌니까 정신이 어지러워요.

베리타스 뭐, 별로 복잡한 것은 아니야. 이런 감각은 어떨까? 지금 내가 너와 함께 마주 앉아서 이야기를 나누고, 이 옷을 입고 있고, 앞에 책이 있고, 저기 난로가 나를 따뜻하게 하고 있고, 지금이 밤이라는 점도 믿을 수 없을까?

피노키오 그 점은 확실한 거죠. 지금 제가 여기 앉아서 선생님과 함께 있지, 제 고향에 있는 것은 아니고, 저기 있는 난로가 공기를 싸늘하게 하는 것도 아니죠. 이런 감각들은 아주 분명해서 의심할 수 없을 것 같아요. 제정신이 아니라면 몰라도 이런 확실한 감각을 부정할 수는 없지요.

베리타스 재미있는 이야기를 하는구나. 그렇지 제정신이 아닌 바에야 그렇게 이야기할 리가 없지. 만약 미친 사람이라면 아주 엉뚱한 이야기를 하겠지. 그는 망상 속에서 흐릿한 감각 때문에 혼란을 일으킬 수 있지. 자기가 가난하면서 부자라고 생각하고, 평민에 지나지 않으면서 왕이라는 환상을 갖거나, 벌거벗고 있으면서 붉은 비단옷을 입고 있다고 헛소리를 하거나, 머리가 진흙으로 만들어졌다거나, 몸이 루비나 유리로 되어 있다거나, 있지도 않은 것을 보았다고 하는 등 멋대로 꾸며 댈 수도 있지.

피노키오 그렇죠. 건전한 양식을 지닌 사람이라면 그런 환상에 빠지지 않겠죠. 아주 분명해서 의심할 수 없는 감각도 있군요. 그러면 이런 확실한 감각을 따르면 참된 것을 얻을 수 있을까요?

베리타스 아직 좀 더 생각해 봐야지. 감각은 의심할 여지가 있으니까. 이런 경우를 생각해 보면 어떨까? 우리 모두는 밤에 꿈을 꾸지? 그런데 꿈속에서 가끔 너무도 생생한 것을 보고 만지고 듣는 경우가 있지 않니?

피노키오 왜 갑자기 꿈 이야기를 하시나요?

베리타스 엉뚱한가? 사실은 이런 점 때문이야. 우리가 찾는 참되고 확실한 것이 깨어 있을 때에만 참되고, 꿈속에서는 거짓이어도 좋을까?

피노키오 아, 그러니까 참된 것은 꿈속에서도 참이어야 한다고 하시려는 거죠? 당연하죠. 참은 밤낮을 가리면 안 되죠. 우리가 자고 있을 때에도 참은 참이어야 하죠.

베리타스 그렇긴 하지만, 이건 조금 다른 이야기야. 그러니까 내가 꿈 이야기를 하는 것은 참되고 확실한 감각도 의심할 여지가 있는가를 보려는 거지.

피노키오 아, 그런 뜻이었군요.

베리타스 그러면 우리는 꿈에서도 참된 것을 찾아보고, 혹시 깬 상태에서 참이라고 주장한 것이 꿈속에서는 거짓이고 의심할 수 있다면 진리마을에서 추방해야 하지 않겠니? 과연 꿈 상태와 깬 상태를 확실하게 구별할 수 있을까? 어떤 기준이 있어야 할 텐데. 지금, 우리가 혹시 꿈에서 이런 이야기를 나누고 있는 것은 아닐까?

피노키오 무슨 서운한 말씀을 하세요? 제가 그 먼 길을 달려오느라고 얼마나 고생을 했는데요. 이게 꿈이라면 저는 어떻게 하라고요. 꿈은 꿈이고 깬 상태는 깬 상태인데, 어떻게 그것을 혼동할 수 있나요? 선생님, 꿈인지 생시인지 저를 한번 꼬집어 보세요.

베리타스 너무 억울해 하지 말아라. 이게 진짜 꿈이라는 이야기가 아니라 그렇게 생각할 수 있다는 거지. 일종의 '사고 실험' 같은 거야. 그리고 꿈에서도 꼬집히면 아프다고 느낄 수 있듯이, 그런 생생한 느낌을 주는 위협 때문에 가위눌리는 경우도 있지 않니? 그것이 흐리멍덩한 감각이라면 왜 그렇게 놀라고 고통스러워하겠니? 실제 사건이 아니더라도 적어도 꿈에서만큼은 꽤 확실하고 아주 생생하게 여겨지기 때문에 현실처럼 느끼는 것이겠지.

피노키오 그렇군요. 꿈에서도 그런 생생함을 느낄 수 있다면 어떻게 그것이 깬 상태의 생생함과 다를까요? 지금 저나 선생님 가운데 한 사람이 꿈을 꾸고, 그 꿈에서 선생님과 제가 마주 앉아서 이렇게 질의응답을 주고받을 수도 있다는 거잖아요?

베리타스 충분히 가능하지. 다시 한 번 이야기하면 우리가 확실하게 느끼는 감각을 꿈속의 감각과 구별할 수 없다면 곤란하지.

피노키오 만약에 제가 꿈에서 나비가 되어 날고 있다면, 그 나비가 나인지, 내가 나비인지가 분명하지 않을 수도 있겠군요.

베리타스 오, 나비가 된 피노키오라! 재미있는 꿈이군. 꿈속의 나비와 현실의 피노키오가 분명히 다르다고 하고 싶지만, 그 나비가 얼마나 확실한 것인지 알 길이 없구나.

개별적인 것과 일반적인 것

피노키오 그러면 무슨 좋은 수가 없을까요?

베리타스　이렇게 의심하는 과정이 재미있지 않니? 우리가 깬 상태에 있으면서도 마치 꿈을 꾸고 있지는 않을까 하면서, 만에 하나 있을지도 모를 경우를 생각하고 대비하니까 말이야.

피노키오　선생님은 정말 철저하고 빈틈이 없으시군요. 그러면 그런 의심을 이기는 길은 없을까요?

베리타스　한번 찾아볼까? 아까 참된 것은 꿈속에서도 참이어야 한다고 했지?

피노키오　그랬죠.

베리타스　이런 생각을 해 보자. 그러니까 개별적인 것(the particular) 과 일반적인 것(the general)을 구별해 볼까? 이 둘이 꿈에서 다른지 볼까?

피노키오　무슨 뜻이죠?

베리타스　먼저 개별적인 것과 일반적인 것을 구별해 보자. 우리가 "불은 뜨겁다"라고 할 때는 이 불과 저 불만 뜨겁다는 것이 아니라 모든 불, 곧 불 자체를 말하는 것이지?

피노키오　아, 그러니까 이 불과 저 불은 개별적인 것이고, 불은 일반적인 것이군요?

베리타스　그렇지. 이제 꿈을 보자. 우리가 꿈에서 보는 것은 일종의 이미지들인데, 이것들이 모두 가짜거나 순전히 공상으로만 꾸며 낸 것일까?

피노키오　무엇을 말씀하시려는 거죠? 잘 모르겠어요.

베리타스　그러니까 내가 잠을 자면서도 눈을 뜨고 뭔가를 보고, 머리에 모자를 쓰고 있고, 또 산을 오르고 있다고 해 보자. 이렇게 만들어진 이미지가 모두 거짓이라고 하더라도 그것들은 눈, 머리, 다리를 본떠서 만든 거지? 이때 눈, 팔, 다리와 같은 일반적인 것까지 만들 수는 없지. 그것들은 공상이 아니라 실제로 있는 것들이지?

피노키오 저에게 날개가 달려서 하늘을 날고 있는 상상을 한다고 해도 날개는 날개고, 하늘은 하늘이군요. 날개나 하늘은 거짓이 아니죠. 그러니까 꿈에서 멋대로 이미지들을 만들어도 그것을 이루는 일반적인 것 자체는 참된 것이겠네요.

베리타스 그렇지. 잘 아는구나. 꿈에서 눈을 뜨고 있고, 책을 보고 있고, 난롯가에 앉아 있는 것과 같은 개별적인 것들은 꾸며 내더라도 눈, 책, 난로 같은 일반적인 것은 참으로 존재하는 것이어야 하지. 그렇기에 일반적인 것은 의심할 수 없지.

더 단순하고 일반적인 것으로 만든 상상적 이미지

피노키오 꿈에서 제가 만약 인어공주와 이야기를 하고, 사람 얼굴에 황소 몸을 지닌 괴물과 싸운다면 어떻게 되나요?

베리타스 꿈에서뿐만 아니라 상상의 존재인 인어나 날개 달린 말 같은 가상적 이미지를 만들 때에도 사정은 마찬가지지.

피노키오 그러니까 상상으로 만들어 낸 것들이 모두 현실에 있는 일반적인 것들을 마구 섞어서 만든 것인가요?

베리타스 그렇지. 미노타우르스, 사이렌, 사티로스, 용, 요술 방망이, 재크가 타고 올라간 콩나무와 하늘에 사는 거인과 요술 하프, 황금 알을 낳는 닭 등이 모두 그렇게 만들어진 것이 아닐까?

재미있게도 사람의 상반신과 물고기의 하반신을 합쳐 놓고, 사람의 머리와 상반신에 소의 하반신을 뒤섞어 놓은 것은 허구지만, 그것을 이루는 각 요소들은 분명히 허구가 아니야. 즉 실제로 존재하는 각 부분들을 교묘하게 혼합해서 그런 상상의 괴물들을 만든 것이지. 이 밖에도 현실에 존재하는 가장 나쁜 것들이나 좋은 것들만 골라서 지옥이나 천국을 상상하는 경우에도 그런 가상세계는 꾸민 것이지만, 그 세계를 이루는 요소들은 실제로 있는 것들이지.

피노키오 그러면 그렇게 모아 놓은 전체는 가짜지만 그 부분들은 진짜네요? 진짜들을 합해서 가짜가 되는 이상한 경우네요.

베리타스 참된 것이라도 그것을 잘못 합성하면 이상하게 되지.

피노키오 저는 인어공주가 상상으로 만든 것이라고 해도 별로 가짜라는 느낌이 들지 않아요. 물론 따져 보면 허구지만 재미있는 상상의 세계도 좋아요.

베리타스 그렇긴 하지. 꿈과 상상의 세계가 재미있더라도 그것을 현실과 혼동하면 안 되지. 그리고 이처럼 상상을 통해서 사이렌이나 외눈박이 거인 같은 기묘한 것을 만드는 경우에도 그것들에 새로운 본성을 줄 수는 없어. 다만 그것들은 교묘하게 섞였을 뿐이야.

피노키오 완전한 허구는 없다고 보시는 거죠? 그래서 그 요소가 되는 눈, 손, 머리 같은 일반적인 것들은 상상적인 것일 수 없다는 말씀이시죠?

베리타스 그렇지. 어렵지 않니?

피노키오 아뇨. 개별적인 것과 일반적인 것을 나누니까 훨씬 분명해진 것 같아요. 그러면 일반적인 것들은 꿈에서도 참되고 확실한 것이겠네요.

베리타스 그런데 그런 일반적인 것들도 그보다 더 단순하고 일반적인 (more simple and universal) 것들로 이루어진다고 할 수 있지. 인어공주의 경우에 사람의 상체와 물고기의 하체를 합쳐 놓은 경우에도 각각의 색까지 바뀌지는 않지.

피노키오 그렇군요.

꿈에서도 3+4는 7이다

베리타스 그러면 더 단순하고 일반적인 것은 어떤 것일까?

피노키오 잘 모르겠는데요.

베리타스 별로 어려울 것도 없지. 물체를 볼 때 다양한 성질이나 상태에 매달리지 말고, 그것을 이루는 가장 단순하고 변하지 않는 것을 찾으면 되지. 그러니까 물체의 색, 맛, 냄새 같은 것은 아니지. 바로 물질적 본성, 연장(延長, extension), 형태, 양(크기와 수), 장소, 지속하는 시간 등은 단순하고 일반적인 것이지.

피노키오 좀 어려워지는데요. 이 가운데 '연장'이라는 말이 낯설어요.

베리타스 나중에 다시 자세하게 이야기할 텐데, 이를테면 이 책상에서 길이가 이만큼, 넓이가 이만큼, 높이가 이 만큼이지. 이런 공간적 크기를 말하는 거야. 이처럼 단순하고 일반적인 것이 더 확실하다면, 학문의 경우에도 자연학, 천문학, 의학 등 복잡한 것을 다루는 학문보다도 대수, 기하학 등 단순하고 일반적인 것을 다루는 학문이 확실성을 지닌다고 할 수 있지.

피노키오 예를 들어 주세요. 제가 워낙 아는 게 없거든요.

베리타스 예를 들어 내가 깨어 있든 꿈을 꾸든 간에 4+3이 7일 수밖에 없지. 그리고 두 점 사이의 가장 짧은 거리는 직선이지, 구불구불한 선이나 곡선이 되지는 않지. 또 꿈이라고 해서 육각형의 변이 4개일 수는 없고, 평행선이 서로 만나는 경우는 없지? 이런 것은 꿈이라고 해서 달라질 게 없지.

피노키오 이제 꿈에서도 진리는 진리일 수밖에 없다는 말을 분명히 알 수 있겠네요. 기하학이나 대수에서 참인 것은 꿈에서건 현실에서건 참이네요. 그러면 제가 나비가 되는 꿈을 꾸었을 때, 그것이 확실한 것이 아니라면 그 나비는 꿈속에만 있을 뿐이라고 하는 게 낫겠군요.

베리타스 그렇지. 지금 우리는 확실한 것을 찾으려고 좀 과장해서 꿈의 가설을 한번 만들어 본 거야.

전능한 악마가 우리 모두를 속일 수 있다

피노키오 선생님, 이제 가장 확실한 기초를 찾았다고 할 수 있을까요?

베리타스 그런데 피노키오야, 아직도 의심할 여지가 있을지 모르니까, 이런 생각을 해 보면 어떨까?

피노키오 아직도 의심할 여지가 있단 말이에요? 만약 그렇다면 가장 단순한 것의 확실성도 믿을 수 없다는 건가요?

베리타스 그래서 한 번 더 의심해 보자는 거야. 이런 악마를 상상해 볼 수 있지 않을까?

피노키오 악마는 무서운데요. 선생님께서는 《방법 이야기》에서도 악마 이야기를 하셨죠?

베리타스 무서운 악마가 아니라 지적 능력이 뛰어난 존재를 가정하는 것일 뿐이야. 실제로 악마가 있다는 게 아니라 한번 상상해 보자는 거지.

피노키오   우리 모두를 속이는 악마죠?

베리타스   그래. 어떤 전능한 악마가 있어 작심하고 인간들을 모조리 속이는 경우를 상정해 보자. 이런 악마라면 완벽한 논리로 모든 인간을 속일 수 있겠지.

피노키오   꼭 그런 악마까지 생각해야 하나요? 선생님께서 의심할 수 있는 모든 것을 의심해야 한다고 하실 때 이렇게 극단적인 경우까지 생각하실 줄은 몰랐어요. 아마 이보다 더한 의심은 없을 것 같아요.

베리타스   좀 과장된 의심이긴 하지만, 한 번이라도 틀리지 않기 위해서는 좀 더 신중할 필요가 있어. 만약 그런 악마가 있다면, 그리고 그가 마음만 먹는다면 우리 인간들을 속이는 것은 어려운 일이 아닐 거다.

피노키오   그렇지만 저 같은 어리석은 사람은 몰라도 선생님 같은 분을 어떻게 속이나요? 또 많은 인간들을 속일 수 있다고 해도 모두를 속이기는 쉬운 일이 아닐 텐데요.

베리타스   모든 사람이 너무나 분명하고 혼동할 여지가 없다고 알고 있는 것 가운데에서도 틀린 것이 있을 수 있지 않을까? 이를테면 모두가 확실하다고 믿어 온 천동설의 경우는 어떠니? 그 이론은 지구가 우주의 중심이고 태양이 지구를 돈다고 생각했지.

그런데 코페르니쿠스, 갈릴레이 등에 의해 지구가 태양 주위를 돌고 있고, 지구가 중심이 아니고 주변에 있다는 서글픈 사실을 알게 되었지. 만약 지금까지 지동설이 제기되지 않았다면 여전히 천동설을 믿고 있지 않을까? 그렇다면 모든 사람을 그렇게 속이는 천동설 이론가가 바로 전능한 악마에 버금가는 자가 아닐까?

피노키오   그렇군요. 당시에는 천동설에 반대하는 사람이 아무도 없었죠. 그래서 그런 믿음 때문에 지동설을 발표했을 때 굉장히 소란스러웠죠.

베리타스 그러니 모두가 참이라고 믿는다고 해서 반드시 참인 것은 아니지. 그것을 믿는 사람의 수가 많다고 참이라고 주장할 수는 없지. 그것이 선입견이나 습관적 믿음일 수도 있으니까. 참된 것을 다수결로 정할 수는 없어. 또 우리가 가장 확실한 것으로 알고 있는 수학이나 기하학도 혹시 우리 모두를 모조리 속이는 예가 될 수도 있지 않겠니?

피노키오 아니, 그런 것까지도 속을 수 있나요?

베리타스 예를 들자면, 2＋3이 5가 아닐 수도 있고, 두 점 사이의 가장 짧은 거리가 직선이 아닐 수도 있지 않을까?

피노키오 제가 기하학을 배울 때에는 분명히 그렇게 배웠는데요. 그것도 잘못될 수 있나요?

두 점 사이의 가장 짧은 거리는 직선인가?

베리타스 물론 틀리지 않으면 좋겠지만 틀릴 가능성이 있는지 한 번이라도 확인해 봐야지. 한 번 더 의심하면 더욱더 확실해지지 않을까? 가령 둥근 공 위에 두 점을 잡아서 그것을 이어 보면 어떻게 될까? 그때도 두 점 사이의 가장 짧은 거리는 직선일까?

피노키오 아, 그런 경우가 있군. 당연히 직선이 아니죠. 공을 뚫고 들어가서 선을 긋지 않는 한 말이에요.

베리타스 그렇지. 그러니까 지구가 이런 공처럼 둥글다고 할 때 한곳에서 다른 곳으로 가는 가장 짧은 길은 직선이 아니라 곡선이겠지.

그리고 지구 표면이 매끈하지 않고 어느 정도 울퉁불퉁하니까 한 지점에서 다른 지점을 잇는 가장 짧은 선은 울퉁불퉁한 측지선(測地線)이 되겠지?

피노키오 그러면 우리가 보통 아는 대로 두 점 사이의 최단 거리가 직선이 되려면 그 평면이 울퉁불퉁해서는 안 되겠군요. 실제로 그렇게 매끈한 평면이 있을까요?

베리타스 수학자들은 굽은 정도인 곡률(曲率)이 0이면 평평하고, 곡률이 0보다 크면 공처럼 튀어나온 형태고, 0보다 작으면 말안장처럼 움푹 들어간 공간이라고 하지. 이야기가 나온 김에 예를 하나 더 보자. 공 위에 세 점을 잡아서 삼각형을 그려 보자. 그러면 삼각형 안에 있는 세 각의 합이 180도가 될까?

피노키오 당연히 180도보다 더 크죠.

베리타스 마찬가지로 말안장처럼 움푹 들어간 곳에서 세 점을 잡아서 삼각형을 그리면 이번에는 180도가 안 되겠지?

피노키오 당연하죠.

베리타스 이처럼 삼각형이 어떤 평면 위에 있느냐에 따라서 내각의 합이 180도보다 크거나 작고, 정작 180도에 일치하는 경우는 거의 없을 거야. 그러니까 네가 배운 기하학을 창시한 유클리드(Euclid)는 아주 매끈하고 평평한 이상적인 공간에 맞는 기하학을 만든 셈이지. 사실 그런 공간은 아주 예외적일 뿐이지. 그런데도 거의 2000년 동안이나 아무도 이 점을 의심하지 않았지. 유클리드가 의도적으로 속인 것은 아니지만 사람들은 그런 공간만이 유일하고 참된 공간인 것처럼 생각하게 되었지. 기하학의 악마 역할을 한 셈이지.

피노키오 그러고 보니 그런 악마들이 적지 않겠는데요. 선생님 말씀처럼 가장 확실한 것으로 여겼던 기하학까지도 틀릴 수 있다면 우리는 무엇에 의지해야 할까요? 정말 곤란한 것 같아요. 갑자기 악마의 장난이 무서워져요.

베리타스　호랑이에게 물려 가도 정신만 바짝 차리면 살 수 있다는 동양의 속담을 믿고 정신을 차려 봐야지.

피노키오　아니 호랑이가 아니라 악마잖아요. 이런 상상의 악마가 우리를 속인다면 우리는 악마가 꾸며 낸 세계를 모두 참되고 확실하다고 믿고 있는 거잖아요?

베리타스　그러니 걱정만 할 게 아니라 좀 더 살펴볼 필요가 있어. 악마가 우리를 어떻게 속이고, 또 우리는 어떻게 속는지 말이야.

피노키오　속인다는 이야기를 하시니까 갑자기 제가 인형이었을 때 한 짓이 생각나서 부끄러워요. 그때 천사 엄마에게 거짓말로 둘러대는 바람에 코가 늘어났죠. 제가 얄은 수를 써서 속이려고 해도 천사 엄마는 다 알고 계시더라고요.

베리타스　그래, 그 이야긴 나도 알아. 아주 재미있었지. 네가 천사를 속이려고 해도 속아야 할 사람이 속지 않으면 속일 수 없지.

피노키오　그럼요. 그러니까 악마가 우리를 속이려 할 때 우리가 속는다면 속는 우리에게 문제가 있는 거예요.

베리타스　그렇지. 물론 악마는 너처럼 단순하게 둘러대는 것이 아니라 완벽한 솜씨로 일관되게 속일 테니까. 이처럼 누가 누구를 속인다고 할 때 속이는 사람 혼자서 북 치고 장구 치고 할 수는 없어. 속는 사람이 장단을 맞춰야지.

피노키오　그렇죠. 상대방의 속임수를 의심하지 않고 받아들이거나 그런 속임수에 경솔하게 동의하기 때문에 속는 거죠. 선생님께서 처음에 말씀하신 것처럼 철저하게 의심하거나 사려 깊게 생각한다면 악마도 우리를 쉽게 속이지는 못하겠죠. 저도 여우와 고양이에게 속을 때 분별력이 없어서 당했어요.

베리타스 그렇긴 한데, 그보다는 악마가 우리를 속이는 경우에 뭔가 확실한 것이 있을 것 같은데.

피노키오 그래요? 아니 완전하게 속았는데도 확실한 것이 있나요? 악마의 속임수가 어딘지 허술하다는 이야기인가요?

나는 속는다. 그러므로 나는 있다

베리타스 그건 아니지. 분명히 악마는 우리를 완전하게 속인다고 했으니까 우리가 속는 것은 사실이야. 우리가 속지 않을 수 없지, 악마가 우리보다 능력이 뛰어나기 때문이지. 하지만 악마가 우리를 속이는 조건을 보면 흥미로운 점이 있지.

피노키오 악마가 속이는 경우에도 확실한 것이 있다면 대단하네요.

베리타스 자, 속임수가 벌어지는 판을 다시 한 번 볼까? 악마와 내가 있고, 악마가 나를 속이고 있지. 악마가 재주를 부려서 내가 두 눈을 부릅뜨고도 삼각형 내각의 합을 180도라고 믿고, 두 점 사이의 최단 거리가 직선이라고 믿지. 물론 다른 것들에 대해서도 악마의 멋진 설명에 넋이 팔려서 그대로 믿고 말지. 이처럼 악마는 내가 알고 있는 모든 지식의 내용을 제멋대로 조작하고 있어.

속았다는 점에 흥분하지 말고 다시 잘 보면, 내가 악마에게 속기 위해서는 한 가지 조건이 있지. 우리가 이야기했듯이 아무리 뛰어난 악마라 하더라도 자기 혼자서 속일 수는 없지? 그러니까 내가 악마에게 속기 위해서는 '속고 있는 나', 즉 모든 거짓을 참으로 믿고 멍청하게 고개를 끄덕이고 있는 '나'라는 존재가 반드시 필요하지 않을까?

피노키오 아니, 악마가 전능한 힘으로 나를 속이는 데 내가 필요하다니요?

베리타스 잘 생각해 봐. 악마가 완벽하게 속인다고 하더라도 내가 속기 위해서, 악마의 놀이판에서 함께 춤을 추기 위해서는 멍청한 내가 있어야만 악마가 나를 속일 수 있지 않을까?

그래, 내가 아는 것이 모조리 가짜라고 하자. 그래서 그것들이 모두 불확실하고 의심스럽다 하자. 그렇지만 그것이 의심스럽기 위해서라도 속는 내가 없어서는 안 되지. 악마는 나를 속이기로 했으니 나를 없앨 수는 없지. 속임수 놀이를 재미있게 하기 위해서라도 바보 같은 나를 그 판에 끌어들여서 내가 번번이 속을 때마다 좋아하면서 계속 '속이기 놀이'를 하겠지. 만약 내가 없다면 악마는 스스로를 속일 수밖에 없지 않겠니?

사정이 이러니 아무것도 모르는 나는 이 놀이에 꼭 필요한 존재지. 바로 나를 속이는 판이니까. 나는 속는 역할을 맡기 위해서 그 놀이판에 참여해야 해.

피노키오 그러면 '나는 (악마에게) 속는다. 그러므로 나는 (속기 위해서) 있어야'만 한다는 이야기인가요?

베리타스 그렇지, 바로 그거야. 정확하게 표현했구나. "나는 속는다. 그러므로 나는 있다." 그래서 간악한 악마와 멍청한 내가 서로 짝을 이룰 때 속기 위한 존재인 나는 확실하게 필요하지. 내가 확실하게 아는 것이 하나도 없다고 하더라도 내가 속는 것은 확실하지. 나는 확실하게 속고 있고, 내가 이처럼 확실하게 속으려면 나는 그 판에 확실하게 존재해야지. 그래서 '나는 있다, 나는 현존한다(Ego sum, ego existo)'라고 분명하게 이야기할 수 있지.

피노키오 그렇군요. 악마가 벌인 속이기 놀이판에서 속는 나도 그 놀이에 참가하고 있어야죠. 물론 내 성적은 보잘것없겠죠. 악마 대 나의 점수는 1:0, 5:0, 100:0……으로 항상 내가 지겠죠. 내가 이길 가능성도 없고요. 그렇지만 내가 0점을 맞고, 항상 지기 위해서라도 이 놀이판에 내가 필요한 게 확실하군요. 내가 불쌍하다는 생각이 들어요. 계속 지면서 참가해야만 하니까요.

베리타스 재미있는 비유구나. 그 '진리와 오류의 놀이'에서 나는 영원한 패배자지만, 승리하건 패배하건 간에 그 놀이에 끝까지 참여하고 있는 것은 분명하지.

피노키오 그래서 이긴 사람에게 금메달을 준다면, 나도 참가상을 받거나 2등은 하는 셈이죠.

베리타스 뭐, 속이는 사람에게 상을 주는 대회라…… 어쨌든 악마에게 속은 내가 거짓에서 헤어나지 못하더라도, 모든 것이 의심스러워도 '속는 나'나 '속는 것을 아는 나' 또는 '의심하는 나'는 반드시 있어야 하지. 그래서 전능한 악마라고 하더라도 "나는 속는다. 그러므로 나는 존재한다"라는 사실을 부정할 수는 없어. 마찬가지로 그 때문에 모든 것을 의심한다 하더라도, 의심하는 나는 분명히 있어야 하지.

피노키오 이제야 선생님께서 우리가 악마에게 속으면서도 확실한 것이 있다고 하신 까닭을 알겠어요. 우리가 확실하다고 믿는 것이 모조리 거짓이라고 해도 신기하게도 아주 확실한 것이 있긴 있군요.

모든 것에 속고, 의심하는 경우에도 '속고, 의심하는 나'가 가장 확실히 있다는 점이 재미있어요.

베리타스 그러면 이제 정리해 보자. 네 이야기처럼 "나는 속는다. 그러므로 나는 있다"를 조금 바꾸면 "나는 의심한다, 그래서 나는 있다(Dubito ergo sum)"가 되겠지. 그리고 의심한다는 것은 일종의 생각하는 것이지. 그래서 이것은 "나는 생각한다, 그러므로 나는 있다(Cogito ergo sum)"와 같은 거지. 이 확실성은 방금 보았듯이 악마가 나를 속이고, 내가 아는 것이 아무것도 없더라도, 누구도 부정할 수 없고 또 결코 흔들릴 수 없는 것이지.

'생각하는 나'는 어떤 나인가?

베리타스 이처럼 유능하고 교활한 기만자가 나를 속인다고 해도, 나는 내가 어떤 것이라고 생각하는 동안 결코 아무것도 아닐 수는 없지. 그래서 "나는 있다"라는 명제는 가장 확실하지.

피노키오 그러면 내가 있다는 점은 확실한데, 이런 '나'를 무엇이라고 해야 하나요?

베리타스 그렇지, 내가 있다는 것이 확실하지만 나의 내용이 어떤 것인지는 아직 잘 모르는 상태지. 일단 가장 확실한 것을 찾은 점에 만족해야지. 이제 이것을 바탕으로 다른 확실한 것들을 찾아야지.

피노키오 예전에 제가 인간은 '이성적인 동물(homo sapiens)'이라고 배웠거든요.

베리타스 그런데 그것도 그리 확실한 것은 아니지.

피노키오 어떤 점 때문이죠?

베리타스 '인간은 무엇인가?'라는 질문에 이성적인 동물이라고 답한다고 하자. 그렇다면 다시 동물이란 무엇이고, 이성이란 무엇인가를 물을 수 있지. 그러면 한 문제에서 더 곤란하고 더 많은 문제가 생기잖아?

피노키오 그런 것들은 아직 불확실하군요. 그럴 땐 어떻게 하죠?

베리타스 우리가 확실한 것을 모를 때에는 분명하고 뚜렷한 것에만 동의하기로 했지. 지금 전능한 악마가 우리를 속인다고 할 때 우리가 얼굴, 손, 팔 등의 신체를 지니고 있고, 영양을 섭취하고, 걷고, 감각하고, 사고하는 점에서 영혼을 지니고 있다는 것이 확실할까? 악마 때문에 그렇게 생각하는 것인지도 모르지. 주변의 물체에 대해서도 그것이 일정한 공간을 차지하고, 우리 감각에 의해서 지각된다고 믿는 것도 확실할까?

피노키오 악마가 속인다면 우리는 아직 신체, 영혼, 물체에 대해서 확실하게 아는 게 없는 상태죠. 다만 가장 확실한 "나는 생각한다, 나는 있다"만 알고 있죠. 다른 것에 대해서 섣부른 판단을 해서는 안 되죠.

베리타스 그렇지. 가장 확실한 '생각한다(cogitare)'는 점을 볼까? 여기에서 사고작용은 나와 뗄 수 없는 거지.

피노키오 그렇죠. 내가 생각하는 것이 곧 내가 있는 것이니까요.

베리타스 '나는 있다'가 확실하다면 나는 어떻게 있지?

피노키오 생각하면서 있죠.

베리타스 그렇지. 얼마 동안 있는 걸까?

피노키오 생각하는 동안이겠죠.

베리타스 그래. 내가 사고작용을 멈추면 나는 있을 수 없지.

피노키오　그러면 나는 '사고하는 것'인가요?

베리타스　바로 그거지. 지금 확실하게 이야기할 수 있는 것은 '내가 있다'는 것이지. 그것도 내가 사고하는 것(res cogitans)으로 있는 점이지. 과연 누가 이것을 부정할 수 있을까?

상상하고 감각하는 것도 사고에 포함될까요? 상상의 산물은 모두 참된 것이 아니더라도 상상하는 힘은 실제로 있고, 내 사고의 일부분이죠. 그리고 감각하는 것에서 내가 빛을 보고, 소리를 듣는 것은 얼마든지 거짓일 수 있죠. 그렇지만 내가 보고 듣고 느끼고 있다는 것은 확실합니다. 그래서 이것은 단순하게 감각하는 것이라기보다는 사고하는 것과 같죠.

피노키오　악마도 부정할 수 없었잖아요? 그런데 생각한다는 것은 무엇을 말씀하시는 거죠? 이성적으로 생각하는 것만 이야기하시나요?

베리타스　아니. 의심하고, 이해하고, 긍정하거나 부정하고, 의지하거나 의지하지 않고, 상상하고, 감각하는 것까지 생각하는 것이라고 할 수 있지.

물체보다 더 분명한 나의 정신

피노키오　선생님, 확실한 것이 보기보다 많네요? 여기에 있는 책, 난로, 침대 같은 물건도 확실한 것이 아닐까요?

베리타스　글쎄, 사물이 확실한지 한번 볼까? 우리가 사물을 어떻게 알 수 있는지를 봐야지. 마침 여기에 밀랍이 있군. 이걸로 이야기해 볼까? 벌집에서 꺼낸 밀랍 한 조각은 꿀맛도 있고, 꽃향기도 조금 나고, 색, 맛, 모양, 크기도 있지. 또 단단하고, 차갑고, 손에 쥘 수 있고, 두드리면 소리도 나지. 그러니까 이것은 물체가 인식되는 데 필요한 것을 모두 갖추고 있군. 그런데 이 밀랍을 불 가까이 가져가면 어떻게 되지?

피노키오 　열에 약하니까 녹죠.

베리타스 　그렇지. 열 때문에 맛은 달라지고, 향기는 날아가고, 색은 변하고, 형태까지 바뀌어 액체로 되고 말지. 이제 밀랍은 따뜻하고, 손에 쥘 수도 없고, 두드려서 소리를 낼 수도 없지. 그렇다면 이것은 밀랍이 아니라 다른 것으로 바뀐 건가?

피노키오 　아니죠, 그래도 여전히 밀랍이죠.

베리타스 　무엇 때문에 이것을 여전히 밀랍이라고 할 수 있을까?

피노키오 　글쎄요, 분명히 밀랍은 밀랍인데…… 형태까지 바뀌니까 이상하게 된 것 같아요.

베리타스 　우리가 밀랍에서 아주 분명하게 인식한 것은 뭘까? 내가 보고 만지고 한 내용들, 그러니까 감각으로 아는 것들은 모두 변했지. 하지만 그것은 여전히 같은 밀랍이지.

> 이때 무엇이 같을까요? 좀 전에 배웠던 '연장(延長)'은 어떻게 될까요? 감각적인 것을 없애고 나면 밀랍의 부드러움(柔軟性)이나 변하기 쉬움(可變性), 또 연장이 남죠. 이때 부드러움이나 변하기 쉬움은 뭘까요? 모양이 세모나 네모꼴로 바뀔 수 있다고 내가 상상하는 것일까요?
> 　나는 밀랍이 이런 변화를 겪을 수 있는 것을 이해하고 있지만, 이런 변화를 모두 머릿속에서 그릴 수는 없죠. 상상력으로는 밀랍을 이해할 수 없습니다. 연장은 어떤가요? 그것도 내가 알 수 없는 것이죠. 녹으면 연장이 커지고, 끓으면 더 커지니까요.

피노키오 　대체 우리가 밀랍을 어떻게 알 수 있을까요?

베리타스 　이런 게 아닐까? 밀랍의 형태까지 변하지만, 내 생각 속에 있는 밀랍, 내가 생각하는 밀랍은 여전히 같은 밀랍이 아닐까? 밀랍은 나의 정신(mens)이 없다면 지각될 수 없고, 오로지 정신에 의해서만 제대로 지각될 수 있지. 밀랍을 분명하게 알려면 적어도 정신의 통찰(mentis inspectio)'이 필요하지.

피노키오 선생님, 저도 과장된 의심을 해 볼까요? 혹시 우리가 보거나 생각하는 것이 밀랍이 아니라 다른 것이라면 어떻게 하죠?

베리타스 좋은 의심이네. 물론 우리 정신이 오류에 빠질 때도 많지. 네 말대로 내가 보고 있는 것이 밀랍이 아닐 수도 있어. 아니면 내가 눈도 갖고 있지 않다고 해도 좋아. 하지만 내가 보고 있는 동안에, 아니 보고 있다고 생각하는 동안에 이렇게 생각하는 나는 부정할 수 없지. 다시 말해 밀랍을 지각할 때 (밀랍은 확실하지 않더라도) 지각하는 나는 확실하지.

그러니까 밀랍뿐만 아니라 다른 물체도 감각이나 상상력이 아니라, 오직 지성(understanding)에 의해서만 지각되지. 즉 그것을 이해함으로써 아주 분명하게 지각될 수 있어. 이런 점에서 보면 내가 지각하는 물체보다도 '지각하는 나'가 더 분명하고 근본적이지. 그래서 굳이 우위를 따진다면, 물체보다도 지각하는 내가 더 우위에 있는 거야.

피노키오 물체가 확실한가를 여쭈었다가 지각하는 내가 좀 더 확실함을 알게 되는군요.

베리타스 그렇지. 정신보다 더 쉽게, 명백하게 알 수 있는 것은 없어. 물론 습관에 따르는 사람들은 그렇게 보지 않지. 이런 습관은 그리 쉽게 고쳐지지 않아. 그래서 습관을 모조리 고치려 하기보다는 먼저 확실한 것을 바탕으로 삼아서 한 걸음씩 나아가는 것이 좋을 거다.

피노키오 선생님의 말씀을 듣고 보니까 다시 한 번 "나는 생각한다"라는 명제가 내 존재의 바탕임을 알겠어요.

베리타스 그렇지. "나는 생각한다. 그러므로 나는 존재한다"라는 명제는 내 존재의 바탕이 바로 나의 사고작용임을 말하지. 곧 나는 '생각하는 존재'로만 확실하게 있을 수 있지.

피노키오 어, 선생님께서는 보통 이야기하는 것과 다르게 말씀하시네요. 보통은 내가 있기 때문에 생각한다고 하거나, 내가 있고 난 뒤에야 생각할 수 있다고 하죠. 그래서 나의 존재가 나의 사고의 바탕에 있다고 하지 않나요?

베리타스 아니지. 그렇지가 않아요. 내가 생각하기 때문에 내가 있지. 거꾸로 이야기할 수는 없단다. 방금 보았듯이 나는 사고하는 동안에만 존재하기 때문에, 나는 사고하는 것이라고 하지 않았니?

피노키오 그러면 제 생각을 완전히 바꾸어야겠군요.

나는 걷는다고 생각한다. 그러므로 나는 존재한다

베리타스 사실은 내가 이 명제를 주장하니까, 이것에 불만을 품은 많은 사람들이 내 주장을 반박한다면서 한동안 나를 귀찮게 한 적이 있었지. 그 무렵 나는 책을 출간한 것을 후회했단다.

피노키오 어떤 일이 있었는데요? 누가 무슨 반론을 폈나요? 아마 선생님께서는 그런 반론을 보기 좋게 누르셨을 것 같은데요.

베리타스 누르고 말고 할 게 있나. 나를 반박하러 오기보다는 자기 힘으로 좀 더 깊이 생각하면 될 텐데. 물론 그들도 나름대로 확실한 것을 찾으려고 하는 것이었을 테지.

피노키오   거기에 대한 이야기 좀 해 주세요.

베리타스   한번은 어떤 사람이 날 찾아오더니 내 주장을 반박하려는
지, 아무 말도 하지 않고 내 앞에서 이리저리 걸어 다니더구나.

피노키오   이상한 사람이군요. 왜 말도 없이 걸어다니기만 할까요?

베리타스   자기 나름대로 나를 반박하려는 거지. 아무 말도 없이 그저
걸어 다니기만 하니 나도 조용히 있을 수밖에.

피노키오   그래서 어떻게 되었나요? 그렇게 걸어 다니기만 하다가 그
냥 갔나요? 실컷 걸어 다니다가 마지막에 한마디쯤 하지 않았나요?

베리타스   그랬지. 한참을 걸어 다니더니 나가면서 자신만만하게 한마
디를 던지더구나. "나는 걷는다. 그러므로 나는 존재한다."

피노키오   그 사람은 생각하는 것보다는 그처럼 걷는 것이 더 확실하
다고 생각했나 봐요. 그래서 그냥 보내셨나요?

베리타스   그 사람을 불러서 이렇게 이야기했단다. "나는 걷는다고 생
각한다. 그러므로 나는 존재한다."

피노키오   그 사람 얼굴이 홍당무처럼 되었겠네요. 아마 그 사람은 선
생님의 명제를 반박하기 위해서 걷는 것만으로도 충분하다고 생각
했나 봐요. 그런데 결과적으로 한 방 얻어맞은 셈이네요.

베리타스   그 사람은 네가 앞에서 이야기했듯이, 우리가 먼저 있고 나
서 생각한다고 생각했던 것 같아. 그리고 생각하는 것보다는 우리가
몸을 지니고 있고, 걸어 다닐 수 있는 활동이 더 근본적이라고 본 것
같아.

피노키오   그렇죠. 걸어 다닐 수 있으려면 존재해야 하죠. 존재하지 않
으면서 걸어 다닐 수 없으니까요.

베리타스   그래서 우리 존재가 사고보다 앞서고, 걷는 것이 생각하는

것보다 앞선다고 생각했나 봐. 걷는 것만으로도 나의 명제("나는 생각한다")를 반박할 수 있다고 생각한 것이겠지. (분명히 그 사람은 걷는다는 생각도 없이 걷지는 않았을 테지.) 하지만 내가 존재한다는 것을 가장 확실하게 알리면, 그저 걷는 것이 아니라 걷는다고 생각해야 하지. 나는 걷는다고 생각해야만 나는 존재한다가 가능하지. 어때 어렵지 않니?

나는 사랑한다. 그러므로 나는 존재한다

피노키오 아뇨, 재미있는데요. 다른 예는 없나요?

베리타스 물론 있지. 어떤 사람이 먹는 재미로 산다면, 이렇게 이야기하지 않을까? "나는 먹는다. 그러므로 나는 존재한다."

피노키오 그럴 수도 있겠군요. 그러면 "나는 먹는다고 생각한다. 그러므로 나는 존재한다"라고 응수하면 되겠군요.

베리타스 먹지 않고 사는 사람은 없고, 우리가 존재하기 위해서는 먹어야 하지. 하지만 그것이 가장 확실하다고 이야기할 수는 없어. 게다가 동물들도 먹는 데 관심이 많지 않니. 물론 먹는다는 생각을 하고 먹는지는 모르겠지만, 어쨌든 그들에게도 먹는 것이 중요하지. 또 우리가 그저 먹기 위해서 있는 것도 아니고, 먹는 순간이 가장 확실하게 자기를 확인하는 순간도 아니지 않겠니?

피노키오 그것 말고도 선생님 말씀을 흉내 내거나 논박한다고 잘못 생각하는 유사 명제들이 많이 있을 것 같은데요.

베리타스 어떤 것이 있을까?

피노키오 사랑을 찬미하는 사람들이 "나는 사랑한다. 그러므로 나는 존재한다"라고 할 것 같아요.

베리타스 아름다운 주장이군. "사랑하기 때문에 행복하였노라." 사랑할 때만 존재의 충만함을 느끼는 사람이 주장할 만한 것인데.

피노키오 하지만 사랑이 우리 존재를 가능하게 하는 가장 확실한 바탕은 아니라고 하시겠죠?

베리타스 그래야겠지. 예전부터 사람들은 완전한 신과 달라서 불완전하다고 생각했지. 그래서 인간은 실수하는 자라고 생각했지. "실수는 사람의 몫이다(Errare humanum est)"라는 말이 그것을 가리키지.

피노키오 그러면 "나는 실수한다. 그러므로 나는 존재한다"라고 할 수도 있겠군요.

베리타스 그렇지. 우리가 어떤 것을 탐구할 때 실수가 많고 실수하면서 배우기도 하고, 의외의 발견을 하기도 하지. 우리가 가장 확실한 것을 가지고도 조심하는 것은 진리 찾기에서 실수하지 않으려는 것이기도 하지.

피노키오 그 경우에도 나는 실수한다고 생각해야만 내가 있겠죠?

베리타스 그렇지. 또 약간 묘한 경우도 있단다. 신학자는 당연히 인간이 신의 은총에 의해서만 있다고 보지. 그래서 인간이 자신의 사고로 자기 존재를 확보한다는 내 이야기가 건방지다고 생각한 어떤 신학자가 다음과 같이 주장했지. "나는 신에 의해서 생각된다. 그러므로 나는 존재한다"라고 말이야.

피노키오 이런 비판에 응수하면 위험하지 않나요?

베리타스 그렇긴 하지. 나는 신을 부정하는 오만한 사람은 아니야. 하지만 이런 주장은 내 명제를 잘 이해한 것이라고 하기는 어렵지. 그런 이야기를 하는 신학자나 신부님이 있으면 나는 교회 문을 나서면 우리는 가장 확실한 것이 '나는 생각한다'임을 배웠죠. 이제 이런 확실성을 바탕으로 올바른 방법을 사용해서 어떤 확실한 것들을 얻을 수 있을까요? 가장 확실한 것을 찾기 위해서 지금까지 하나씩 버렸던 것들 가운데 확실한 것이 있을까요? 그 길을 따라가 봅시다. 우리를 안내하는 확실성의 등불이 이제 좀 더 밝은 빛을 비추어 줄 겁니다. 아울러 우리는 아직 '나는 생각한다'에 대해서 잘 모르고 있죠. 이것이 어떤 의미를 갖는지에 대해서도 살펴보아야 할 겁니다.

서 조용히 이야기하고 싶어. "나는 신에 의해서 생각된다고 생각한다. 그러므로 나는 존재한다."

우리가 신에 의해서 생각됨으로써 존재하고, 그래서 우리가 불완전한 존재라고 해도, 그런 우리의 존재를 자각하는 것은 우리 사고의 몫이지.

피노키오 선생님께서 그런 말씀을 하셔도 신을 부정하거나 불신한다고 오해할 사람은 없을 거예요.

베리타스 사람들은 말꼬투리 잡는 걸 좋아하니까 오해할 소지가 있지. 그건 그렇고 너무 오래 이야기를 한 것 같구나. 벌써 밤이 되었으니 이제 쉬었다가 내일 계속할까? 중요한 이야기일수록 급하게 서두르지 않는 것이 좋지 않겠니?

피노키오 선생님께서 너무 피곤하실 것 같아요. 오래 말씀하시게 해서 죄송합니다.

베리타스 아니 그렇지는 않아. 진리 찾기는 항상 흥미로워서 별로 힘든 줄 모르지. 그보다도 네가 먼 길을 오느라고 힘들었을 테니 오늘은 그만 쉬자꾸나.

피노키오 잘 배웠습니다. 내일 또 뵙겠습니다.

둘째 시간 | # 신의 존재를
증명해 드립니다

우리가 배운 것이 바로 근대 철학을 대표하는 명제였죠. 이후의 모든 철학은 "나는 생각한다. 그러므로 나는 있다"로부터 시작되고, 이 명제를 다양하게 해석하고 논박하는 과정이라고 할 수 있습니다. 그렇기에 베리타스 선생님이 없는 근대 이후의 철학은 가능하지 않습니다.

여왕님, 선생님께 새벽 강의를 맡기지 마시옵소서!

피노키오는 베리타스 선생님을 처음 뵙는 데다가 친절한 가르침까지 받아서 기분이 좋았습니다. 피노키오는 지금까지 자기가 확실하다고 믿어 왔던 것들을 의심해 보고, "나는 생각한다. 그러므로 나는 있다"라는 가장 확실한 명제를 배우게 되어서 다른 세계에 온 기분이었습니다. 여러분은 어땠나요? 혹시 머리가 아프거나 혼란스럽지는 않았나요?

아직도 베리타스 선생님의 '의심의 길'이 끝난 것은 아닙니다. 가장 확실한 명제로 낡은 사고의 세계를 번쩍 들어 올리고, 그 명제를 안내자로 삼아서 그 길에서 참된 것들만을 찾아 나가는 중이시죠.

베리타스 선생님은 아침에 눈을 뜨면 바로 자리에서 일어나지 않

고 침대에서 이 생각, 저 생각 하면서 한동안 깊은 사색에 몰두하시죠. 그래서 피노키오와 만나는 시간을 좀 늦게 잡아 놓으셨어요.

베리타스 선생님은 말년에 학문을 사랑하는 스웨덴의 크리스티나 여왕님의 간곡한 초청을 받았습니다. 여왕님은 선생님께서 친구 샤뉴에게 보낸 신의 사랑에 관한 글을 읽고 감동을 받아 '최고선'에 관해서 질문을 하기도 했죠. 그러다가 여왕은 직접 베리타스 선생님의 가르침을 받고 싶어서 선생님의 거절에도 불구하고 군함까지 보내서 선생님을 모셔 오게 하죠.

그래서 선생님은 당시에 조용한 연구를 위해서 머물던 네덜란드를 떠나서 스웨덴으로 가게 됩니다. 선생님께서 조국 프랑스가 아닌 네덜란드에 있었던 것은 당시 과격한 사람들이 선생님을 무신론자로 몰아붙이고 대학 강의를 금지시켰기 때문입니다.

크리스티나 여왕은 선생님의 강의에 욕심을 내어서 새벽 5시에 선생님을 왕궁으로 모시게 했죠. 새벽은 하루 중 가장 조용하고 자유로운 시간이며 직관력도 원활한 상태고, 국무의 번거로움에서 벗어나 두뇌가 가장 해방된 시간을 선택한 거죠.

그러나 선생님은 어렸을 때부터 몸이 약했고 늦게까지 아침잠을 자는 습관에, 침대에서 오랫동안 사색하기를 즐기셨기에 이런 새벽 강의를 아주 힘들어 했습니다. 선생님은 결코 새벽 강의에 적합한 분이 아니셨죠. 결국 이 추운 나라에서 힘든 일과를 보내던 선생님은 감기가 심해져 폐렴으로 돌아가셨죠. 1650년 2월 11일에 53세의 아까운 나이로 말입니다.

'나는 생각한다'를 추론으로 얻을 수 있는가?

베리타스 선생님을 기다리면서 다음 명제에 대해서 우리 나름대로 좀 더 살펴봅시다. 언뜻 보면 "나는 생각한다. 그러므로 나는 존재한다"라는 근본 명제는 추론(삼단논법)으로 보일 수 있습니다.

> (모든) 생각하는 것은 존재한다 → 대전제
>
> 나는 생각한다 → 소전제
>
> 그러므로 나는 존재한다 → 결론

하지만 이 명제는 이런 추론에서 나온 결과가 아닙니다. 이런 추론이 설립하려면, 먼저 대전제인 '(모든) 생각하는 것은 존재한다'가 타당하고 확실한가를 밝혀야 하죠. 추론을 이끄는 대전제가 확실하지 않다면 추론은 확실한 결론을 얻을 수 없죠. 대전제가 '나는 생각한다. 그러므로 나는 존재한다'라는 명제보다 더 일차적이고 근본적이어야 합니다. 그런데 대전제가 확실함을 어떻게 알 수 있을까요?

그래서 좀 더 확실한 길은 대전제에서 시작하는 것이 아니라, 우리가 아는 가장 확실한 것에 비추어서 대전제가 어느 정도 확실한지를 살피는 것이 바람직하죠. 우리가 아는 가장 확실한 것은 '생각하는 나는 존재한다'죠. 하지만 '생각하는 (모든) 것은 존재한다'라는 명제는 불확실하죠.

그래서 오히려 대전제가 근본명제를 바탕으로 삼고, 여기에서 나와야 하죠. 이런 까닭에 "나는 생각한다"라는 근본명제는 추론에서 얻을 수 있는 것이 아니죠. 아주 간단하게 표현하면, 이 명제는 증명하거나 추론할 필요가 없는 자명한(self-evident) 것이죠. 또는 직관으로 곧바로 아주 분명하게 알 수 있는 것이죠. 앞에서 우리가 방법을 이야기하면서 연역보다 직관이 더 단순하고 근본적이라고 하지 않았나요?

"나는 생각한다. 그러므로 나는 존재한다." 이 명제에서 '그러므로'를 어떻게 보아야 할까요? 내가 생각하기 때문에 내가 있다고 볼 수 있을까요? 곧 '내가 생각한다'는 사실로부터 '나의 존재'가 뒤따라 나올까요? 어떤 원인이 있어서 어떤 결과가 생기는 것처럼 '생각하는 나'가 원인이 되어서 '존재하는 나'가 결과로 주어질까요?

이렇게 보면 나의 사고와 나의 존재는 나뉠 수 있는 것이 되죠. 나는 생각도 하고, 또 존재하기도 하는 것처럼 말이죠. 그런데 우리의 근본명제는 이렇게 나를 나누고, 그 하나를 원인으로 보는 것이 아니죠. 그런 까닭에 '그러므로'를 이렇게 보면 이 명제를 오해하게 되죠.

이 명제에서 '나는 생각한다'가 바로 '나는 존재한다'를 뜻하죠. 다르게 표현하면, 내가 생각할 때 (내가 대상을 생각할 뿐만 아니라) 생각하는 나가 내 앞에 나타나죠. 나의 사고작용 안에는 생각하는 나가 이미 드러나 있습니다. 나는 나를 생각하고, 나를 생각하는 나로 알고 있는 거죠. 그래서 이 명제를 '그러므로' 없이 "나는 생각한다. 나는 존재한다(Cogito sum; I think, I am.)"로 이해하는 것이 좋습니다.

나는 노동한다고 생각한다

"나는 생각한다"를 라틴어로는 코기토(cogito)라고 하죠. 이것은 '생각하다'의 일인칭 형태, 즉 'I think'입니다. 그래서 나는 '생각하는 나'입니다. (이 당시의 학문 언어는 라틴어였습니다. 이런 분위기에서 베리타스 선생님이 《방법 이야기》를 프랑스어로 쓰신 것은 특이하죠.)

그런데 오해하기 쉽지만, 이때 '나는 생각한다'가 나 혼자 고립된 것, 홀로 생각하는 자를 말하는 것은 아니죠. 그리고 내가 다만 그저 생각한다는 것도 아닙니다. 그래서 내가 생각하는 것이 아니라 '우리가 생각한다'라고 하거나 '나는 나를 생각하지만 타인에 대해서 생각할 수 없다' 또는 '타인이 나처럼 생각하는지 알 수 없다'라거나 '나는 생각하기보다는 행동한다'라고 한다고 해서 이 근본명제가 부정되거나 훼손되지는 않습니다.

우리는 '나는 생각한다'에서 '나'의 자리에 여러 가지를 넣을 수 있습니다. 나 대신에 다른 사람을 넣을 수 있고, 집단이나 계급, 민족, 인류 등을 넣을 수도 있죠. 이때의 나는 단지 자기 벽에 갇혀 있는 고립된 나, 타인과 무관하게 외톨이로 있는 나만 가리키는 것이 아니라, 인간이면 누구나 이 자리에 들어갈 수 있습니다.

또한 '생각한다' 자리에 걷는다, 먹는다, 실수한다, 노동한다, 소비한다, 사랑한다 등이 들어갈 수 있습니다. 그 경우에 그런 다양한 내용 밑바닥에는 항상 '나는 ○○한다고 생각한다'가 있습니다.

요즘처럼 소비 풍조가 만연한 경우에는 '소비의 미덕'을 칭찬하느라고 이런 말을 쓰죠. "나는 소비한다. 그러므로 나는 존재한다." 하지만 이처럼 소비를 통해서만 자기를 확인하고, 쇼핑하는 순간에 가슴 뿌듯하고 살맛 나는 사람의 경우에 소비하느라고 바빠서 생각할 여유가 없겠지만, 그들의 소비 행위 밑에는 '나는 소비한다고 생각한다. 그러므로 나는 존재한다'라는 명제가 숨어 있습니다.

그리고 사람을 노동하고 도구를 만드는 존재로 보기도 하죠. 이때 "나(또는 우리)는 노동한다. 그러므로 나(또는 우리)는 존재한다"라고 할 겁니다. 이것은 '생각하는' 것보다는 현실적으로 '노동하는' 것이 더 확실하다고 생각하는 거죠. 하지만 더 정확하게 표현하려면, "나는 노동한다고 생각한다. 그러므로 나는 존재한다"라고 해야겠죠.

거짓말의 경우도 볼까요? 재미있게도 거짓말을 하는 사람은 누구나 자신이 거짓말을 하고 있음을 알고 있죠. 타고난 거짓말쟁이도 자신도 모르게 거짓말을 하지는 않죠. 따라서 이 경우에 '나는 거짓말한다고 생각한다'라는 명제가 거짓말하는 나에게 항상 따라다닙니다. 이처럼 우리가 밥 먹을 때, 놀 때, 속을 때에 잠깐 "나는 생각한다"를 까먹을 수는 있지만 그 경우에도 "나는 생각한다"라는 명제가 항상 들어 있습니다.

이제 코기토 명제의 속뜻을 살펴보기로 하죠. "나는 생각한다"라고 할 때 나는 무엇을 생각할까요? 이렇게 생각하는 나는 누가 생각할까요? 누군가가 나를 생각해야 하지 않을까요? 그러면 이렇게 나를 생각하는 사람은 다른 사람이나 신일까요?

생각하는 나를 누가 생각하는가?

보통 내가 생각할 때, 나는 내 바깥에 있는 물체를 생각하죠. 꽃, 나비, 산, 건물, 나무, 책상, 작동하는 기계, X선에 나타난 심장의 상태, 컴퓨터 화면에 떠 있는 글자나 그림 들. 이처럼 내 생각은 홀로 떠도는 것이 아니라 어떤 대상을 향하고 있고, 이때 대상은 '나에게 마주 서 있는 것(Gegenstand)'이죠.

그러면 나의 사고는 그런 대상과 짝을 이루는 사고, 곧 대상에 대한 의식에 그칠까요? 여기에서 '자기의식'이 문제가 됩니다.

예를 들어 봅시다. 내가 동물원에서 호랑이를 보고 있는 경우에 나는 호랑이라는 대상을 의식작용의 짝으로 삼고 있죠. 그런데 호랑이를 보고 있는 내가 지금 무엇을 보고 있는지를 몰라도 될까요? 내가 어떤 대상을 볼 때, 나에게는 그 대상에 대한 의식, 곧 '대상의식(對象意識)'만 있을까요? 넋을 놓고 아름다운 꽃을 볼 때가 있죠. 이 경우에 나는 꽃의 아름다움에 정신이 팔려서 내가 무엇을 하고 있는지를 모르고 있죠. 내가 음악의 선율에 빠져들거나 영화 장면에 빨려 들어가 그 속에 자기가 있다고 느낄 때가 있죠. 이때의 나는 바로 나를 망각한 상태, 즉 몰아(沒我) 또는 무아지경(無我地境)에 있죠.

이렇게 꽃을 하염없이 쳐다보거나 음악에 넋이 나가 있을 때, 옆에서 누가 툭 칩니다. "너 뭐하니?" 나는 깜짝 놀라죠. 그때서야 비로소 내가 꽃을 보고 있거나 음악을 듣고 있다는 사실을 되새기죠. 이 경우에 나에게서 두 측면이 드러나죠. '넋을 놓고 꽃을 보고 있는 나'와 함께 꽃을 보는 나를 보고 있는 나, 즉 '나를 보는 나'가 있죠.

이처럼 내가 어떤 대상을 볼 때 나에게는 두 작용이 한꺼번에 이루어지죠. 한편으로는 대상을 보고 있고, 다른 한편으로는 대상을 보고 있는 나를 보고 있죠. 하나는 '대상에 대한 의식'이고, 다른 하나는 그런 의식작용에 대한 '자기의식'이죠. 물론 두 번째 작용을 의식하지 못하는 경우가 많죠. 하지만 이 작용이 없다면 우리는 대상에 넋을 빼앗길 뿐 자기가 무엇을 하는지 알 수 없을 겁니다.

> 자주 경험하는 예로 '일기 쓰는 나'를 생각할 수 있죠. 내가 일기를
> 쓸 때, 누가 쓰고 있고, 누가 그 대상인가요? 이때 바로 자기가 자
> 기를 대상으로 삼아서 자기가 한 일이나 느낌 등을 쓰고 있죠. 이
> 경우에 '쓰는 나'와 '대상이 되는 나'가 모두 나라는 점에서 같지
> 만, '쓰는 나'와 '쓰이는 나'는 구별되죠. "나는 오늘 나에게 더없
> 이 실망하지 않을 수 없었다." "나는 하늘을 날 듯이 기뻤다." 이처
> 럼 실망하는 나에 대해서 쓰고 있는 나, 기쁨에 들뜬 나를 기록하
> 는 나는 바로 자기를 대상으로 삼아서 실망하고 기뻐하죠. 나의 자
> 기의식은 바로 나를 대상으로 삼고 있습니다.

내가 꽃을 볼 때나 음악을 들을 때나 항상 꽃을 보는 나, 음악을
듣는 나를 의식하는 '나'가 있죠. 이 '나'는 다양한 경우에 항상 같은
나죠. 이처럼 자기의식을 바탕으로 해야만 비로소 대상의식이 가능
하죠. 의식은 자기의식을 앞세워야 합니다.

자기의식이 잠깐 외출한 경우를 볼까요? 컴퓨터 게임을 한번 시작
하면 밤낮을 가리지 않고 며칠 동안 아무것도 먹지 않고 게임만 하
는 못 말리는 친구들이 있죠. 게임에 살고 게임에 죽는 이런 친구들
은 게임 안에 쏙 들어가 버렸기에 자기가 무엇을 하고 있는지 돌아
보지 않죠. 이때는 게임에 빠진 '나의 의식'과 게임을 하는 나를 의
식하는 '자기의식'이 따로 놀고 있는 거죠.

게임은 자기의식을 우습게 아는 면이 있습니다. 왜 이런 일이 생
기는지 아시죠. 게임은 즉각적인 반응을 요구하기 때문에 잠시라도
한눈을 팔면 엉망이 되기 일쑤죠. "야, 정신 차려"라고 할 때는 이미

늦은 경우가 많죠. 한참 게임하다가 '지금 내가 뭘 하고 있지?' 하고 여유를 부리면 게임은 생각지도 못한 결과를 낳죠. 게임은 '게임이냐, 자기의식이냐'를 재촉하면서 한 가지만 선택하도록 몰아붙이죠. 이 둘을 한꺼번에 얻기는 어렵죠.

이처럼 자기의식이 한동안 외출한 경우에는 대상을 멀거니 바라보거나, 배부른지도 모른 채 계속 먹고 있을 뿐, 일기를 쓰거나 자기를 되돌아볼 수 없고, 자기와 조용히 이야기를 나눌 수도 없죠. 그렇기에 꽃만 볼 것이 아니라 꽃을 보고 있는 나를 보는 것도 필요합니다. 나의 의식은 사실 나의 자기의식을 바탕에 깔고 있습니다.

베리타스 선생님께서 "나는 생각한다. 그러므로 나는 존재한다"라고 할 때, 이때의 나는 나를 생각하는 사고작용이죠. 나는 나의 사고작용 자체를 사고할 수 있습니다.

> 그런데 '나는 생각한다'를 앞세운다면 이데아도 그 자체로 존재하는 것이 아니죠. 이데아가 감각을 뛰어넘어서 영원불변하는 것으로 있다고 합시다. 그러면 그것이 있는 것을 '아는' 주체는 누구일까요? 이데아가 우리에게 독립된 것으로 존재한다고 하더라도, 우리가 그것을 알 수 없다면 그것은 없는 것이나 다름없죠. 이데아가 객관적으로 존재하더라도, 이데아라는 대상을 포착해서 자기에게 가져오는 '생각하는 나'가 중요합니다. 이데아는 '생각되는 대상'입니다.
>
> 이런 틀에서 존재 중심의 사고는 인식 중심의 사고로 강조점이 바뀌죠. 그래서 근대 철학은 인식을 강조하고, 인식하는 인간을 존재 앞에 둡니다.

책상이 아니라 '책상 관념'을 지각한다

베리타스 선생님은 '관념'이라는 말을 쓰실 때가 많은데 이것이 무슨 뜻인지 미리 공부해 볼까요?

관념을 앞세우는 것은 근대적 인식론의 기본 틀이죠. 즉 우리가 대상을 볼 때 대상 자체를 보는 것이 아니라 그 대상의 관념을 본다고 생각하죠. 약간 이상하게 들리나요? 관념을 순전히 주관적인 것으로 보면 그런 생각이 들 겁니다. 내가 지금 책상을 보고 있지, 무슨 책상의 관념을 본다는 거냐고 말이에요. 펄쩍 뛸 것이 아니라 잠시만 생각해 보세요. 우리가 영화 화면으로 보는 탱크가 진짜 탱크인가요? 탱크의 관념이죠. 여러분은 화면에서 탱크가 자기한테 달려들어도 피하지 않고 가만히 있죠. 나에게 보이는 탱크는 실제 탱크가 아니니까요.

우리는 보통 달이나 태양에 대한 이야기를 한 적이 있죠. 그때 우리는 달이나 태양이 아니라 달-관념, 태양-관념을 보고 있고, 우리 정신에는 달이나 태양이 아니라 그것들의 관념이 들어옵니다.

여러분이 별, 꽃, 호랑이, 친구, 연인을 볼 때 그런 대상들이 그대로 여러분의 눈이나 정신에 들어오면 어떻게 될까요? 그 큰 별이 내가 별을 볼 때마다 내 눈에 들어온다면 하늘의 별이 사라지는 것도 문제지만 내 눈이 어디 당해 내겠습니까? 내가 별을 볼 때, 별의 이미지, 별의 상(像)만 내 눈에 들어오죠. 내가 꽃을 볼 때마다 꽃이 내 눈에 들어온다면 꽃이 남아나지 않을 것이고, 내 눈은 그렇게 많은 꽃을 담을 공간을 마련해야 할 것이고, 내 눈은 향기를 가득 머금고 있겠죠. 하지만 다행스럽게도 내가 꽃을 볼 때 꽃의 이미지를 보고,

부드러움-관념을 만지고, 향기-관념을 냄새 맡죠.

> 관념이라는 용어 대신에 '표상(表象)'이라고 할 수도 있습니다. 우
> 리가 꽃을 볼 때 꽃 자체가 아니라 그 상, 곧 표상만 들어오죠. 이런
> 표상은 내가 꽃을 볼 때 그 꽃의 감각 자극이 내 마음에 그린 그림
> 이라고 할 수 있죠. 이 그림은 현존하는 꽃이 내 마음에 다시 나타
> 나는 것, 곧 재현된(represent) 것이라고 할 수 있죠. 내 마음은 꽃의
> 이미지를 다시 나타냅니다. 그래서 나는 꽃의 표상을 보고 있죠.
> (나의 표상이 바깥에 투사되어서 꽃을 보는 것처럼 보이죠.) 그리고 이렇
> 게 재현된 꽃의 이미지가 원래의 꽃과 똑같은지는 알 수 없습니다.

우리가 사물을 볼 때 사물의 원래 모습이 아니라 그 관념(표상)이
주어질 수밖에 없죠. 이 점은 우리가 사물을 보는 조건 때문이죠.
(이에 관한 자세한 이야기는 나중에 칸트 할아버지에게서 듣기로 합시다.)
따라서 우리가 보거나 알 수 있는 것은 대상의 관념입니다. 앞에서
책상을 보는 것이 아니라 책상-관념을 본다는 이야기에 펄쩍 뛴 사
람에게 물어보죠. 당신이 보고 만지는 책상은 책상-관념이 아닙니
까? 당신에게 감각되는 내용이나 당신이 아는 책상의 내용은 책상-
관념이 아닌가요?
이처럼 내가 지각하고 내 정신에 나타나는 것은 사물의 관념들입
니다. 이런 사정을 안다면, 책상-관념이나 꽃-관념이 그저 상상으
로 만든 허상이라고 보지는 않겠죠. 관념은 대상과 무관하게 머릿속
에서 주관적으로 꾸며 낸 것이 아닙니다. 우리 눈에 보이는 꽃, 책
상, 탱크, 호랑이, 별 등이 바로 그런 관념(표상)입니다.

그런데 흔히 오해하기를 내 바깥에 어떤 사물이 있고, 이 사물로부터 관념이 나오고, 그 관념은 사물과 유사하다고 믿습니다. 이것은 순진한 착각이죠.

우리가 아는 것은 관념이므로, 그것이 사물과 같은지 다른지 알 수 없습니다. 베리타스 선생님은 '관념과 사물이 일치한다'는 믿음을 버리라고 하셨죠. 그래서 진리의 기준으로 확실성을 내세운 겁니다. 사물의 관념을 이리저리 살펴서 그 가운데 분명하고 뚜렷한 것만 받아들이자고 한 거죠.

이 이야기가 어렵게 느껴지는 사람은 우리가 보는 책상과 책상 자체가 다르다는 점을 인정하면 되죠. 존재하는 책상과 인식된 책상은 분명히 다르죠. 그래서 책상과 책상-관념은 다릅니다. 아직도 어렵다면, 남에게 보이는 나와 나 자체가 다를 수밖에 없다는 점을 생각해도 되죠. 베리타스 선생님은 이처럼 존재 중심의 사고를 인식 중심의 사고로 바꿔 놓았습니다.

그러면 예습은 이만하고, 계속해서 피노키오가 베리타스 선생님과 나누는 두 번째 이야기를 들어 볼까요?

꽃의 관념을 보고 있는 피노키오

베리타스 어제 이야기를 정리해 볼까? 내가 눈을 감고, 귀를 막아서 모든 감각을 멀리하고 물질적 형태도 모른다고 해 보자. 아니면 내가 아는 것이 모두 거짓이라고 해 보자. 그래서 오직 나 자신과만 대화하고 내 안을 좀 더 깊이 들여다보면 나는 '사고하는 것'임을 분명하게 알 수 있지.

우리는 이 확실한 것에서 출발한 다음 올바른 방법에 따라 우리의 능력을 바르게 사용하기만 하면 진리를 찾을 수 있을 거다. 우리는 오성(悟性)에 의해서 명석하고 판명한 것만 받아들여야지. 그러면 이제 우리의 관념을 검토해서 분명하고 뚜렷한 관념만 찾아보기로 할까? 그런데 너는 왜 내가 '관념(idea)'을 검토하려는지 이유를 알고 있니?

피노키오　잘 모르겠어요.

베리타스　밀랍의 예를 통해서도 보았지만 우리가 땅, 하늘, 별 등을 비롯해 감각을 통해서 알고 있는 모든 것은 우리 정신에 나타난 사물의 관념들, 사물에 대한 사고들이지. 우리 정신 안에 관념들이 있다는 것을 부정할 수는 없지?

피노키오　그렇죠. 아직은 그 관념들이 참된 것인지는 모르니까요.

베리타스　그래. 네 말처럼 우리 안에 있는 관념들 가운데 명석하고 판명한 것이 어떤 것인지는 아직 모르지. 하지만 우리에게는 이상한 습관이 있지.

피노키오　혹시 관념이 사물과 같다고 생각하는 것을 말씀하시나요?

베리타스　그래, 바로 그거야. 우리는 보통 내 바깥에 어떤 사물이 있고, 그 사물에서 어떤 관념이 나오고, 그 관념이 사물과 구별할 수 없을 정도로 유사하다는 확실하지 않은 믿음을 갖고 있어. 그러니까 파란 물체는 내가 감각하는 것과 같은 파란 성질을 갖고 있다고 믿지. 그리고 이 파란 성질이 그 물체에서 나온다고 믿지.

피노키오　그러니까 제가 꽃을 볼 때 꽃은 내 바깥에 있고, 나에게 보이는 꽃이 정신 안에 있는 꽃의 관념을 만들고, 그 꽃의 관념과 실재 꽃이 똑같다고 생각하는 것을 말씀하시는 거죠?

베리타스 아주 잘 이해하고 있구나. 이를테면 저 창밖 거리에 사람이 지나간다고 할 때, 내가 지금 보고 있는 것이 단지 모자와 옷이고, 그 속에는 어쩌면 자동기계가 숨겨져 있을 수도 있지. 그렇지만 나는 그것을 사람이라고 판단하지. 이 경우에 나는 눈으로만 보고 있음에도 내 정신에 있는 판단 능력으로 파악한다고 잘못 생각하지.

피노키오 그 이야기를 하시니까 제가 인형이었던 때가 생각나요. 저는 나무인형이지만 사람처럼 움직일 수 있었죠. 잘 만든 자동기계가 사람처럼 움직일 수 있다면 그것을 사람으로 판단할 수도 있죠.

분명하고 확실한 관념들

베리타스 이제 관념들을 살펴볼까? 관념들은 원래부터 우리가 가지고 있는 고유한 관념, 즉 본유관념(本有觀念)과 우리 바깥에서 온 외래관념(外來觀念)으로 나눌 수 있어. 그 밖에도 우리가 만들어 낸 허구적 관념도 있지.

피노키오 또 어려워지는데요.

베리타스 어려울 것도 없지. 본유관념은 내 정신의 본성에 따라서 원래부터 내가 가지고 있는 관념이야. 이를테면 자아관념, 유클리드 공간에서 삼각형 내각의 합은 180도라는 관념, 신의 관념 등이 그런 것들이지.

그런데 감각을 통해서 얻는 관념은 어떨까? 내가 어떤 소리를 듣거나 꽃을 보거나 뜨거움을 느끼는 경우에 그런 것들은 내 바깥에 있는 사물에서 온 관념들이지. 게다가 인어나 상상의 괴물, 둥근 사각형처럼 우리 마음대로 고안해서 만든 관념들도 있지.

피노키오   그렇군요. 그러면 이 가운데 어떤 것이 확실한가요?

베리타스   생각해 보자. 먼저 허구적 관념부터 보자. 우리가 만들어 낸 인어나 일각수(一角獸), 하늘을 나는 말 같은 관념들은 허구적인 것이니까 확실한 것이 아님은 분명하지?

피노키오   예. 감각을 통해서 바깥에서 온 관념은 항상 틀린 것은 아니지만 그렇다고 항상 확실한 것도 아니죠.

베리타스   그렇지. 바깥에서 온 관념들은 믿을 수 없지. 보통은 어떤 것을 만져서 뜨거운 경우에, 뜨거움의 관념이 바깥에 있는 불 같은 것에서 온다고 믿지 않니? 이 경우에 이 관념이 사물에서 나오는 것인지도 의심스럽지. 또한 설령 사물에서 나온다고 하더라도 그 뜨거움의 관념이 뜨겁게 하는 사물과 유사하다고 할 수는 없지. 그리고 뜨거움-관념은 뜨겁지 않지.

피노키오   바깥에서 온 관념, 물체의 관념을 '완전히 믿어서는' 안 되는군요.

베리타스   일단은 그렇게 생각해 두자.

피노키오   그러면 원래부터 내가 지니고 있는 관념은 믿을 수 있나요?

베리타스   그렇지. 자아, 삼각형, 신의 관념 등은 자명한 것이지. 이런 관념은 그 자체로 명백하고, 다른 어떤 것과 혼동될 염려도 없어서 분명하고 뚜렷하고 참된 것이라고 할 수 있지. 그러면 이제 그런 관념 가운데 가장 확실한 관념을 하나 볼까?

피노키오   어떤 것이죠?

완전한 신은 존재한다

베리타스 바로 신의 관념이지. 이 관념은 가장 분명하고 뚜렷한 관념이지.

피노키오 좀 더 설명해 주세요.

베리타스 그러면 이 기회에 '신이 존재한다'는 점을 증명하는 게 좋겠구나.

피노키오 예, 저도 그게 항상 궁금했어요.

베리타스 별로 복잡하지 않으니까 들어 봐라. 먼저 신의 관념을 보자. 너는 신의 관념이 완전성의 관념이라고 생각하지 않니? 그러니까 신은 완전하고 무한하고 독립적이며 전지전능하고 우리를 창조한 존재라고 말이야.

피노키오 정확한 뜻은 잘 모르겠지만 완전하지 않으면 신이라고 할 필요가 없겠죠.

베리타스 신은 불완전한 존재가 아니라 완전하고, 어떤 한계에 갇혀 있는 유한한 존재가 아니라 무한한 존재지. 또 그 자체로 존재하고, 다른 어떤 것에 영향을 받거나 의존하는 것이 아니므로 독자적 존재며, 신이 알 수 없거나 할 수 없는 일이 없으니까 전지전능한 존재지. 이런 완전한 능력으로 우리를 창조하는 것은 어려운 일이 아닐 거야.

피노키오 그렇죠.

베리타스 그러면 증명을 시작해 볼까? 이 증명은 아주 간단하고 분명해서 금방 끝나지. 신의 관념은 완전성의 관념이지? 그런데 완전한 것이 없을 수 있을까? 어떤 것이 있지도 않은데 완전할 수 있을까?

피노키오 그럴 수는 없죠. 있지도 않은데 어떻게 완전할 수 있나요? 없으면 아무것도 아니죠. 그런 것은 완전하지도 불완전하지도 않죠.

베리타스 그렇지. 예를 들어 신은 전능해서 모든 것을 원하는 대로 할 수 있다고 해 놓고, "미안하지만 신은 없다"라고 하면 안 되지. 없으면 당연히 전능할 수 없지. 그렇다면 완전한 존재는 반드시 있어야 하지. 곧 완전성의 관념은 그 관념 안에 이미 존재를 지니고 있어야 하지. 따라서 신은 완전하기 때문에 존재할 수밖에 없단다. 그래서 완전한 신은 존재한다고 해야지. 어떠냐?

피노키오 그렇군요. 신이 완전하다면 완전하기 때문에 반드시 있어야 하는군요.

베리타스 물론이지. 이것은 너무 분명하고 가장 확실하고 참된 것이지. 그런데 이런 증명을 처음 들으면 말장난처럼 들릴 수도 있어. 혹시 이상하다고 여길지도 모르니까 문제가 될 만한 것을 짚어 볼까? 이런 생각을 해 보자. 내가 삼각형이나 책상의 관념을 갖는다고 하자. 그러면 내가 그 관념을 갖는다고 해서 삼각형이나 책상이 실제로 현존한다고 할 수는 없지. 마찬가지로 신의 경우에도 신의 본질(완전성)과 신의 현존이 나누어지고 신이 현존하지 않을 수 있다고 생각해야 할까?

피노키오 삼각형의 경우와 신의 경우가 다르다는 말씀이시죠?

베리타스 그렇지. 너는 삼각형 세 각의 합이 180도인 것이 삼각형의 본질과 떨어질 수 있다고 보니?

피노키오 삼각형이라면 그럴 수야 없죠.

베리타스 그러면 골짜기의 관념이 산의 관념과 분리될 수 있을까?

피노키오 그럴 수 없죠. 골짜기 없는 산은 없으니까요.

베리타스 마찬가지로 현존하지 않는 신을 생각할 수 있을까? 즉 신은 완전한데 현존하지 않으면서도 완전하다고 할 수 있을까?

피노키오 그것은 골짜기 없는 산처럼 말이 안 되죠.

베리타스 그렇지. 그래서 완전한 존재자인 신은 현존하지. 곧 신의 현존과 그 본질은 나누어질 수 없는 거야.

피노키오 선생님, 산의 경우에 골짜기와 산을 함께 생각한다고 해서 산이 실제로 현존한다고 할 수는 없잖아요? 내가 생각한다고 산이 현존하지는 않으니까요.

베리타스 좋은 지적이다. 내가 골짜기 없는 산을 생각할 수 없다고 한 것은 '산+골짜기'가 실제로 현존한다는 것은 아니지. 바로 그 둘을 서로 뗄 수 없다는 거지. 마찬가지로 신의 현존과 본질도 뗄 수가 없지. 그래서 신의 본질과 현존이 결합되어 있다면, 그것은 바로 신이 현존한다는 것이지. 한마디로 신은 존재한단다.

> 여러분은 당시에 갈릴레이의 종교재판이 있었고, 베리타스 선생님이 무신론을 퍼뜨린다는 혐의 때문에 네덜란드로 도피하는 험악한 상황을 염두에 두고 신의 존재 증명을 이해할 필요가 있습니다. 지금은 기독교의 신을 믿는 것이 개인의 종교적 자유지만, 당시에 신을 믿지 않는다는 것은 자기 목을 내놓는 일과 맞먹는 용기를 필요로 하는 일이었죠.
>
> 베리타스 선생님이 진실한 기독교 신자였는지는 정확하게 알 수 없지만 진리 탐구를 위해서 그런 현실적인 분위기에 휩쓸리고 싶어 하지 않았다는 점을 염두에 둘 필요가 있습니다. "아니, 진리를 위해서 목숨도 아까워하지 않아야 하지 않습니까?"라고 베리타스 선생님을 비난할 분이라면, 그 자신도 그럴 용기가 있는지 먼저 살

피고 선생님을 비난하기 바랍니다. 저는 기독교 신자인 베리타스 선생님이 아니라 진리를 추구하는 용기를 지니고 기존의 사고방식을 완전히 전복한 선생님의 용기에 주목하고 싶습니다.

　그리고 선생님께서 말씀하시는 '신'은 종교적인 신, 하느님이라기보다는 완전한 존재를 말합니다. 그래서 '신이 있다'는 이야기가 완전한 존재, 완전한 앎이 가능하다는 점을 보여 주기 위한 것이라고 봅니다. 만약 이런 완전한 존재가 없다면 우리는 완전한 진리를 찾을 수 없을 겁니다. 그래서 신은 진리의 보루가 아닐까요? 신의 증명에 관한 문제는 종교 안의 문제에 그치지 않습니다.

베리타스　이처럼 최고의 완전한 존재자인 신이 실제로 현존한다는 것은 가장 분명하지. 이것은 최고의 확실성이고, 이 확실성이 없다면 다른 어떠한 확실성도 있을 수 없지.

피노키오　신의 존재가 가장 확실하다면, 이제 우리는 '생각하는 나'와 '완전한 신'을 확보했군요. 그러면 다른 확실한 것들은 어떻게 얻을 수 있을까요?

베리타스　그래, 내가 신의 존재를 증명한 것도 바로 그 때문이지. 모든 것이 신에 의존하므로 신의 확실성을 바탕으로 다른 확실성을 마련하는 길을 열 수 있지. 그리고 신은 우리를 속이지 않지.

피노키오　속이는 것은 불완전함을 표시하는 것 같아요.

베리타스　그렇지. 그래서 내 안에는 신이 부여한 판단 능력이 있고, 신은 나를 속이지

이 세계에는 '생각하는 나'만 있는 것이 아닙니다. 이제 생각하는 나의 짝이 되는 물질, 곧 생각하지 않는 존재를 살펴보고, 이것이 생각하는 나의 정신과 어떤 관계를 갖는지를 검토해 봅시다. 베리타스 선생님은 이 세계를 정신과 물질로 설명하고자 합니다.

않으니까, 이 능력을 바르게 사용한다면 결코 잘못을 저지르지 않을 것이 확실하지. 그리고 신이 속이지 않는다면, 우리는 우리가 잘못 생각할 때 그것을 고치려는 능력도 있다고 할 수 있지. 우리가 분명하고 뚜렷하게 지각하는 것이 필연적으로 참이라는 규칙을 따르면, 우리가 가는 길에서 부딪치는 장해들을 극복할 수 있을 거다.

정신은 육체의 도움 없이 스스로 생각한다

피노키오 선생님, 그러면 우리 주변에서 확실한 것은 어떤 것이 있을까요?

베리타스 신이 우리를 속이지 않는 것이 확실하기 때문에 우리 자신과 우리를 둘러싼 세계에 대해서 조심스럽게 살피면서 확실한 것을 찾아보도록 하자. 우리와 세계에는 많은 것이 있지. 이 가운데 많은 것이 불확실하지. 그래서 확실한 것과 그렇지 않은 것을 잘 구별하기 위해서 '실체(實體, substantia)'라는 말을 사용해 볼까?

피노키오 실체가 뭐죠?

베리타스 간단하게 말하면, 그 스스로 존재하는 것이지. 그것이 존재할 때 존재하는 원인이 자기 바깥에 있지 않고, 자기 안에 있다는 거지. 그러니까 실체는 '자기원인(自己原因, causa sui)'을 말하는 거지. 그것이 존재하기 위해서 다른 것에 의존하지 않고 자기 스스로 원인이 될 수 있는 경우지. 그래서 순전히 자기 힘으로 존재하는 것이지. 좀 전에 살핀 신의 경우가 바로 그런 예라고 할 수 있어. 신은 무한한 실체지.

피노키오 너무 어려워요. 어렴풋하게 알 것 같기도 하고요.

베리타스   그럴 거야. 그러면 다르게 표현해 볼까? 실체는 변하는 세계에서 항상 자기 모습을 유지하는 것, 곧 불변적인 바탕〔基體〕을 말하지. 그래서 변화하는 것 밑에서 항상 변하지 않고 자기를 유지하고 있지.

피노키오   그런 실체에는 어떤 것이 있나요?

베리타스   앞에서 말한 '신'만이 실체의 정의에 가장 들어맞지. 그런데 이 실체 개념을 우리 유한한 세계에서도 쓸 수 있도록 바꿔 보자. 이 뜻을 조금 넓히면, 신 외에도 우리 세계에서 정신과 물질을 실체라고 할 수 있어. 물론 이것들은 유한한 실체이긴 하지.

피노키오   정신과 물질은 어떤 점에서 실체죠?

베리타스   먼저 정신이 실체임을 보여 주려면, 정신이 다른 것에 의존하지 않고 스스로 있다는 걸 보여 줘야겠지?

피노키오   정신이 실체라면 그래야죠.

베리타스   그건 별로 어렵지 않지. 앞에서 우리는 "나는 생각한다, 나는 있다"라는 명제를 본 적이 있지. 그리고 그것이 가장 확실한 것이라고 했지?

피노키오   그렇죠. '생각하는 나'는 의심할 수 없죠.

베리타스   그런 생각하는 나가 생각하는 것으로서 사고작용을 하면서 존재하지?

피노키오   예.

베리타스   그러면 생각하는 내가 있기 위해서 사고작용 말고 다른 것이 필요할까? 이상하게 들릴지 모르겠지만, 내가 사고작용을 하는 데 신체가 필요할까? 내가 신체를 지니고 있기 때문에 사고할 수 있는 것일까?

피노키오 좀 이상하긴 하지만, 내 사고작용에는 신체가 없어도 되죠. 앞에서도 나에게 몸이 있고, 걸어 다닌다고 해서 내가 생각하거나 내가 있는 것이 아니라고 하셨죠.

베리타스 그래서 '생각하는 나'는 내 신체와 다르고 신체 없이도 현존할 수 있지.

피노키오 그렇죠.

베리타스 이처럼 내가 있고, 사고하는 것만이 나의 본질에 속하는 것을 깨닫고 있지. 그러니까 나는 사고하는 것일 뿐 길이, 넓이, 깊이를 지닌 것은 아니지. 그래서 물체의 성질을 전혀 갖지 않고 생각하는 것인 한에서, 나 자신에 관한 분명하고 뚜렷한 관념을 갖고 있지. 자. 이 정도면 사고하는 실체인 정신을 인정할 수 있을까?

피노키오 예. 그런데 그런 정신은 변하는 것은 아닌가요?

베리타스 정신에는 많은 관념이 있고 그 관념들은 변하지. 그렇지만 정신은 그런 관념들 밑에서 항상 같은 것으로 있지. 이를테면 네가 나를 만나기 전에 지닌 관념들과 나를 만난 이후의 관념들이 달라졌다고 해서 너의 정신이 완전히 달라졌다고 해야 할까?

피노키오 그렇지는 않아요. 저는 여전히 저니까요. 그런데 제가 인형이었을 때와 비교하면 저는 몸과 마음이 완전히 달라진 것 같아요.

베리타스 그래, 그럴 수 있겠구나. 물론 이 문제를 다루려면, 자기의식에 대한 공부도 필요하고, 다른 것과도 관련되니까 좀 더 공부를 한 뒤에 보는 게 좋겠구나.

사고하지 않고 연장을 지닌 물질

피노키오 정신이 실체라면 물질은 그것과 다른 실체겠군요. 그러면 물질은 어떤 것인가요?

베리타스 정신과 달리 물질은 '연장된 것(res extensa)'이지. 그리고 그것은 사고하는 것은 아니지.

피노키오 그러면 이런 물질에서 변하지 않는 점을 찾아봐야겠군요? 또 물질에서도 분명하고 뚜렷하게 알 수 있는 것이 무엇일까요?

베리타스 앞에서 우리가 책상을 볼 때 책상의 관념(표상)을 본다고 했으니까, 책상의 관념 가운데 어떤 점이 변하지 않는지, 분명하고 뚜렷한지를 보아야 하겠지?

이렇게 생각하면 쉬울 거야. 물리학자나 수학자가 책상을 연구할 때 색에 관심을 가질까? 책상의 색이 노란색인 것을 파란색으로 칠한 경우에 책상의 본성이 바뀌었다고 볼까?

피노키오 노란색에서 파란색으로 바꿨다고 책상이 바뀌지는 않아요. 책상의 색이나 냄새는 계속 바뀔 수 있지만 그런 것이 바뀌어도 책상은 달라지지 않죠. 그리고 이런 감각적인 성질들은 쉽게 바뀌기 때문에 책상의 분명하고 뚜렷한 관념이라고 할 수 없죠.

베리타스 그렇지. 색, 맛, 소리, 냄새, 촉감 등은 애매모호하게 책상을 알려 줄 뿐이지. 그러면 물리학자, 수학자가 관심을 가질 만한 책상 관념의 길이, 넓이, 깊이 같은 공간적인 양은 어떨까? 이것을 바로 '연장'이라고 했지.

피노키오 그런 것은 어떤 경우에도 절대로

> 베리타스 선생님은 정신과 물질을 엄격하게 구분하고, 이 두 실체가 어떤 독자적인 본성을 갖고 어떻게 관계 맺는지를 보여 주려고 합니다. 이 부분은 계속 논란의 초점이 되는 부분이죠.

바뀌지 않죠.

베리타스 그래, 그런 관념은 어디에서, 언제, 누가 보아도 항상 같지. 불을 끄면 책상이 까맣게 보이고, 멀리서 보면 책상이 작아 보이지만, 그런데도 책상의 수학적, 물리적 양은 항상 같지. 그런 점이 책상에서 보편적이고 불변적이지.

그러면 물질적 사물의 관념에서 분명하고 뚜렷한 것으로 지각되는 것은 극히 적겠지. 크기(길이, 넓이, 깊이)를 지닌 연장과 연장을 윤곽 짓는 형태, 그것이 차지하는 위치, 위치 이동인 운동, 시간적 지속, 수 등이 그런 것들이지.

피노키오 그런 관념은 감각적인 것이 아니겠군요?

베리타스 그래. 이제 우리는 물질에서 분명하고 뚜렷한 것들을 알았지. 어때, 이 정도면 정신과 물질에 대해서 알 만하니?

베리타스 선생님께서 물질을 어떻게 이해하는지 간략하게 살펴봅시다. 이 세계는 연장을 지닌 물질로 이루어져 있습니다. 하늘과 땅도 모두 이러한 물질로 이루어져 있죠. 즉 자연을 이루고 있는 물질에는 어떠한 차이도 없죠. 하늘의 물체라고 해서 지상의 것과 다를 바가 없습니다. 자연세계는 신이 창조한 후에 일정한 질서에 따라 기계적으로 움직입니다. 그래서 우리는 자연에서 질서와 법칙을 볼 수 있습니다. 우리가 이런 질서와 법칙을 안다면 자연은 어떠한 신비 뒤로도 숨을 수 없겠죠.

이 세계에는 오직 물질과 운동이 있을 뿐입니다. "우리 눈에 보이는 세계는 하나의 기계이고, 여기에서는 그 부분들의 형태와 운동밖에 고찰할 것이 없다."(《철학 원리》) 그리고 물질의 세계는 일정한 법칙에 따라서 운동하고, 이런 운동이 다양한 변화를 일으키고 다양한 형태를 만들어 냅니다.

이런 자연의 법칙을 정리해 볼까요?

1) 어떤 사물은 다른 것이 그것을 변화시키지 않는 동안 같은 상태에 머무른다.

2) 모든 운동하는 물체는 직선으로 운동을 계속하는 경향이 있다.

3) 운동하는 어떤 물체가 자기보다 강한 다른 물체에 부딪치면 그 운동을 조금도 잃지 않고, 자기보다 약하고 자기가 그것을 움직일 수 있는 물체에 부딪치면 그것이 약한 물체에 준 만큼의 운동을 잃는다.(《철학 원리》 2부의 37, 39, 40)

얘기가 좀 어렵나요? 이 부분에서 궁금한 게 있으면 《철학 원리》와 《방법 이야기》에 첨가된 글의 도움을 받았으면 합니다. 그런데 파스칼(B. Pascal)이 이런 자연학에 반대했던 것을 아시죠? 파스칼은 선생님께서 기계적 법칙을 강조하고, 하늘의 세계와 지상의 세계를 같은 것으로 보는 점 때문에 "영원한 공간의 무한한 침묵이 우리를 두렵게 한다"라고 했습니다.

그는 우주의 운동법칙이 모든 것을 지배하는 점이 우주에 숨어 있는 신비와 신성함을 메마르게 한다고 생각한 거죠. 하지만 이 우주의 주인공이 인간이 아닌 바에는 이런 물질적 자연의 질서와 법칙을 우리에게 유리하도록 해석할 수는 없지 않을까요?

피노키오 예. 그래도 정신과 물질을 비교해서 정리해 주세요.

베리타스 그럴까? 연장된 물질은 공간과 시간 속에 존재하지. 하지만 우리의 정신은 연장을 지니고 있지 않아. 그러니 공간이나 시간 속에 있지도 않지. 이 둘을 비교하면 나는 '사고하는 것'이어서 연장을 갖지 않는 반면에, 물질은 '연장된 것'이어서 사고할 수 없지. 이렇게 서로 다른 두 실체는 다른 것의 도움 없이 그 자체로 존재하지. 그러니까 정신과 물질은 서로 달라서 섞일 수 없고 분명하게 구별되지. 물론 이 둘은 모두 실체지.

정신은 어디에 있는가?

피노키오 선생님, 정신과 물질 둘의 차이를 더 쉽게 알 수 없을까요?

베리타스 물질은 쪼개거나 나눌 수 있지만, 정신은 쪼개거나 나눌 수 없어. 정신은 어떤 부분을 갖지 않고, 그 부분을 이어서 전체를 만들 수 없는 것이지. 따라서 항상 하나의 통합된 것으로 작용하지. 그래서 의지, 감각, 이해 능력 들이 정신의 부분이라고 하면 안 되겠지. 하나의 정신이 의지하고, 감각하고, 이해하기 때문이야. 물론 물질은 부분으로 나누어지고 연장을 갖지.

피노키오 이 두 실체를 우리의 마음(mind)과 몸(body)으로 이해해도 되나요?

베리타스 그렇게 볼 수 있지.

피노키오 궁금한 게 있는데요. 정신이 사고작용을 통해서 확실하게 존재하는 것은 알겠는데, 그런 정신은 어디에 있을까요?

베리타스 글쎄, 몸의 어딘가에 있을까? 만약 시인들 말처럼 심장에 정신이 있다면 심장 이식수술을 하면 정신까지도 함께 이식되겠구나. 같은 이야기인데, 정신과 육체가 결합되어 있는 것처럼 보이지만, 발이나

그러면 선생님의 이론 가운데 가장 말썽이 많은 부분을 조금 살펴보기로 하죠. 바로 마음과 정신의 관계에 얽힌 문제입니다. 선생님은 분명히 마음과 정신이 다르다고 하셨죠. 그런데 우리의 경험에 따르면 몸과 마음은 상호작용을 합니다. 완전히 다르고 어떤 공통성도 없는 몸과 마음이 어떻게 서로 연결되고 서로 작용할 수 있을까요?

팔 또는 다른 부분을 절단했다고 하더라도 정신의 일부가 잘려 나간 것은 아니지.

피노키오   선생님, 그런데 정신이 혹시 두뇌 속에 있는 것은 아닐까요? 두뇌가 없으면 생각을 할 수 없잖아요?

베리타스   두뇌는 생각하는 데 쓰이는 기관이지. 하지만 두뇌 자체가 생각하는 것은 아니지. 만약 두뇌 안에 정신이 있다면 정신은 두뇌의 산물이 되거나 두뇌의 한 성질이 되어야겠지. 또 두뇌의 일부를 다치면 그 부분의 정신도 다치게 되지. 이 경우에 '나의 두뇌는 생각한다. 그래서 나는 있다'라고 해야 하지 않을까?

피노키오   그러면 안 되죠. 거참, 이상하네요.

베리타스   정신은 어딘가에 꼭꼭 숨어 있는 것이 아니지. 정신은 연장을 지니지 않기 때문에 몸이라는 공간의 그 어느 부분에도 없지. 이것은 정신이 사고하는 데 어떤 물질적 요소도 필요하지 않다는 이야기야. 정신과 물질은 별개의 것이라고 했지. 물질이 연장된 것일 뿐 사고할 수 없으니, 곧 몸은 사고할 수 없지. 두뇌도 몸의 일부이므로 사고할 수 없어.

피노키오   그렇군요. 그러면 우리 몸 안에 정신이 있기는 있나요?

베리타스   자연이 우리에게 가르쳐 주는 바에 따르면, 내가 몸을 지니고 있는 것이 분명하지. 이 점은 고통, 허기와 같은 감각에서도 알 수 있잖아? 비유적으로 표현하면, 이런 감각을 통해서 선원이 배 안에 있는 것처럼 내가 내 신체 안에 있지. 나는 신체와 아주 밀접하게 결합되어서 신체와 일체를 이루고 있어. 그렇지 않다면 내 몸은 사고하는 것일 뿐이어서 몸에 상처를 입어도 고통을 못 느끼겠지. 마치 선원이 배의 일부분이 부서졌을 때 눈으로 그것을 지각하듯이 지성을 통해서 상처를 지각할 뿐이지. 그리고 몸이 음식이나 물을 필요로 할 때에도 이것을 인식할 뿐, 허기나 갈증 같은 감각도 갖지 않을 거야.

내가 보기에 몸은 물질이기 때문에 물질처럼 운동하고 그 법칙에 따르는 것이지. 물질이 법칙에 따라 기계처럼 움직이듯 인간의 몸도 기계처럼 움직인다고 볼 수 있어. 예컨대, 혈액의 순환을 보면 펌프 장치와 똑같이 움직이지 않니? 만약 인간의 몸을 뼈, 신경, 근육, 혈액, 피부 등으로 조립된 기계로 본다면 몸은 자연법칙을 정확하게 따르겠지.

피노키오 그런 것 같기도 하지만 몸이 기계라고 하니까 기분이 좀 이상해요. 제가 어릴 때 몸이 나무였잖아요?

베리타스 그랬지. 그러면서도 너는 움직이고 말하고 생각하고 울고 웃을 수 있었지. 그런데 그 이야기를 왜 하지?

피노키오 선생님 말씀대로 몸과 마음이 완전히 다른 것이고, '배라는 몸'에 '선원이라는 마음'이 들어 있다면, 예전의 저와 비슷한 것 같아요. 저도 나무로 된 몸에 사람의 마음이 들어 있었으니까요. 선생님 말씀대로라면, 나무인 제 몸이 기계처럼 움직이면서 제 마음을 담고 있는 것하고, 보통 사람처럼 몸이라는 기계장치에 마음이 들어 있는 것하고 별로 다를 게 없지 않나요?

다만 몸이 유기적인 생명체냐, 나무냐는 것만 다르죠. 그리고 제 몸이 나무가 아니라 기계였다고 해도 사정은 달라지지 않잖아요? 어쨌든 선생님 말씀에 따르면, 몸과 마음의 결합은 이상해요. 마치 '기계장치 안에 영혼이 들어 있는' 것처럼 기묘하니까요.

베리타스 그렇게 이야기하니까 나무인형 피노키오와 사람이 별반 다르지 않구나. 그러면 곤란한데.

피노키오 하지만 그때 저는 사람이 되고 싶었죠. 선생님, 몸도 마음만큼 중요한 것 같아요. 단순히 잘 움직인다고 해서 몸의 모든 것을 지닌 것은 아닌 것 같아요. 기계장치와 몸은 아무래도 다른 것 같아요. 저는 지금 그 차이를 잘 알고 있죠.

베리타스 내 설명이 몸을 좀 가볍게 여기는 면이 있긴 하지. 하지만 너는 조리 있게 생각할 수 있고, 이성 능력을 갖춘 점으로 보아서 사람과 다를 바가 없었지. 아무튼 어린 너는 아주 애매한 존재였어.

피노키오 지금은 사람이 되었으니까 다 옛날 이야기죠. 제가 지금도 나무 몸이라면 선생님께서도 설명하기가 어려우셨을 것 같아요. 그리고 몸을 단지 기계장치로만 보시지도 않을 것 같고요.

베리타스 …….

몸과 마음은 어떻게 서로 작용하는가?

피노키오 선생님, 인간은 마음과 몸의 결합체인 거죠. 하지만 마음과 몸은 서로 독립된 것이고, 서로 아무 관계도 없다고 하셨죠?

베리타스 그랬지.

피노키오 그런데 서로 다른 몸과 마음이 어떻게 서로 연락할 수 있을까요?

베리타스 서로 독립된 몸과 마음이 어떻게 '상호작용'할 수 있는지를 묻는 거로구나.

피노키오 제가 보기에는 몸과 마음이 완전히 다르다면, 서로 영향을 미칠 수도 없을 것 같거든요. 하지만 실제로는 몸이 마음에, 마음이 몸에 영향을 미치고 서로 작용하잖아요?

베리타스　잘 관찰해 보면, 두뇌 아래쪽에 아주 작은 '송과선(松果腺)'이라는 기관이 있어. 정신은 몸의 다른 부분들에서는 직접 영향을 받지는 않고, 이 부분에서만 영향을 받지.

그래서 정신이 움직이면 그 움직임을 기회로 삼아서 송과선이 육체를 움직이게 하지. 반대로 육체에 어떤 자극이 오면 송과선이 그 자극을 받아서 정신에 신호를 보내지.

피노키오　선생님, 이상해요. 말씀대로라면 분명히 실체는 두 종류밖에 없잖아요? 정신 아니면 물질, 또는 마음 아니면 몸이죠.

베리타스　그런데?

피노키오　선생님 말씀에 따르면, 송과선이 몸과 마음을 이어 주잖아요? 그러면 송과선이라는 기관은 마음인가요, 몸인가요?

베리타스　글쎄. 나는 몸의 한 부분이라고 생각했는데.

피노키오　그러면 몸의 일부인 송과선이 몸과 마음을 상호작용하게 하는 셈이거든요. 그러니까 결과적으로 몸이 정신을 움직인다는 이야기가 되죠.

베리타스　허참, 이거 곤란하게 되었군. 그렇다고 반대로 송과선이 마음이라면 눈에 보일 수도 없으니까 몸의 기관일 수도 없고. 마음인 송과선이 몸을 움직인다고 하는 셈이니 말이 안 되는구나. 네 이야기처럼 송과선은 몸에도 마음에도 속할 수 없구나. 그런데 실체는 정신이거나 물질일 수밖에 없고, 그렇다고 해서 정신도 물질도 아닌 제3의 실체가 있는 것도 아닌데. 거참······.

결과적으로 몸과 마음의 상호작용을 설명할 길이 없구나. 이 문제는 시간을 두고 더 생각해 보고, 여러 실험을 통해서 살펴보아야 하겠구나. 날카로운 너의 지적이 아니었다면 이 문제를 그냥 넘어갈 뻔했구나.

피노키오 몸과 마음의 관계는 참 신기해요.

베리타스 앞으로 몸과 마음의 상호작용에 대해서 많은 의견이 나오겠구나.

피노키오 제가 보기에는 이런 몸과 마음의 상호작용에 대해서 극단적으로 생각하면, 몸을 중시하는 유물론과 마음을 중시하는 관념론으로 갈라질 것 같아요.

베리타스 그럴 가능성이 있지. 그래서 몸으로 정신의 모든 것을 설명하는 '인간기계론'이 나오거나, 그에 맞서 몸을 모두 정신의 작용으로만 설명하는 사고방식이 다툴 수 있겠지. 이런 다툼은 내가 몸과 마음을 둘로 쪼개 놓았기 때문이라는 느낌도 드는구나. 아무튼 이 문제는 간단하게 해결될 수 없을 것 같구나. 다음 날 생각해 보는 게 좋겠구나. 피노키오야, 오늘은 이 정도에서 그칠까?

베리타스 선생님께서 지치셨으니까 우리가 대신 마무리합시다. 지금까지 우리는 확실한 것을 찾느라고 아주 과장된(hyperbolic) 의심을 했죠. 그런데 이제는 그렇게까지 의심할 필요는 없을 겁니다. 그런 과장된 의심을 약간 우스꽝스러운 것으로 여겨도 될 겁니다.

모든 감각이 모조리 거짓이 아닐까 걱정하기도 했지만, 감각 가운데 우리에게 참된 것을 알려 주는 경우도 많았죠. 우리가 지성을 제대로 사용하고 적절한 방법에 따라서 문제를 살피면 잘못에 빠지지 않게 되고, 또 잘못에 빠지더라도 그 원인을 알 수 있죠. 물론 우리 능력이 불완전하기 때문에 잘못을 완전히 피할 길은 없습니다. 우리는 실제 생활에서 개별적인 것들을 세심하게 살필 시간이 없기 때문에 잘못을 저지를 때가 많은 거죠.

그리고 꿈 얘기를 하면서, 깨어 있을 때와 꿈을 확실하게 구별할 수 없다고 했죠. 과연 이 둘 사이에 차이가 없나요? 우리가 깨어 있을 때 일어나는 일은 기억에 의해서 삶의 다른 활동과 연결되지만, 꿈에서는 그렇게 연결되지 않죠. 깨어 있는 상태에서 어떤 사람을 보았는데 그 사람이 꿈에서처럼 갑자기 나타나고 또 그렇게 사라진다면, 그가 어디에서 왔는지, 어디로 갔는지 모르기 때문에 진짜 사람으로 볼 수는 없죠. 그래서 유령이라고 보는 게 좋을 겁니다.

하지만 그가 어디에서 왔고, 어디에 있고, 언제 오고 가는지를 뚜렷하게 알고, 이런 것을 삶의 다른 가닥과 아무 단절 없이 연결시킬 수 있다면, 깨어 있는 상태임을 확실하게 알 수 있죠. 그리고 내 감각, 기억, 지성으로 검토해서 그것이 다른 것과 모순을 일으키지 않는다면 '참'임을 의심할 필요가 없습니다. 이렇게 해서 우리는 꿈과 현실을 구별할 수 있습니다.

근대 철학의 아버지, 데카르트

이후에도 피노키오는 베리타스 선생님을 몇 번 더 찾아가서 여러 가지 주제에 대해서 많은 가르침을 받았습니다. 피노키오는 지적 성숙을 맛보며 가슴이 벅차오름을 느꼈습니다. 아마 인형이었을 때 이런 공부를 했다면 더 빨리 사람이 될 수 있었을지도 모릅니다.

베리타스 선생님과 피노키오의 계속되는 이야기가 궁금하겠지만, 우리는 이쯤에서 그치려고 합니다. 이제 우리 나름대로 정리해야 하지 않을까요? 그리고 벌써 눈치챘겠지만, 베리타스 선생님은 바로 '근대 철학의 아버지'라고 불리는 데카르트(R. Descartes)입니다.

데카르트 철학의 근본명제는 "나는 생각한다, 나는 존재한다"이죠. 이런 '생각하는 나'는 근대적 사고의 바탕이 되고, 바로 근대적 주체입니다. '생각하는 주체'는 자기 자신의 근거이면서 동시에 존재하는 모든 것의 근거입니다. 그래서 물질은 생각하는 주체가 그것을 인식하는 데 의존하죠. 밀랍의 예에서 보았듯이, 밀랍의 존재는 밀랍을 지각하는 정신에 의존하죠. 이때 물질은 그 자체로 있는 것이 아니라 '생각된 것'일 뿐입니다.

'나는 생각한다'로 본 주체의 지위

데카르트 철학의 의미를 독일 철학자인 하이데거의 해석을 통해서 다시금 정리해 보기로 하죠. 논의가 조금 까다롭기는 하지만, 이것은 데카르트 개인에 대한 이해라고 하기보다는 '철학적 근대성'에 대한 이해라고 할 수 있습니다. 어떤 점 때문에 데카르트는 근대 철학의 바탕을 마련했다는 평가를 받을까요? 그리고 근대성에 대한 비판이 데카르트에 대한 비판에서 시작하는 까닭은 무엇일까요?

책상 군, 이리 와서 여기에 서게. 꼼짝하지 말고!

데카르트의 철학은 주체성의 철학입니다. 주체는 모든 것의 바탕에 있고, 모든 것은 주체에 의해서 인식되어야만 참되게 존재할 수 있습니다. 주체는 다른 모든 것을 확실성의 기준에 따라서 파악하고, 그것들에 이 기준을 부여합니다. 그래서 근대적 주체성이 전면에 등장한 뒤에는 더 이상 존재하는 사물이 진리의 기준이 될 수 없습니다.

데카르트는 주체와 이성 능력을 중심에 둡니다. 이런 전환점 때문에 철학과 사고의 방향이 크게 바뀝니다. 우리가 철학적 근대성이라고 할 때 바로 데카르트적 사고방식이 그 중심에 놓이죠. 근대 이후의 철학이 모두 '데카르트주의'라고 할 수는 없지만 이런 방향 전환과 그것에 따른 파급 효과를 완전하게 벗어나기는 어렵죠. 아직도 데카르트의 정신은 살아 있고, 근대를 넘어서려는 논의는 데카르트를 비판해야만 새로운 입지를 마련할 수 있습니다.

하이데거(M. Heidegger)에 따르면, 데카르트는 근대 형이상학의 기초를 마련했습니다. 이것은 근대적 주체를 전면에 내세워서 인간의 우월성과 인간의 새로운 지위를 주장할 수 있게 합니다.

인간이 자기 자신의 주인이 되고 스스로 법칙을 세우는 것이라고 보면, 바로 근대 주체의 자유가 그 바탕을 확립하는 것으로 볼 수 있습니다. 인간은 자신의 앎과 행위뿐만 아니라 자신에게 마주 선 사물들의 근거로 자리 잡습니다. 모든 것의 근거가 된 인간은 바로 자기자신의 주인이 된 것이죠. 그리고 이런 자유의 바탕은 바로 "나는 생각한다, 나는 존재한다"이죠. 데카르트는 이 명제가 모든 진리의 바탕이 되는 일차적 인식으로 보죠.

먼저 근본명제를 한 번 더 보죠. "나는 생각한다, (그러므로) 나는 존재한다: Cogito (ergo) sum; I think, (therefore) I am." 여기에서 '나는 생각한다'인 코기토(cogito)가 무슨 뜻일까요?

하이데거에 따르면 데카르트는 이 '사고한다' 대신에 '지각한다(percipere)'라는 단어를 함께 사용하죠. 이것은 단순히 알려고 하기보다는 어떤 것을 소유하거나 사태를 정복한다는 뜻입니다. 그래서 이것을 '표상한다(vorstellen)'는 뜻으로 사용한다고 봅니다.

여기에서 '표상한다'는 것은 말 그대로 '앞에(vor)-불러 세운다(stellen)'를 뜻하죠. 아버지가 아이를 야단치려고 할 때 이렇게 앞에 불러 세우죠. "너, 이리 좀 와 봐, 할

왜 이렇게 복잡하게 이야기하는가 하며 짜증 내는 분도 있겠지만, 조금만 기다리세요. 지금 말장난을 하고 있는 것이 아닙니다. '생각한다'라는 평범해 보이는 말에 숨어 있는 무시무시한 어떤 것을 보여 주기 위한 분석입니다.

이야기가 있어. 거기 똑바로 서." 선생님께서 학생을 꾸중할 때에도 이렇게 불러 세우죠. "철수 군, 이리 좀 오게. 이 앞에 좀 서게." 아버지와 선생님에게 불려 가서 앞에 서 있는 것은 그리 기분 좋은 처지가 아니죠. 어른의 부름에 약간 기가 죽고 '또 무슨 일로 야단 맞을까' 하는 걱정에 조심해야 할 상황이죠. 다시 말해 '앞에 불러 세우는 것'은 앞에 세워 놓은 자에게 어떤 영향력을 행사하는 상황이죠.

우리가 대상을 '표상하는' 것은 대상을 '앞에 불러 세우는' 것이죠. 대상은 우리를 향하고, 우리는 대상에게 어떤 명령을 하는 상황이죠. 이처럼 대상을 표상함은 대상이 주눅들게 하고, 표상하는 자가 '표상되는 것(represented being, vor-ge-stelles)'에 어떤 위력을 행사하죠.

"자, 책상 군, 이리 와서 여기에 똑바로 서 있어." 이렇게 시작하죠. 그다음에 책상의 본질을 인식하기 위해서 책상의 요모조모를 따져 봅니다. 눈으로 보고, 두드려 보고, 냄새 맡고, 들었다 놓았다 하고, 심하면 일부를 떼어 조직 검사를 하기도 하죠.

"책상 군이 오늘 입고 온 옷은 노란색인데 6개월 전에는 파란색 옷을 입고 있었지. 책상 군의 옷 색깔은 수시로 바뀌는구먼. 그러니 책상 군의 옷 색깔은 책상 군의 본질이라고 할 수 없겠어. 그동안 책상 군의 키가 얼마나 컸는지 재어 볼까? 흠, 키는 그때나 지금이나 마찬가지군. 그렇지 이렇게 변치 않는 것은 책상 군을 '분명하고 뚜렷하게' 아는 데 도움이 되지. 자, 몸무게는 얼마지? 이 저울에 올라가 봐. 또 형태가 바뀌지 않았는지도 봐야겠군."

이렇게 책상을 살피는 과정에서 책상은 꼼짝 못하고 자기를 인식하는 인간에게 자기를 내맡기죠. 물론 이때 인간은 인식에만 관심을

갖는 것이 아니라 '어디에 사용할까'를 궁리하고 있죠. '책상 군'은
인간이 자기를 어떤 용도로 사용할지 잘 모르고, 또 알아도 어떻게
할 수 없죠. 분명히 인간이 정한 대로, 인간에게 필요한 대로 사용하
겠죠. 이렇게 해서 책상은 그 자체로 존재하는 것이 아니라 '인간에
게 표상된 것' '인식된 대상'으로 바뀌어서 인간의 권한 밑에서 조용
히 숨죽이고 있습니다.

계속 하이데거의 해석을 따라가 보죠. 그는 데카르트의 '사고한
다'를 '표상한다'로 이해할 필요가 있다고 하죠. 그래서 '표상(Vors
tellung)'은 '표상하는 작용(vorstellen)'과 '표상된 것(Vorgestelltes)'으
로 짝을 짓죠.

데카르트가 '사고한다'를 '지각한다'로 본다면, 사고한다는 어떤
것을 자기 앞에 가져온다는 뜻이죠. 그래서 그것은 지각으로 '사로
잡는 행위(capere)'에 의해서 '사로잡힌 상태로(ceptum)' 있게 되죠.
이처럼 '사고한다'는 표상할 수 있는 것을 자신에게 가져온다는 점
을 강조합니다. 이것은 표상된 것이 표상하는 자 앞에 놓여져 있을
뿐만 아니라 처분할 수 있는 것이 된다는 뜻이기도 하죠. 즉 인간이
명확하게 처리할 수 있는 것으로 정하고 확정했을 때 비로소 그것은
'표상된다'고 할 수 있죠.

그리고 '사고한다'는 항상 '의심하는(dubitans)' 것이죠. 곧 사고는
철저하게 검토하고 신중하게 계산하는 것으로, 단지 주어지는 인상
들을 받아들이거나 나타나는 대로 멍하게 쳐다보는 것이 아니죠. 손
을 뻗쳐서 자기 앞에 세우는 것이죠. 사소한 애매함도 남기지 않도
록 살피며 꼼꼼하게 따지는 거죠. 이것은 확실하게 하는 것(sicher-
stellen)이고, 안전하게 확보하는(sichern) 것이죠. 이 말들에 모두

'확실한(sicher)'이 들어 있는 점에 주목하세요.

그러므로 '의심한다'는 것은 '의심을 위한 의심'이라는 부정적인 태도가 아니죠. '의심할 수 없는 것', 곧 '확실한 것'을 확보하려는 점에서 긍정적인 태도죠. 따라서 표상작용은 앞에 불러 세워서 그것을 자신이 처리하고, 계산할 수 있는 것으로서 확실하게 확보하려는 것이죠. 그렇다면 이렇게 의심을 벗어날 수 없고 처리할 수 있는 것으로 확보되지 않는 것은 확실한 것도, 참된 것도 아니겠죠.

나는 '생각하는 나'를 생각한다

조금 어렵지만 중요한 이야기니, 다시 한 번 정리해 봅시다. 하이데거는 데카르트가 말하는 '사고(cogitatio)'의 참뜻을 알기 위해서는 "나는 생각한다"를 "나는 생각하는 나를 생각한다"로 보아야 한다고 하죠. 곧 내가 어떤 것을 표상함은 동시에 '나'를 표상함이죠. 즉 나는 '표상하는 나'를 표상합니다. (이것을 앞에서 '자기의식'이라고 했죠.) 그래서 인간의 표상작용은 사실상 표상하는 자기를 '자기가 표상하는(sich-vorstellen)' 것이죠.

약간 어려운가요? 이렇게 생각해 보세요. 나는 '생각하는 것'이죠. 그러면 생각하는 나는 누가 생각할까요? 만약 아무도 생각하는 나를 생각하지 않는다면 이상하죠. 바로 생각하는 내가 그런 나를 생각합니다. 이 점이 이해되지 않는다면, "나는 왜 조금만 복잡해지면 모를까" 하며 한탄하지 말고, 그렇게 모르는 나를 누가 안타까워하고 있는지를 살펴보면 되죠. 바로 그렇게 안타까워하는 내가 내 생각을 하는 거죠.

약간 다르게 표현해 보죠. '표상하는 나'는 나의 표상작용에서 함께 표상되어야 합니다. 예컨대, 내가 A를 간절하게 만나고 싶어 할 때, 나는 나와 A가 미래에 만날 기대에 부풀죠. 그런데 이와 함께 그 만남에 가슴 설레는 나를 보고 씩 웃으면서 혼잣말로 얘기하죠. '못 말리겠군. 너는 A가 그렇게도 좋냐. 벌써 가슴이 설레다니.' 마찬가지로 내가 A와 지난날 만났던 일을 기억하는 경우에도, 그런 만남을 기억함과 동시에 그런 기억을 생각하는 내가 있죠. 이 밖에도 어떤 것을 직접 보거나 상상하는 경우에, 나의 표상작용에서 나는 나에게 나타나야 합니다.

그래서 표상하는 나는 (눈에 잘 띄지 않지만) 나의 모든 표상에 함께 들어 있죠. 곧 표상하는 내가 표상작용의 바탕을 이룹니다. 간단하게 이야기하면, 내가 어떤 것을 생각할 때마다 항상 생각하는 나를 생각하는 나, 곧 나의 자기의식이 함께 따라다니죠.

"나는 이 꽃이 좋아"와 "나는 저 꽃이 싫어"라는 두 경우에 내가 꽃을 싫어하건 좋아하건 간에 그렇게 싫어하고 좋아하는 '나를 의식하는 나'가 있는 거죠. 이것은 때로는 이 꽃을 좋아하고 때로는 저 꽃을 싫어하지만 여전히 '같은 나'죠.

이처럼 표상하는 인간은 모든 표상에 개입하고, 이런 개입은 나중이 아니라 앞서 이루어지죠. 인간은 항상 '표상된 것(대상)'을 자기 앞에 불러오는 방식으로 개입합니다. 따라서 '표상하는 자'는 표상의 구조에 필수적입니다. 이런 '표상하는 주체'가 없다면 표상이 가능하지 않습니다. 그런데 표상작용에는 표상하는 자와 표상작용이 함께 표상됩니다.

이런 점에서 인간의 의식은 곧 자기의식이죠. 그래서 '대상에 대한 의식'의 바탕에 자기의식이 작용하고 있습니다. 이런 자기의식이 왜 중요할까요? 표상작용의 바탕에는 항상 '인간의 자아'가 있죠. 내가 대상을 표상하면서 대상을 내 앞으로 불러오는데, 이런 작용 밑에 항상 자아가 있다면, 자아는 바로 대상과 대상에 대한 표상의 근거가 될 겁니다. 그래서 자아가 모든 것의 근거이고, 본질적인 것입니다.

> 단순하게 말하면 먼저 내가 있고 나서 대상을 아는 내가 있죠. 그리고 나의 인식작용은 크게 두 가지인데, 내가 대상을 아는 작용과 내가 그 작용 자체를 아는 작용을 말하는데, 뒤쪽의 것이 그 바탕에 있습니다.

인간-대상을 재판하는 자, 세계를 짊어지고 있는 거인

데카르트는 자아, 자기의식이 모든 것의 바탕에 있음을 보여 줍니다. 그래서 이처럼 근거, 바탕에 놓여 있는 것을 실체(subiectum)라고 하죠. 이때 'subiectum'은 말 그대로 'sub(밑에, 근거에)' 'iectum(던져 있음, 놓여 있음)'을 뜻하죠. 이런 실체는 바로 인간이고, 인간은 대상의 근거가 되죠. 곧 대상의 뿌리인 셈이죠.

데카르트가 새롭게 주목한 것은 바로 인간이 표상(곧 표상작용+표상된 대상)의 근거이자 표상에 척도를 부여한 점이죠. 그래서 모든 표상된 대상은 '인간의 관할권 아래에' 놓입니다. 데카르트는 대상을 앞에 불러 세우는 인간을 대상에 대한 '재판관'으로 봅니다. 그래서 인간은 그렇게 불러 세운 것이 존속할 만한 가치가 있는지, 견고한지, 인간에게 안정성을 줄 수 있는지를 결정하는 재판관이죠. 이처럼 인간은 모든 것을 표상할 수 있고, 이런 표상에 척도를 부여하는 자로 바로 세계를 혼자 짊어지고 있는 막강한 거인이죠.

이제 하이데거에 따라서 데카르트 형이상학의 근본 입장을 정리하면서 매듭을 지읍시다. 인간은 어떤 존재이며, 인간에게 불려 나온 대상들은 어떤 지위를 갖고, 이런 대상의 바탕이 되는 인간은 어떤 의미에서 주체가 되는지를 정리해 볼까요?

근대적 주체의 얼굴

1) 인간은 어떻게 그 자신으로 존재하고, 자신을 무엇으로 알까?

인간은 사물과 그것에 대한 모든 표상작용의 근거에 있는 '두드러진 근거'죠. 모든 표상작용과 표상된 것은 이 근거 위에서만 세워질 수 있습니다. 인간은 이러한 의미에서 모든 것 밑에 있는 것, 곧 실체입니다. 이런 실체인 인간은 바로 주체(Subjekt)가 되는 거죠. 근대 철학에서 인간 주체를 이야기하는 모든 것이 이런 주체를 말하죠. 그래서 데카르트는 근대 주체 철학의 아버지인 셈이죠.

그리고 이런 주체인 인간이 아닌 것들은 주체와 마주한 객체(Objekt)에 놓이죠. 근대 철학이 주체-객체의 대립에 바탕을 두는 것이 바로 이런 까닭입니다. 이제 주체는 오로지 인간만을 가리키는 말이죠.

2) 사물 존재는 어떻게 규정될까?

사물은 그 자체로 존재하는 것이 아니라 주체에게 불려 나와서 주체 앞에 서 있는 것, 즉 표상된 것이 됩니다.

사물은 주체가 만든 표상의 공간에 놓입니다. 이런 사고는 인간이 세계의 일부고, 세계 안에 있는 한 존재자일 뿐이라는 사고방식과 물론 이런 이야기가 사물이 표상에 지나지 않고, 관념적인 것이 되었다는 뜻은 아니죠. 표상된 사물이 가짜로 존재한다는 뜻도 아니죠. 다만 인간에 의해서 규정된 상태로 있다는 뜻이죠. 더 쉽게 이야기하면 인간에게 쓸 만한 것으로 바뀔 때에만 존재 가치를 인정받는다는 이야기죠.

전혀 다르죠. 인간이 바로 세계의 모든 것을 표상하는 자, 세계의 모든 것을 자기 앞에 불러 세우는 자죠. 이런 표상 공간에서 누가 주인공인지 쉽게 알 수 있죠? 그리고 우리에게 표상된, 불려 나와서 우리 앞에 서 있는 사물들이 어떤 운명에 놓일지 짐작이 가죠.

"나무야, 이리 와서 내 앞에 똑바로 서라. 어디 쓸 만한지 보자."

"저기 땅 밑에 숨겨진 철광석도 이리 오너라. 너는 왜 순수한 상태가 아니어서 말썽이니? 너를 용광로에 넣어서 철 성분만 빼내 따로 쓸데를 찾아봐야겠다."

이처럼 사물의 존재와 의미는 주체인 인간에게 맡겨집니다. 사물은 인간 앞에 불려 나와서 확실하게 표상된 것으로 바뀌고, 인간은 사물을 남김없이 탐구해서 그것을 지배하고 정복할 능력을 마련합니다. 이는 인간이 사물을 이용해서 스스로 안전을 보장하려는 것이죠.

좀 더 설명을 덧붙이면, 표상된 사물은 자신의 고유한 의미를 갖지 못하고, 인간이 정한 의미를 받아들여야 합니다. 예를 들어 나무는 그냥 나무가 아니라 인간의 기준과 가치 평가에 따라 어딘가에 '쓸 만한 나무'이거나 '쓸모없는 나무'로 바뀌죠. 정원에서 우아하게 풍광을 만드는 나무, 화가를 만나서 그림의 일부로 참여하는 나무, 자동차 매연으로 숨도 쉬기 어려운 도시를 정화하는 가로수, 이도 저도 쓸모없어 목공소로 가서 알아볼 수 없게 가공되어 책상이 된 나무 등등. 그 가운데 하나가 되죠.

꽃이나 나무, 금광석, 석유가 원래 어떻게 존재하고, 어떤 의미를 갖는지는 중요하지 않죠. 인간은 자신의 관점에서만 사물을 보죠. "이 꽃은 참 아름다워. 이 꽃은 우리를 즐겁게 하기 위해 아름답게 피었나 보군." "이 석유는 꽤 쓸 만하군."

이때 인간의 생각이란 사물을 인간의 가치평가표에 따라서 '몇 점'으로 계산하거나, '어디에 써먹을까'를 궁리하는 사고를 말하죠. 이런 사고는 사물을 철저하게 '인간의 자'로 재고, 인간에게 어떤 봉사를 하느냐에만 관심이 있습니다.

인간은 사물과 자신의 공존 따위는 안중에도 없죠. 인간은 '나와 나무의 관계'를 항상 나와 나무의 이기고 지는 싸움이거나 나는 살고 나무는 죽어도 좋다는 틀로 봅니다. 인간이 나무를 위해서 한 것이 무엇인지 모르겠지만 나무는 인간을 위해서 자신의 모든 것을 바칠 수밖에 없습니다. 여기에서 바로 아낌없이 주는 나무와 인정사정없이 빼앗는 인간의 관계가 짝을 이룹니다. 사실 나무가 아낌없이 주는 것이라기보다는 인간이 나무를 철저하게 이용하는 거죠.

인간을 위하지 않는 모든 것은 존재할 가치가 없거나 위험하거나 때로는 악한 것이죠. 사물은 자신이 아니라 인간을 우러러보며, 인간을 위해 존재하고, 인간을 위해 자기를 바쳐야 합니다.

인간 이외의 존재, 특히 생명 없는 자연에 대해서 수학적으로 파악할 수 있고, 확실하게 계산할 수 있는 측면이 '연장(extensio)'이죠. 자연은 '연장된 것(res extensa)'으로 파악하는데, 이렇게 해석하는 것은 바로 근대 과학기술과 연결되죠.

인간은 세계를 지배하고 이용하기 위해서 자신의 모든 능력을 계발합니다. 그래서 근대 인간은 세계와 벽을 쌓는 것이 아니라 앞으로 나아가 세계를 발견하고, 정복하고, 탐구하고, 통치하고, 지배하는 길로 달려갑니다. 그래서 주체가 됩니다.

3) 진리는 무엇일까?

앞에서 잠깐 이야기했지만, 지금까지 진리는 '인식과 사물이 일치함'으로 이해되었습니다. 이 틀은 인식이 그 목표로 삼은 사물과 일치, 대응될 때에 참된 인식이라고 봅니다. 여기에서는 대상을 '있는 그대로' 포착하는 것이 중요합니다. 이 틀은 인식이 대상을 따라가야 한다고 보고, 대상을 중심에 두죠. 이런 경우에 인간은 대상을 장악하기보다는 대상과 조화를 이루려고 노력합니다.

그런데 데카르트가 이 틀을 뒤집습니다. 그는 '확실성'이라는 진리 기준을 내세우고 대상이 이 기준에 따를 것을 요구하죠.

데카르트처럼 인식을 사고작용이나 지각작용으로 본다면, 이런 틀은 주체가 자기 앞에 불러 세운 것 가운데 그가 확실하다고 확신한 것만이 표상된 사물로 존재하죠. 따라서 참된 것은 확실한 것이죠. 이제 진리는 확실성입니다. 인간은 이런 확실성을 통해서 주체인 자신을 확신하고 자신의 안전을 확보하게 됩니다.

이런 확실성을 마련하기 위해서는 '방법'이 중요하죠. 단순히 차례대로 지식을 고찰하고 증명하고 편성하는 것으로는 부족하죠. 방법은 사물을 객체로 삼기 위해서 그것을 확보하고 정복하는 방식으로 사물에 달려들죠.

4) 인간은 어떤 방식으로 존재하는 것에 대한 진리 척도를 정하는가?

이에 대해서는 이미 밝혔죠. 인간이 '실체'이고 존재하는 사물은 '표상된 것'이고, 진리는 '확실성'이기 때문에 인간은 존재하는 모든 것을 관장합니다. 이는 인간이 존재하는 모든 것에 척도를 부여하기 때문이죠. 만물을 재는 '자'는 인간에게서 나오고 인간은 자신의 '자'로 모든 것을 평가합니다. 이런 '자'가 바로 '지상의 척도'죠.

이것을 단순하게 표현하면, 인간은 자기가 원하는 대로 세계를 지배할 수 있는 위치에 서 있는 거죠. 어떤 것이 존재하는지, 존재할 가치가 있는지를 정하는 것은 주체인 인간에게 맡겨집니다. 인간 자신은 어떤 관점에도 얽매이지 않습니다. 그래서 인간은 세계를 지배하기 위해 앞서서 달려갑니다(vor-gehen). 사물과 인간의 경주에서 인간이 이깁니다.

인간은 존재하는 것에 대해서 척도를 부여한다고 했죠. 인간은 이 척도를 바로 '자기로부터' 취하고, '자기를 위하여' 사용합니다. 이렇게 척도를 부여하는 것은 곧 자기가 척도라는 것을 말하죠. "나는 세상의 척도이니, 모든 것을 이것으로 재겠노라. 나 이외에 다른 자는 없으니 모두 내 앞에 나와서 평가받을지어다!"

분위기가 좀 살벌하죠? 사물들은 눈치를 보면서 하나둘씩 이 자 앞으로 몰려와서 차례를 기다립니다. 측정이 끝나면 존재할 가치가 있는 것과 그렇지 않은 것이 분류되고 좋은 대상과 나쁘고 쓸모없는 대상이라는 꼬리표가 하나씩 붙죠. 이 꼬리표를 붙이는 위대한 자가 누구인지는 아시죠? 이렇게 해서 인간은 모든 사물 밑에서 변치 않는 근거, 실체가 됩니다.

바로 이런 틀에서만 근대적 주관주의, 근대적 주체성이 마련될 수 있겠죠. 이런 주체는 존재하는 것 모두를 찾아내고, 인식하고, 통제하고, 지배할 수 있는 것으로 만들죠. 인간이 세계의 주인이라면 바로 인간이 이런 탁월한 자이기 때문이죠.

'생각하는 나'에 대한 다른 생각들

데카르트 철학을 이해하는 방식은 많습니다. 지금까지 소개한 것도 그 가운데 하나죠. 여러분은 "나는 생각한다"를 어떻게 해석할 겁니까? 자기 나름대로 해석할 수 있을까요?

나중에 따로 소개하겠지만 현대 프랑스 철학자 두 사람의 해석만 간단하게 소개하죠. 먼저 "나는 생각한다"라고 할 때, 나는 어떻게 생각하나요? 앞에서도 밝혔지만, 나는 '이성적으로' 생각하죠. 따라서 "나는 이성적으로 생각한다. 그러므로 나는 존재한다"가 됩니다.

미친 사람처럼 생각하면 어떻게 될까요? 미친 사람은 이성적으로 생각하지 않습니다. 그런데 비이성적으로 생각하는 것도 생각하는 것일까요? 데카르트의 틀에 따르면 비이성적으로 생각하는 것은 제대로 생각하지 않는 것이고, 극단적으로 이야기하면 생각하지 않는 것이죠. 그래서 만약에 '나는 미친 생각을 한다'라고 한다면, 나는 제대로 존재하지 않거나 아예 존재하지 않는 것이라고 할 수 있죠. '나는 미친 생각을 한다'는 '나는 생각하지 않는다'와 같은 것이죠. 그래서 이런 비이성적으로 생각하는, 아니 생각하지 않는 자는 존재하지 않거나 존재할 가치가 없습니다.

이런 점에서 "나는 생각한다"라는 명제가 사람을 두 종류로 나누는 기준이 되죠. 이성적으로 생각하는 쪽과 생각하지 않는 쪽으로 말이죠. 요즘은 미친 사람을 그저 광인이라고 하지 않고 '정신병자'라고 부릅니다. 즉 미친 사람을 의학적으로 치료받아야 하는 존재로 보기 때문이죠. 정신병원이 생긴 것은 그리 오래된 일이 아니죠. 하지만 이성을 기준으로 인간을 나눌 수 있다면, 비이성에 빠져 있는 미친 자들은 인간의 자격을 갖추지 못했고, 이성적인 사람들과 함께 살 수 없는 자들이죠. 그들의 말은 헛말이고, 그들의 행위는 무의미한 짓이기 때문이죠.

그래서 우리가 이성만으로 이루어진 세계를 건설하려면 이런 비이성을 지닌 자들을 사회 바깥으로 추방해야 합니다. 그곳이 현대적 시설인 정신병원일 수도 있죠. 이성으로 건설된 사회는 광인들을 이성 바깥으로, 치료 공간에 감금해 버립니다. 물론 그들을 치료한다는 명분을 내세우죠. 과연 그들이 치료를 받아야 하고 그들처럼 생각해서는 안 되는지, 그런 기준을 누가 정하는지는 모르지만 이성의 수호자들은 그들을 받아들일 수 없습니다.

푸코(M. Foucault)는 광인들이 어떻게 이성에 의해서 다양하게 규정되고, 감금되고, 정신병원에 갇히게 되는지를 《광기의 역사》라는 책에서 추적하죠. 이성과 그것의 한 부분인 정신병리학은 비이성을 부정하고 추방합니다. 이성과 비이성의 구분 기준은 이성에 의해서 정해지죠. 광인들은 그들의 비이성을 버리고 이성의 치료를 받을 때에만 이성의 공간 안에서 살 자격이 주어집니다. 이처럼 이성의 참된 언어와 기능은 비이성을 추방할 수 있는 근거를 제시합니다. 물론 푸코는 데카르트가 광인을 추방했다거나 데카르트의 사고를 정신병리학과 정신병원의 선구자로 보는 것은 아닙니다. 하지만 이처럼 이성과 비이성을 나누는 기준은 이성이 주도하는 문화에서 비이성을 배제하는 길을 열 수 있음을 보여 주죠. 또 이성이 건설하려는 이상적인 공간의 뒤쪽에 어두운 공간이 숨겨져 있고, 그곳에 광인이라는 이성의 타자들이 추방될 수밖에 없음을 보여 줍니다.

사람들은 좌파건 우파건, 남성이건 여성이건, 지배계층에 있건 그렇지 않건, 사회적 능력이 있건 없건 간에 모두 미친 사람을 사회 바깥이나 정신병원으로 추방하자는 데에는 아무 이견이 없습니다. 이들이 볼 때 미친 사람은 '우리'나 '자기'가 아니라 '그들'이거나 '타자'에 지나지 않습니다. 여러분도 조심하세요. 만약 정신병자라는 낙인이 찍히면 이성의 수호자들이 그냥 두지 않기 때문이죠.

그래서 비이성에 빠진 미친 사람들은 자기 의사와 무관하게 감금되어서 이성의 치료를 받고 이성에 항복하지 않고는 그곳에서 나올 수 없습니다. 그곳은 치료하는 곳이지만 들어가는 사람만 있고 나오는 사람은 없습니다. 또 그곳에 들어가면 절대로 해서는 안 되는 말이 있죠. "나는 미치지 않았어." 이 말은 커다란 주사기와 힘센 간호사의 신경질적인 반응을 부릅니다. 물론 "그래 나는 미쳤어"라고 해도 별다른 수는 없죠. 다만 주사기가 좀 작아지고 치료가 좀 온순해질 뿐이죠.

우리가 앞에서 프로이트(S. Freud)의 정신분석학을 조금 언급한 적이 있습니다. 프로이트에 따르면 인간을 움직이는 힘은 의식이 아니라 무의식에서 나옵니다. 프로이트는 무의식을 발견하여 지금까지 의식을 중심에 둔 사고 틀을 전복시키죠. 무의식으로 인간을 이해할 때 인간은 자기라는 집의 주인이 아닙니다. 그는 자기가 알 수 없고, 자기가 장악할 수 없는 무의식적 욕망(특히 성적 욕망)에 의해서 움직입니다. 그러니 자기 행동의 동기를 의식할 수 없죠. 무의식적 욕망이 의식적 주체와 이성을 얼마든지 무력하게 만들 수 있습니다.

라캉(J. Lacan)은 이런 프로이트의 무의식을 전면에 내세우죠. 그래서 의식과 이성, 주체의 틀이 뚫고 들어갈 수 없는 무의식을 살핍니다. "나는 생각한다. 그러므로 나는 존재한다" 대신에 "나는 내가 존재하지 않는 곳에서 생각하고, 내가 생각하지 않는 곳에서 존재한다"라고 이야기하죠. 이렇게 된다면 '나는 생각한다'와 '나는 존재한다'가 연결되지 않습니다.

물론 라캉은 프로이트를 소쉬르(F. Saussure)의 구조언어학의 틀에 연결시키죠. 그래서 욕망은 언어처럼 구조화되어 있고, 무의식은 '타자의 담론'이라고 하죠. 우리의 욕망은 언어의 구조에 사로잡혀서 개인들을 적절하게 배치하는 언어 구조가 개인들의 욕망을 규정한다고 보죠. 이에 대한 이야기는 꽤 복잡해서 자세하게 설명할 수 없지만, 무엇보다도 주체의 자리가 위태롭게 된 것은 사실입니다.

간단하게 이야기해 봅시다. "나는 생각한다"라는 명제에서 이 말을 하는 자는 누구일까요? "나는 생각한다"는 분명히 '말해진 것(énoncé)'이죠. 말해진 것은 '말하는 작용(énonciation)'의 산물이죠. 이렇게 '말하는 자기'가 '말해진 자기'보다 앞서겠죠. 그러면 '나는 생각한다'고 (생각하는 자기가 아니라) '말하는 자기'는 누구일까요? 이 점을 보면, 데카르트의 '생각하는 나' 그리고 '생각하는 나를 생각하는 나'보다 이것을 '말하는 나의 작용'이 더 앞서겠죠.

물론 이때 말하는 나는 '무의식의 나'이고, 더 정확하게 말하면 말하는 나를 말하게 하는 '말의 구조'입니다. 무의식적 욕망의 세계에서 나는 없고 '말의 구조'가 있을 뿐이죠. 라캉은 이것을 타자(autre)라고 부릅니다. 무의식적 욕망은 이 타자라는 말의 관계망 안에서만 말할 수 있습니다. 하지만 그런 나의 말이 나의 욕망을 표현할 수는 없습니다. 그래서 우리는 언어가 짠 그물망 안에서 욕망의 대상을 추구하고, 그것으로 만족을 얻으려고 하지만 그것은 계속 어긋나고 미끄러질 뿐이죠. 이런 정도의 설명은 궁금증만 더할 뿐이겠지만,

이런 논의가 주체의 지위를 위태롭게 함을 알 수 있을 겁니다.

　마지막으로 근대를 정초하고 근대 세계에서 인간을 주인공으로 만든 한마디로 이 강의를 끝냅시다.

　"나는 생각한다, 그러므로 나는 존재한다."

신호등 앞에서
쩔쩔매는 황소,
이상한 칠판을
보는 금붕어

진리의 재판정을 엽니다

우리가 세계를 인식할 때 어디까지, 얼마나 참되게 알 수 있을까요? 우리는 전능한 존재가 아니므로 모든 것을 완전하게 알 수는 없습니다. 그래서 우리의 인식이 무엇을 어디까지 알 수 있는지, 우리가 알 수 없는 것은 어떤 것인지를 검토하려고 합니다. 이번 시간에는 우리의 이성 능력을 검토하기 위해서 칸트 할아버지를 모셨습니다.

이 칠판은 무슨 색일까요?

먼저 오늘의 문제를 봅시다.

"빨강, 초록 신호등 앞에서 황소 군이 제대로 건널목을 건널 수 있을까요?"

"우리가 보는 칠판과 금붕어 양이 보는 칠판이 같을까요?"

"여러분이 보고 있는 이 칠판은 무슨 색입니까?"

"당연히 흰색이죠."

그런데 이것을 의심하는 사람도 있을까요? 이처럼 칠판이 흰색이라는 뻔한 사실을 부정할 사람이 있을까요?

근대 철학을 완성한 칸트(I. Kant)는 다르게 이야기합니다.

"우리가 보는 칠판은 하얗게 보이지만, 사실은 칠판이 원래 무슨 색인지 알 수 없습니다. 우리는 그 원래의 색을 모릅니다."

다른 사람도 아니고 대철학자 칸트 할아버지의 이야기라 함부로 무시할 수도 없고, 도대체 어떤 이유에서 그렇다는 것인지 천천히 살펴보기로 합시다.

여기에 칠판이 있습니다. 사람들에게 칠판의 색이나 형태를 물어보면, 특별히 감각기관에 이상이 없는 한 색이나 형태 등에 대해서 다르게 이야기하는 경우는 없을 겁니다. 남녀노소를 막론하고, 국회에서 여야로 나뉘어 싸우는 분들도 한결같은 답을 할 겁니다.

그런데 우리 인간들끼리만 모여서 그렇게 본다고 하면, 과연 그 내용이 객관적인지, 아니면 인간들끼리 짜고 그렇게 하는 것인지 알 수 없으니까, 다른 동물의 경우도 그런지 살펴보는 것이 어떨까요? 즉 다양한 동물종이 모인 경우에도 칠판이 동일한 방식으로 지각, 인식되는지를 보기로 하죠. 만약 칠판에 대해서 인간들이 보는 내용이 객관적으로 올바른 것이라면 다른 동물들에게 보인다고 해서 달라질 것은 없겠죠. 또 우리가 보는 것이 객관적인 것이 아니라면 어떤 점에서 그런지를 아는 것이 좋을 겁니다.

물고기, 소, 개미, 쥐, 독수리, 벌 등을 불러서 각 종들이 칠판에 대해서 어떤 이야기를 하는지 들어 봅시다. 다양한 동물이 같은 칠판을 봤을 때 똑같이 볼 것이냐, 다르게 볼 것이냐가 문제입니다. 어떨 것 같습니까?

먼저 황소 군을 불러서 알아봅시다. 그런데 황소 군이 이리 오는 도중에 신호등 앞에서 쩔쩔매고 있군요. 왜 그럴까요? 설마 황소 군이 시골에서 오래 살다가 처음 도시에 온 까닭에 신호등을 처음 봐서 그런 것 같지는 않은데…… 확인해 보니 황소 군은 신호등 건널

일을 예상하고 미리 연습까지 했답니다.

"황소 군, 빨간불이 켜지면 멈추어서 기다리고, 초록불이 켜지면 건너야 하네. 초록불에 건널 수 있다네."

그런데 이 친구는 연습을 꽤 했는데도 빨강, 초록을 구별하지 못하는 것 같군요. 왜 신호등 앞에서 쩔쩔매냐고 물으니, 나름의 사정을 하소연합니다.

"저는 빨간불과 초록불이 분간이 안 되요. 그래서 내 나름대로는 위에 있는 불(빨간불)이 켜질 때면 서 있고, 아래 있는 불(초록불)이 켜질 때는 건너가라는 신호로 보이는군요."

아, 그러고 보니 황소 군의 색 감각이 우리와 다르다는 점을 미처 생각하지 못했군요. "미안하네, 황소 군. 자네 말대로 아래, 위로 구별해서 신호등을 건너게."

우리에게는 빨강, 초록이 차이가 있지만 황소 군에게는 그게 구별이 안 되니 어떻게 합니까. 우리끼리 하는 이야기지만 황소 군은 적록색맹이군요. 쉿, 황소 군이 자기가 '색맹'이라는 걸 알면 속상할 테니, 조용히 이야기합시다.

아니 그렇다면 투우장에서 투우사가 황소를 상대로 휘두르는 빨간색 천은 어떻게 되는 거죠? 관중을 흥분시키는 강렬한 빨간색 천에 칼을 숨긴 투우사는 달려드는 황소를 이리저리 유인하면서 요리조리 피하고, 계속 허공을 들이받던 소가 지칠 때쯤 투우사의 망설임 없는 칼끝에 소가 쓰러집니다. 투우사가 흔드는 빨간색 천은 소가 아니라 관중을 흥분시키기 위한 것이라고 볼 수 있습니다. 만약 빨간색이 너무 자극적이라고 생각한다면 보라색이나 노란색으로 바꾸어서 색다른 투우를 기획해 보면 어떨까요?

칠판은 하나인가, 여럿인가?

투우장의 환호에 귀먹을 정도니까 그만 칠판 앞으로 가 봅시다. 어쨌든 우리의 색 감각과 소의 색 감각이 다르긴 하지만, 황소 군은 칠판이 흰색이라고 하는 우리의 주장에 고개를 끄덕일 것 같습니다.

그건 그렇고, 소만 우리와 다른 색 감각을 갖고 있는 것은 아니겠죠. 다른 종도 우리와 다르게 지각할 가능성은 없을까요? 예를 들어서 벌은 삼원색인 빨강, 초록, 파랑에서 빨강을 보지 못한다고 하죠. 하지만 우리와 달리 자외선을 볼 수 있답니다. 같은 꽃이라도 벌과 우리가 볼 때 서로 다른 색으로 보이겠죠.

그렇다면 색깔뿐만 아니라 공간 감각도 다르지 않을까요? 만약 그렇다면 사태는 심각할 겁니다. 하나의 칠판을 놓고 저마다 다른 주장을 하는 동물들의 소란스러운 모임이 될 테니까요. 그래서 동물학자들의 도움을 받아서 의혹의 눈길로 조사해 봤더니, 아니나 다를까 동물들마다 제각각이랍니다.

한두 가지 예를 봅시다. 어항에서 우아하게 춤을 추고 있는 물고기를 불러올까요? 엄숙한 자세로 우리의 연구에 협조할 것을 요청하고 칠판의 색을 물어봅니다.

"금붕어 양, 여기에 평평하고 반듯하게 놓여 있는……" 하고 질문을 시작하려는데, 갑자기 물고기 양이 질문을 하는군요. 아직 물어보기도 전인데 말입니다.

"무슨 질문인가요?"

"아니 평평한 것이 어디 있단 말이에요?"

"아니, 여기에 있는 칠판이 보이지 않나요?"

"그것이 칠판인지는 아는데요, 저는 전부터 궁금한 게 있어요. 왜 사람들은 그렇게 가운데가 툭 튀어나온 것에 글씨를 쓰나요? 가운데 글씨는 크고 주변의 글씨들은 휘어진 데다 작아서 잘 보이지도 않는데 말이에요. 이왕이면 평평한 판에다 쓸 수는 없습니까?"

갑자기 말문이 막히는군요. 아니 이 칠판이 튀어나와 보인다고요? 그래, 물고기 양은 우리와 공간을 지각하는 방식이 다르군요. 그렇다면 칠판의 색에 대한 질문은 나중에 할 수밖에 없군.

이런 금붕어 양에게는 칠판이 아니라 사람들 얼굴이 얼마나 재미있게 보일까요? 만약 우리가 물고기 양의 눈을 흉내 낸 어안(魚眼)렌즈를 쓰면, 칠판도 툭 튀어나와 보이겠죠. 우리 모두가 코주부가 아니라는 사실을 금붕어 양에게 알려 주고 싶지만, 어쩔 도리가 없군요. 좋아요, 다른 친구를 부릅시다.

이번엔 두더지나 박쥐를 불러 볼까요? 지금 좀 어두워져서 불을 켜 놓은 상태인데, 이 친구들은 불을 켜든 말든 아무 상관이 없다고 합니다. 땅속에서 생활하는 두더지의 시력이 0에 가깝다는 것은 이해가 되죠. 땅을 파는 데 눈이 좋으면 뭐하나요. 그래서 이 친구는 칠판을 보는 것이 아니라 만져 볼 테니까 색을 묻는 것은 실례가 되겠군요.

게다가 박쥐는 음파를 이용해서 공간의 굴곡을 지각한다고 합니다. "칠판이라는 것은 매끈매끈하군요. 내가 사는 동굴에는 이처럼 매끈한 것이 없죠. 참 신기하군요." 어두운 동굴에서 생활하는 박쥐의 시력을 고려하면 색을 물어보기는 곤란하겠군요.

이 정도만 보더라도 각 종들은 저마다 다른 방식으로 대상을 지각하기 때문에 하나의 칠판을 놓고도 제각각 다른 주장을 펼칠 수 있습니다. 같은 대상을 두고도 누구는 이런 색, 누구는 저런 색, 누구에게는 매끈한 것이 다른 누구에게는 울퉁불퉁한 것으로 지각될 수도 있습니다. 어휴, 어지러워. 칠판이여, 너는 원래 어떤 색이고 어떤 모양이니?

같은 것을 두고 이렇게 보고, 저렇게 보고

제비의 경우는 어떨까요? 제비는 시속 200킬로미터로 날 수 있다고 합니다. 여러분이 시속 200킬로미터로 달리면 사물들이 잘 구별되지 않을 겁니다. 만약 이런 제비의 눈을 지닌 야구선수가 있다면 아무리 강속구의 공이 날아오더라도 그 움직임이 보일 테니, 가공할 만한 타력을 갖추지 않을까요?

그런데 같은 날짐승인 독수리는 한술 더 뜹니다. 이 친구는 하늘 높이 원을 그리며 날다가 먹이가 있을 것 같다는 느낌이 들 때, 마치 카메라의 줌업처럼 필요한 부분을 정확하게 포착한다고 합니다.

또 다른 예로 공간을 다르게 지각하는 경우를 볼까요? (약간 억지스럽지만) 개미나 뱀의 공간 이동은 선과 같이 움직이니까 2차원적입니다. 길 가운데 벽돌 같은 것이 있는 경우, 이 길을 가는 개미는 a-b-c-d-e-f를 직선상으로 연장해서 움직입니다.

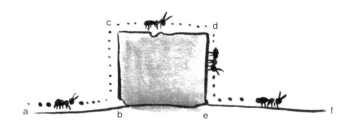

우리는 이와 달리 벽돌을 넘어서 3차원 공간 이동을 합니다. 한 걸음에 a-f로 갈 수 있죠. 아니면 재미로 a-c로 갔다가 e를 거치지 않고 f로 갈 수도 있죠. 이 경우에 개미와 우리는 서로 다른 공간에 살고 있는 셈이죠.

여기서 어느 공간이 더 공간의 본질에 가까운지는 알 수 없습니다. 3차원 공간 이동을 하는 경우는 2차원 공간보다 한 차원이 더 있죠. 만약 나중에 공간을 3차원이 아니라 4차원의 방식으로 이동하는 방법이 개발된다면, 우리는 새로운 공간을 경험하게 될 겁니다. 이 경우에 4차원을 진짜 공간으로 나머지를 불완전한 공간으로 볼 수는 없겠죠.

예를 들어 앞으로 가다 보면 뒷면이 나오는 '뫼비우스의 띠' 모양이라든가, 안과 바깥이 하나로 연결된 '클라인의 병' 모양에서 경험하는 공간은 다른 것이죠.

지금까지 인간들은 제 잘난 맛에 다른 동물들에게 별로 관심이 없었죠. 특히 인식의 문제를 다루는 철학자들은 동물을 열등한 존재로 보고, 동물들이 칠판을 어떻게 보는지에 별 관심이 없었죠. 그런데 인간의 인식을 검토하는 과정에서 각 종들이 저마다 다르게 본다는 점이 부각되면 인식의 문제가 복잡해질 수 있다는 것을 알게 되었죠.

어쨌든 동물들과 우리가 세계를 똑같이 보는지를 확인하고, 모두에게 공통된 인식이 가능한지를 살펴보려고 합니다.

저마다 다르게 보는 칠판 앞에서

자, 상황을 정리해 봅시다. 하나의 칠판을 앞에 두고 각 종들이 모여서 그 칠판의 모습을 규정할 때 과연 하나의 보편타당한 결론이 나올까요? 말을 바꾸면, 칠판이 본래 모습에 대한 우리의 주장을 비롯해서 물고기 양, 황소 군, 두더지 군, 독수리 군 등등의 주장 가운데 어느 것이 가장 올바른 것일까요? 우리는 당연히 우리의 주장이 옳다고 하겠지만 반드시 그럴까요?

이 난국을 어떻게 해결해야 할까요? 칠판을 두고 맞서는 주장들이 어지럽게 펼쳐진 가운데 칠판이 원래 어떠한지를 아는 것은 포기하고, 이 상황을 정리할 필요가 있는 것 같습니다.

이때 난처한 점은 A, B, C, D, E라는 각 종들이 보는 각각의 칠판 a, b, c, d, e가 저마다 다르다는 거죠. 거꾸로 이것이 모조리 같다면, 아니 적어도 이 가운데 같은 것이 2개라도 있으면 얼마나 좋을까요? 그렇다면 인간이 보는 칠판도 이 여럿 가운데 하나일 뿐이겠죠.

어쨌든 그나마 확실한 것은 같은 대상이 각 종들마다 다르게 보인다는 점이죠. 그러니까 여기에서 다른 것은 칠판 자체, 원래의 칠판이 아니라 각 종들에게 보이는 칠판이죠. 각 종들은 나름대로 자기에게 나타난 다른 칠판을 봅니다. 그렇다면 각 종들은 칠판을 앞에 두고 그 나름의 방식으로 칠판을 구성해서 그것이 칠판이라고 주장하는 것이겠죠. 즉 칠판 자체는 하나지만, 각 종들이 보는 칠판은 여럿이죠. 그래서 각 종들은 서로 다른 칠판을 보는 겁니다.

빨간 안경을 끼고 본 세상은 어떻게 보일까?

같은 대상을 두고 다르게 보는 이런 차이들이 왜 생기는지 살펴봅시다. 문제는 어느 종의 눈이 나쁜지 좋은지를 살피는 것이 아니라, 그렇게 다르게 볼 수밖에 없는 까닭을 아는 것이죠. 이것을 설명하기 위해서 가설을 하나 세워 봅시다.

만약에 모든 사람이 태어날 때부터 빨간 안경을 쓰고 있다고 해 보죠. 그러면 "앙!" 소리와 함께 세상에 나온 우리 남돌이, 여순이들은 처음에는 눈이 잘 안 보이겠지만, 몇 달이 지나 형체와 색이 보이고, 드디어 소리와 냄새, 분위기로 분간하던 엄마, 아빠의 얼굴을 보게 되었다고 합시다. 바로 그때 그들은 빨간색의 얼굴로 웃고 있는 엄마, 아빠를 보지 않겠습니까? 물론 방도, 장난감도 모두 빨갛게 보일 겁니다. 세상은 빨간색 일색이어서, 그 밖의 다른 색들도 다만 진하고 옅은 빨간색으로 구별될 뿐이겠죠.

이때 우리가 보는 세계는 원래의 모습이 아니라 우리가 쓰고 있는 안경 색깔 때문에 그렇게 보이는 거죠. 대상은 우리에게 이미 빨간색으로 칠한 채 나타나고, 우리는 그것을 원래의 색인 듯 보게 됩니다. 우리가 이런 '안경-눈'을 버리지 않는 한 다르게 볼 길이 없죠. 세계는 이런 안경-눈을 통하지 않고는 보이지 않을 테니까요.

'빨간 안경' 가설에서 이 안경을 우리의 시각기관으로 바꾸어 볼까요? 바로 우리가 보는 것은 '우리 눈에 의해서' 보이는 것이라고 할 수 있죠. 그런데 우리 눈에 앞서 존재하는 원래의 세계를 보는 것은 아니겠죠. 우리가 우리의 눈을 통해서 대상들을 보기 때문에 그것들의 원래 모습을 포기해야 하는 안타까운 점이 있지만, 이런 사정이 바로 우리가 대상들을 보는 조건입니다. 즉 모든 시각 경험은 이런 조건에서만 가능하죠.

앞에서 우리가 각 종들이 보는 다른 세계를 이야기했지만, 그나마 다행스러운 점은 내가 쓰고 있는 안경과 다른 사람이 쓰고 있는 안경이 똑같다는 점이죠. 만약 이 안경이 저마다 다르다면 (이런 골치 아픈 가정을 하는 철학자도 꽤 있습니다.) 우리는 저마다 다른 세계를 보고 있다고 해야겠죠.

어쨌든 우리는 같은 지각기관을 공유하기 때문에 모든 종을 대표하지는 못하지만, 같은 대상의 색이나 형태를 똑같이 봅니다. 즉 우리 모두는 칠판이 하얗고, 매끈하고, 평평하다고 입을 모읍니다. 그렇다면 앞에서 각 종들이 칠판을 저마다 다르게 본다는 것은 그들은 각기 다른 안경을 쓰고 보기 때문이라고 설명할 수 있을 겁니다.

자, 이해가 되나요? 왜 칠판이 다르게 보일까요? 각 종들의 안경이 서로 다르기 때문입니다. 왜 신은 우주에 안경을 하나만 만드시지 수고스럽게 여러 개를 만드셔서 하나의 세계를 이토록 다양하게 보도록 하실까요?

어느 안경이 가장 좋은가?

여러분 가운데 이런 설명을 듣고도 여전히 못마땅해 하는 분이 있을지도 모르겠군요. 그런 분은 "제발 각 종들이 칠판을 다양하게 본다는 이야기로 헷갈리게 하지 말고, 칠판이 원래 어떤 것인지를 이야기하라" 하고 재촉하겠죠. 물론 그것은 중요한 문제죠.

이처럼 '과연 어느 종이 대상을 원래의 모습 그대로 보는가?'라고 묻는 것은 '어느 종이 쓰고 있는 안경이 올바르고 최상의 것인가?'를 물어보는 것이 되겠죠. 과연 어느 것일까요? 인간의 것인가요? 이런 질문 자체가 생뚱맞지 않나요? 아니면 인간만 이런 질문을 하고 고민하니까 우리를 기준으로 삼아도 될까요?

"지상에 척도가 있는가?" 하고 묻는다면, 지금 우리가 할 수 있는 답은 무엇일까요? 하나가 아니고 여럿이 있을 뿐입니다. 그 가운데 어느 것이 가장 올바른가요? (올바르고 그르다는 구별 자체는 그 가운데 어느 하나를 기준으로 정할 때 가능하죠.)

아직은 모르죠. 그러니 차근차근 살펴보는 게 좋을 것 같아요. 우리가 확인할 수 있는 것은 안경이 하나가 아니라 여럿이라는 것, 그래서 그 안경에 나타나는 세계가 다르다는 것입니다. 우리가 안경을 쓰지 않았다면 객관적으로 품질 검사를 할 수 있을까요? 우리가 안경을 벗는다면, 우리는 대상들의 참모습이 아니라 아무것도 보지 못하게 되는 거죠.

우리에게 불리한 예를 들어 볼까요? 배가 침몰하기 전에 쥐들이 갑자기 떼를 지어 바다로 뛰어들거나, 지진이 나기 전에 동물들이 떼를 지어 이동하는 사례들을 지구촌 뉴스에서 접했을 겁니다. 이 동물들은 우리가 듣지 못하는 소리를 들었거나 어떤 지각을 했기 때문에 그런 이상 행동을 했겠죠. 우리는 배가 가라앉고 땅이 갈라지기 시작해서야 사태의 심각성을 깨닫고 비로소 움직이죠.

그런데 우리가 우습게 여기는 쥐나 뱀, 다른 동물들은 그 기미를 알아채고는 법석을 떨죠. 쥐들은 지진이 나기 전에 어떻게 그 소식을 미리 아는지 재빨리 다른 곳으로 피한다고 합니다. 우리한테는 들리지 않는 어떤 신호가 그 녀석들에게는 들리니 신기할 따름입니다.

　우리는 우리가 들을 수 있는 범위 안의 소리만을 선택적으로 듣
죠. 30데시벨(dB) 정도의 작은 소리는 들을 수 없죠. 핸드폰을 오가
는 1~2기가헤르츠(GHz)의 음파들이 우리 주변을 수없이 지나가지
만, 핸드폰을 켤 때만 들을 수 있는 소리로 전환되는 거죠.

　'안경 가설'을 통해 각 종들이 저마다 칠판을 다르게 본다는 것은
사실 어느 종도 원래의 칠판을 보지 못하고 자기에게 보이는 칠판을
볼 뿐이라는 점을 지적하려는 것입니다. 성질이 급하신 분을 위해서
한 가지만 간략하게 살펴볼까요?

　만약에 내가 책상을 인식하려는데 책상이 나에게 자기 모습을 그
대로 보여 주기 위해 통째로 내 머릿속에 들어온다면 내 머리는 남
아날 리가 없죠. 다행히도 책상의 이미지만 살짝 들어와서 내 마음
에 마음-그림(표상)을 그려 놓으면 안심하고 이 표상을 책상 대용으
로 삼을 수 있죠.

　이런 까닭에 우리가 보는 대상과 대상 자체가 같다고 믿어서는 안
됩니다. 앞에서 각 종들이 나름의 안경을 쓰고 있다는 점은 바로 대
상 자체를 '그대로 본다'는 것이 가능하지 않다는 지적이기도 합니
다. 우리가 안경을 통해서 본 대상은 대상 자체가 아니라 우리에게
나타난 대상, 곧 '현상(現象)'인 거죠.

　우리에게 중요한 것은 우리가 대상을 제대로 보는가를 따지기 전
에 우리가 대상을 어떤 조건에서 보는지를 살펴야 합니다. 우리가
대상을 그대로 보는 것이 아니라 안경을 쓰고 본다면, 어떤 안경을
쓰고 있는지, 그 안경은 믿을 만한 것인지 등을 살펴야 합니다.

진리의 재판정을 열자

각 종들마다 다르게 보는 사연도 중요하지만, 인간들이 어떤 조건에서 무엇을 어떻게 보는지를 알아야 하지 않을까요? 다른 종들을 걱정하느라고 우리 문제를 미룰 수는 없으니까요. 그래서 우리는 칸트 할아버지에게 이 문제의 해결을 맡기고자 합니다.

왜 할아버지라고 하는지 아시죠? 칸트 할아버지는 60세에 비로소 《순수이성 비판》(1781)을 출간합니다. 평생 갈고닦은 솜씨를 잘 갈무리했다가 환갑이 되어서야 철학의 역사를 바꾸어 놓은 저작을 내놓습니다. 칸트 할아버지가 없는 근대 철학도, 그 이후 철학의 다양한 논의도 이 책을 중심에 두고 이루어졌다고 해도 과언은 아닐진대, 그것을 젊고 팔팔한 사람이 아니라 원숙기에 이른 노인이 철학마을에 휙 던져 놓았다는 점에서 칸트 할아버지의 뒷심을 알아줘야 합니다.

그래서 대기만성형 철학자들은 일찍 천재성을 보이지 못하면 자기도 60세가 되면 세상을 놀라게 할 책을 쓸 것이라고 주장하곤 합니다. 멋있는 핑계지만 칸트 할아버지의 전례가 있기 때문에 무시할 수도 없습니다. 이 나이에도 칸트 할아버지의 흉내 내기에 바쁘고 해설서를 쓰면서 시간을 보내는 저 같은 철학자에게도 아직 늦지 않았다고 희망을 주는 칸트 할아버지는 고마운 분입니다.

여러분이 잘 알고 있는 《파브르 곤충기》도 이와 비슷한 경우죠. 파브르(J. H. Fabre)는 55세에 이 책의 첫 권을 선보였고, 마지막 10권을 84세에 완성했답니다. 파브르 할아버지의 지칠 줄 모르는 노력이 과학계에 얼마나 많은 기여를 했는지 잘 아실 테니, 여러분도 나이 타령일랑 그만하시고 지금 시작하세요.

칸트 할아버지의 주도로 '진리의 재판정'을 마련할까요? 이 재판정에서는 각 종들마다 세계를 다르게 보는 데서 생기는 인식의 혼란상을 극복하고자 합니다. 이 재판정은 진리가 보편적이고 필연적이어야 하므로, 어떠한 경우에도 그것이 가변적이거나 우연적이어서 특수한 경우들에만 타당하거나 시간에 따라서 들쭉날쭉한 경우가 없어야 함을 명심하고 있습니다. 한마디로 진리마을에서 오류를 추방하고, 진리에게만 시민권을 주고자 합니다.

여기서는 칸트 할아버지의 충고에 따라 인간들만으로 구성된 재판정을 열기로 했습니다. 겸손한 칸트 할아버지는 자신이 아니라 이성이 재판정을 주재해야 한다고 주장하며 한사코 거절했지만, 저희들이 네 번씩이나 찾아가서 간곡하게 부탁하는 바람에 인간의 대표자리를 수락했습니다. 아마 가장 훌륭하고 사심 없는 재판관이 아닐까요?

기존의 형이상학자들은 인간의 인식능력에 대해서 철저하게 검토하지도 않고, 모든 것을 모조리 파악할 수 있는 것처럼 주장했습니다. 이 재판정은 그들이 진리에 대한 욕심 때문에 우리의 인식능력이 미치지도 못하는 것에 대해서까지 잘 알고 있는 것처럼 주장해 온 것을 방관하지 않으려 합니다. 특히 그들이 듣기 좋은 주장이나 확실하지도 않은 의견들을 화려한 말솜씨로 포장해서 진리를 추구하는 선량한 이들을 기만하는 '진리모독죄'를 고발하기로 했습니다. 이 때문에 진리를 자처하는 이론을 이 재판정에서 철저하게 심의하려고 합니다.

그래서 인간이 자기의 인식능력을 잘 사용하는지, 자기 능력 너머에 있는 것을 넘보는 것은 아닌지, 인식이 가능한 경우에는 과연 어디까지 가능한지, 어떤 확실성을 갖출 수 있는지 등을 살펴보려고 합니다. 이처럼 칸트 할아버지는 진리를 추구할 자격을 갖춘 인식능력을 비판적으로 검토함으로써 무너질 수 없는 토대를 세우려고 합니다. 그래서 이 작업과 관련하여 몇 가지 질문을 마련했습니다.

"나는 무엇을 알 수 있는가?" "나는 무엇을 해야만 하는가?" "나는 무엇을 바랄 수 있는가?"

> 칸트 할아버지는 나중에 이 법정의 보고서에 해당되는 자신의 책을 각각 《순수이성 비판》 《실천이성 비판》 《판단력 비판》이라는 제목으로 출판합니다. 재미있게도 책마다 '비판'이 붙어 있지요? 이것은 '순수한 이성을 비판적으로 검토한다'는 비판적 작업의 성과를 보여 주려고 한 것입니다. 과연 기존의 철학이나 형이상학 들이 이런 '비판'을 얼마나 견딜 수 있는지, 혹시 그것들이 진리모독죄를 선고 받지는 않을지 살펴봅시다.

먼저 첫 번째 법정에서 "나는 무엇을 알 수 있는가?"라는 질문에 답하고자 합니다. 이것은 우리 인식의 타당한 범위가 어디까지인가를 묻는 것이죠. 우리는 이 범위를 넘어선 것을 알 수 없습니다. 우리가 신이 아닌 바에야 모든 것을 투명하게 인식할 수는 없겠죠. 그리고 그 범위 안에서 어떻게 인식이 이루어질 수 있고, 어떤 능력이 필요하고, 그 확실성의 정도는 어떠한지, 인식능력은 어떤 권리를 지니고, 어떤 의무를 지켜야 하는지 등을 검토하려고 합니다. 칸트 할아버지는 이런 작업을 '비판철학' 또는 '선험철학'이라고 부릅니다.

첫 번째 법정은 칸트 할아버지가 인식의 적법한 권리를 따지는 점을 주로 소개하고, 두 번째 법정에서는 형이상학적 이성을 심의하는데 이것은 다음 강의에서 보기로 합시다.

인식형식은 경험에 앞선다

자, 이성의 재판정에서 어떤 심의가 이루어질까요? 잠깐 앞에서 이야기한 각 동물 종들의 안경 이야기를 다시 볼까요? 이 재판정에서는 이런 안경을 어떻게 받아들일까요?

이 재판정에서는 안경이라는 용어 대신에 법정에 어울릴 만한 다른 점잖은 용어를 쓰고자 합니다. 우리는 앞에서 어떤 대상이 있을 때, 각 종들이 저마다 다른 안경을 통해서 대상을 본다고 했는데, 이러한 안경을 대상을 인식하는 '형식(形式, form)'이라고 부릅시다.

다른 동물들처럼 우리 인간도 대상세계를 볼 때 우리 나름의 '인식 틀'이 있습니다. 물론 인식을 짜는 이런 틀을 '인식형식'이라고 부를 수 있죠. 우리는 이 형식으로 대상세계를 일정하게 구성해서 인식합니다. 제가 이 이야기를 한마디하려고 착한 황소 군, 물고기 양을 불렀던 거죠.

그런데 앞에서 모든 종은 태어나면서부터 나름의 안경을 쓰고 있다고 했죠. 말을 바꾸면 이러한 인식형식(안경)은 우리가 대상을 경험하면서 비로소 갖는 것이 아닙니다. 그것은 경험에 앞서 미리 가지고 있는 것으로 선천적인 것 또는 선험적인 것입니다. 칸트 할아버지가 만든 이 용어는 인식형식이 경험에 앞서고, 이것이 있어야 비로소 경험이 가능하다고 보기 때문에 경험의 '가능조건'이란 점에서 선험적(transzendental) 또는 선천적(a priori)이라고 부릅니다.

선험적(先驗的)이라는 말은 경험하기 전에 있고 그것 때문에 경험이 가능하다는 의미입니다. 또한 선천적(先天的)이라는 말은 우리가 태어날 때부터 가지고 있는 것이어서 모든 경험의 바탕에 이미 있다, 곧 모든 경험에 전제(前提)한다는 뜻입니다. 그래서 '경험하고 나서' 또는 '경험 이후에'라는 뜻의 후천적(a posteriori)이라는 말과 구별되죠.

다시 말해, 선천적 또는 선험적 형식이란 경험에 앞서서 경험을 가능케 하는 것이죠. 여기서 경험에 앞선다는 것은 단순히 시간적으로 앞서는 것이라기보다는 논리적으로 앞선다는 의미죠. 그래서 이 형식을 거쳐야만 비로소 경험이 인식될 수 있다는 뜻입니다.

이야기가 어렵나요? 사실은 그렇지도 않아요. 안경 이야기에서 이 안경을 인식형식으로 바꾸었을 뿐이죠. 우리가 눈-안경을 가지고 대상을 보는 것이지, 대상이 있고 나서 그때 부랴부랴 안경을 만드는 것은 아니니까, 안경-인식형식은 대상을 보기 전에 이미 있어야 합니다. 그리고 대상은 이 안경(인식형식)을 통해서 비로소 보이는 겁니다.

선험적 인식형식에 대한 논의는 칸트 할아버지가 제안한 독특한 것인데, 할아버지는 이 선험적 인식형식을 통해서 전통 철학의 난제를 풀고자 합니다.

이때 전통 철학은 경험주의와 합리론이라고 볼 수 있죠. 경험주의는 우리 인식이 경험을 통해서만 가능하고, 경험할 수 없는 것들은 참일 수 없다고 보아서 경험을 인식의 유일한 원천으로 보죠. 그래서 우리는 경험하기 전에 백지상태로 있다가 경험에 의해서 그 백지 위에 구체적인 인식을 하나둘 써 나간다고 봅니다. 책상이 무엇인지는 실제로 책상을 감각적으로 경험해 봐야 우리 마음에 책상이라는 글씨가 쓰인다는 거죠.

반면 합리론은 감각경험이 일시적이고 가변적이기 때문에 그것만으로는 필연적인 인식을 마련할 수 없다고 봅니다. 그래서 우리에게 본래 주어진 이성능력을 통해서만 대상의 참된 모습을 제대로 인식할 수 있다고 주장합니다. 삼각형을 아무리 많이 그려 보더라도 삼각형의 본질을 확실하게 알 수는 없으므로 이성을 통해서 삼각형의 본질을 파악해야 한다고 봅니다.

선천적 종합판단은 가능한가?

칸트 할아버지는 이런 전통 철학의 싸움판에서 다른 해결책을 찾습니다. 이것을 판단형식의 문제로 정리해 볼까요? 우리는 개념들을 결합해서 판단을 만드는데, 두 종류가 있습니다. 종합판단과 분석판단입니다.

종합판단의 예로 '이 원은 노랗다' '까마귀는 검다' '모든 물체는 무게를 지닌다' '아스피린을 먹으면 감기가 낫는다' 등을 들 수 있습니다. 이런 예들 가운데 '이 원은 노랗다'를 볼까요? 이것은 '원'이라는 주어에, 그 개념 속에 원래 없는 '노란색'을 술어로 덧붙인 경우입니다. 이때 감각을 통해서 '원' 개념에 '노랗다'는 개념을 더하는 것이죠. 종합판단은 경험의 도움을 받아야 합니다. 누군가가 그 원을 보지도 않고 '원이 노랗다'고 하면 믿을 수 없죠. 따라서 종합판단은 경험과 더불어 비로소 형성될 수 있습니다.

그런데 이런 경험에 근거를 둔 판단은 보편적으로 타당할 수는 없습니다. 원이 항상 노란 것이라고 할 수는 없고, 다만 지금, 여기에 있는 이 원이나 그때 저기에 있던 원이 노랄 뿐입니다. 게다가 우리가 안 보는 사이에 누군가가 일부러 검게 칠하거나 어두운 곳에서 보면 그 원은 더 이상 노랗지 않습니다. 따라서 종합판단은 특정한 경우에만 타당할 뿐 보편타당할 수 없습니다. 모든 원이 노란색일 수 없고, 노란색 원 말고도 다른 색의 원이 있을 수 있습니다.

이런 판단은 주어에 들어 있지 않은 경험 내용을 술어에 보태는 것이기 때문에 우리의 인식을 확장할 수 있습니다.

이와 달리 분석판단은 '이 원은 둥글다'와 같은 것이죠. 주어인 '원' 개념만 분석하면 '둥글다'라는 술어가 나오죠. 원은 원래 둥근 것이니까요. 이 경우는 주어 바깥으로 나갈 필요 없이 지성을 통해서 술어를 찾을 수 있죠. 게다가 '원은 둥글다'는 것은 모든 원에 대해서 예외 없이 타당합니다. 둥글지 않은 것은 원이 아니므로, 원은 둥글 뿐 다른 가능성이 없습니다. 이런 판단은 반드시 그러해야 하고 다른 가능성이 없으므로 필연적으로 참입니다.

이때 '원은 둥글다'는 것을 인식하기 위해서 감각경험의 도움을 받을 필요는 없습니다. 우리가 그리는 원들이 필연적으로 완전하게 둥글 수는 없으므로 감각경험은 도리어 방해가 될 뿐이죠. 이처럼 분석판단은 감각경험에 독립된 것이고, 경험에 무관하게 참이거나 거짓임을 알 수 있습니다.

이 두 판단을 비교하면, 분석판단은 경험에 의존하는 종합판단과 달리 보편타당함을 지닐 수 있지만, 이미 주어에 들어 있는 내용을 끄집어낼 수 있을 뿐이죠. 그래서 이미 알고 있는 인식을 다시 확인하는 데는 도움이 되지만 우리의 인식을 확장할 수는 없습니다.

이 두 판단 가운데 어느 것이 더 바람직할까요? 한쪽은 생생하고 변화무쌍한 경험세계를 잘 포착하지만 보편성이 없고, 다른 한쪽은 보편성을 잘 갖추고 있지만 감각을 배제한 지성의 회색빛만으로 세계를 칠할 뿐입니다.

이렇게 보면 경험주의자는 종합판단을, 합리주의자는 분석판단을 가슴에 안고 진리를 찾아 험난한 파도를 헤치며 바다를 가로지르는 무모한 항해를 하는 셈이지요. 이렇듯 실패할 수밖에 없는 시도를 안타깝게 여기던 칸트 할아버지는 분석판단처럼 보편타당성을 지니면서 동시에 종합판단처럼 인식을 확장하는 판단형식을 찾습니다. 그것이 바로 '선천적 종합판단'인 것입니다.

과연 두 판단의 장점을 지니면서 단점을 제거한 그런 마음에 쏙 드는 진리의 안내자이자 믿을 만한 도구인 선천적 종합판단이 가능할까요? 자세한 설명은 《순수이성 비판》의 서론을 참조하시길 바랍니다. 다만 여기에서는 이런 독특한 형식의 판단이 가능하다고 믿기로 하죠. 앞으로 보게 될 인식형식과 그 작용에 관한 논의는 이런 판단을 전제합니다.

궁금해 하는 분을 위해 간단하게 소개할까요? 칸트 할아버지는 순수 수학과 순수 기하학의 명제들이 선천적 종합판단에 해당한다고 봅니다. 이 설명은 약간 까다롭지만, 예를 들어서 살펴봅시다.

3과 7의 합이 10인 경우를 봅시다. (3+7=10) 일단 이 명제는 필연적인 것이죠. 그런데 칸트 할아버지는 이것이 또한 종합적이라고 봅니다. 두 수의 합인 10은 단일한 수입니다. 10이라는 수를 분석한다고 해서 3과 7이 나오지는 않습니다. 우리는 10을 구할 때 3

과 7의 바깥으로 나가야만 합니다. 이때 감각의 도움, 예를 들어서 손가락으로 셈하거나 3개의 점을 7개의 점과 함께 헤아림으로써 10을 만들 수 있습니다.

이것은 좀 더 큰 수의 경우에 잘 드러납니다. 3,876과 6,783을 더하는 경우, 각 수가 주어질 때 금방 그 합을 생각할 수 없고 두 수를 헤아림으로써 10,659를 얻을 수 있습니다. 물론 3,876+6,783= 10,659라는 명제는 필연적입니다. 그리고 이것은 3,876+6,783이라는 개념에 10,659란 개념을 부가한 것이기 때문에 종합적입니다. 자, 이해되나요? 묘한 설명방식 때문에 이해가 잘 안 되는 것이 보통이죠. 이런 설명을 이해할 수도 없고, 이런 명제가 가능하지 않다고 믿는 철학자들(경험주의자, 실증주의자)도 많습니다.

그러면 다른 기하학의 예를 들어 볼까요? "두 점 사이의 가장 짧은 거리는 직선이다"라는 명제를 봅시다. 두 점만을 분석해서는 '가장 짧은'이라는 개념을 찾을 수 없습니다. 이때 감각의 힘을 빌려야죠. 실제로 선을 그어 보거나 눈으로라도 직선을 그어서 그것을 두 점의 개념과 결합시켜야 합니다. 그래서 이 명제는 감각의 도움을 받는 한 종합적이고 필연적으로 타당하기 때문에 선천적입니다. 물론 이것은 단순히 경험을 일반화해서 얻어지지 않습니다.

어쨌든 칸트 할아버지는 선천적 종합판단이 가능하다고 봅니다. 우리가 인식할 때 경험이 필요하지만, 그렇다고 인식이 단순히 경험에만 의존하지는 않아야 합니다. 경험에만 의존하는 인식은 보편타당성이 없으니까요. 그래서 칸트 할아버지는 우리 인식이 보편타당하고 필연적일 수 있는 것은 인식 과정에서 이런 선천적 종합판단이 마련되기 때문이라고 봅니다.

선험적 인식형식은 어떻게 질료를 가다듬는가?

우리가 '선험적 인식형식'을 인식 과정에서 어떻게 사용할 수 있는지를 살펴보기로 합시다. 물론 우리에게는 이 형식을 적절하게 사용하여 올바른 인식을 마련하는 '인식능력'이 있어야 합니다. 그러므로 이제 질문은 우리가 '어떻게 선험적 인식형식으로 대상을 보편타당하게 인식할 수 있는가?'가 됩니다. 직설적으로 이야기하자면, '나는 무엇을 알 수 있는가?'라는 질문이 바로 이것이죠.

그러면 우리의 인식이 어떤 과정을 거쳐서 이루어질까요? '인식하는 자(인식 주관)'가 있고 '인식되는 것(인식 대상)'이 그 맞은편에 있다고 합시다.

먼저 대상 쪽에서 인식 주관에 대해서 무엇인가를 촉발합니다. 여러분이 책상, 하늘, 꽃, 잔디, 낙엽, 애인의 얼굴, TV 화면 등을 마주하면 어떤 자극들이 여러분의 감각에 주어집니다. 그러면 인식 주관에 표상이 생깁니다.

이미 표상에 대한 이야기를 했죠. 우리가 어떤 대상을 볼 때 대상이 그대로 우리에게 들어오지는 않습니다. 태양이나 별을 볼 때마다 태양 자체나 별 자체가 우리에게 들어오는 것이 아니죠. 우리가 아무리 태양과 별을 보더라도 그 표상만 주어질 뿐입니다. 우리는 마음속에 그려진 태양-이미지와 별-이미지를 보는 거죠. 그래서 우리가 보는 태양과 실제 태양은 다르죠.

어쨌든 칸트 할아버지는 표상과 그 대상을 일치시키는 것을 '인식한다(erkennen)'라고 합니다. 칸트 할아버지는 이때 표상에서 인식의 '질료'로 주어지는 것과 그것을 틀 지우는 '형식'을 구별하자고 제안합니다. 즉 대상 쪽에서 주어지는 질료와 이 질료에 대해서 내가 부여하는 형식을 나누자는 거죠. 인식은 대상 쪽에서 질료를 받아 그것을 우리가 지닌 형식으로 가다듬는 것이죠.

예컨대 조각가가 작품을 만드는 과정을 볼까요? 이때 질료는 조각가가 조각하려는 나무, 돌, 대리석, 청동 같은 것이죠. 조각하는 것은 그 질료를 일정한 형태로 깎거나 빚어내는 작업이죠. 조각가는 대리석-질료에 비너스의 형태를 부여합니다. 다시 말해 조각된 비너스의 질료는 대리석이지만 비너스라는 형태는 조각가가 부여한 것이죠.

이런 예와 마찬가지로 칸트 할아버지는 인식의 질료가 인식형식에 의해 가공되어 그 산물인 인식이 마련되는 것으로 봅니다. 그래서 인식하는 과정을 우리가 형식을 질료에 부과하는 것으로 보죠. 그렇다면 인식 과정은 질료와 형식을 종합하는 과정으로, 곧 형식으로 질료에 일정한 질서를 부여하는 것입니다.

예를 들어 우리가 갈색, 딱딱함, 일정한 공간적 크기 등을 지닌 어떤 책상을 받아들였다면 이런 표상들은 그저 단순한 것들이 아니라, 우리 스스로가 부여한 형식과 대상이 제공한 질료가 결합된 복합체라는 것이죠. 나아가 여기에서 질료와 형식을 종합한다는 것은 형식이 무질서한 질료에 질서를 부여한다는 거죠.

이때 인식형식은 앞에서 보았던 안경처럼 선험적 형식이라는 점을 잊어서는 안 되죠. 인식형식은 대상에 대한 경험에 앞서 우리가 미리 가지고 있는 것이죠. 그것은 대상에서 주어지는 것도, 경험에서 얻는 것도 아닙니다. 또한 그것은 그저 있는 것이 아니라 대상을 인식하기 위해서 우리가 대상에 부여하는 것입니다.

연극 무대 위에서 배우들이 다양한 연기를 하는 것에 비유해 볼까요? 경험이라는 배우들이 우리의 인식 영역에서 연기할 때, 형식은 배우(경험)의 다양한 연기가 가능한 무대 같은 것이죠. 이런 무대는 배우들의 연기가 '가능한 조건'이라고 할 수 있죠.

경험과 그것이 담기는 인식형식의 선후 관계를 좀 더 쉽게 이해할 수 있는 길은 없을까요? 인식형식이 경험 내용에 앞선다는 것은 마치 요리 능력이 요리의 재료나 요리보다 먼저 있어야 하는 점과 같습니다. 요약하면, 인식 주관은 대상에서 주어진 질료를 자신의 형식으로 질서 짓습니다.

인식은 대상을 거울처럼 비추는 것이 아니다

이처럼 칸트 할아버지가 인식에서 그 대상의 몫인 질료와 주관의 몫인 형식을 구별하려는 까닭이 과연 무엇일까요? 이는 인식하는 주관이 대상을 있는 그대로 받아들이거나 대상을 거울처럼 비춘다는 소박한 생각을 거부하려는 것이죠. 곧 인식 과정에서 주관이 자기 형식으로 대상을 구성한다는 점을 강조하기 위한 것이죠.

전통적인 사고방식은 인식 대상이 인식하는 주관에서 독립된 것이고, 인식하는 것은 그런 대상을 있는 그대로 반영한다고 생각했죠. 이때 대상을 경험할 수 있는 대상으로 보건, 합리적 대상으로 보건 간에 대상 자체를 그대로 본다고 생각했죠.

물론 그런 주장을 하려면 내가 인식한 별이 바로 별 자체라고 주장하면 됩니다. 나는 워낙 특별한 능력이 있어서 다른 사람들은 그럴 수 없지만, 나에게만 별 자체가 원래 그대로 내가 인식한 별로 나타난다고 하겠죠. 다른 사람들은 별을 헤는 밤에 '별 표상'을 헤아리지만, 나만은 '별 자체'를 헤아리는 사람이라고 주장하면 되겠죠.

그런데 앞에서 여러 번 이야기했듯이 우리 인간이 외부 세계를 있는 그대로 볼 가능성은 없습니다. 우리는 이미 갖추고 있는 선험적 틀을 가지고 대상을 볼 수밖에 없습니다. 대상은 나에게 거울에 비추듯이 비치거나 복사, 반영되는 것이 아니죠. 그것은 우리 형식과 관련하여 일정하게 변형되어서 나타납니다.

그래서 칸트 할아버지가 주재하는 이성의 재판정에서는 인식이 대상을 있는 그대로 비춘다고 보는 소박한 실재론이나 반영론을 근거 없는 주장으로 여겨 물리칩니다.

현상과 물자체를 구별하자

우리가 아직 인식 과정을 검토하지는 않았지만 뭔가 분위기가 심상치 않죠. 그래서 칸트 할아버지의 이런 인식 이론이 어떤 점에서 혁명적 의미를 지니는지 조금 더 살펴봅시다. '혁명가 칸트'라는 표현이 어울리나요? 칸트 할아버지는 인식에 관한 논의가 이루어지는 판을 혼자 힘으로 엎어버린 괴력의 소유자입니다. 그렇기에 혼자 힘으로 새로운 인식의 하늘을 어깨에 이고 있는 아틀라스에 비유할 수 있죠.

여기에서 이 주제를 '현상과 물자체'의 문제, '코페르니쿠스적 전환'의 문제로 나누어 살펴봅시다.

칸트 할아버지는 우리의 인식이 인식형식을 통해서 현상세계를 능동적으로 구성하는 점을 강조합니다. 이때 유의할 것은 이런 인식이 대상으로 삼는 것은 사물 자체 또는 물자체(Ding an sich)가 아닙니다. 인식이 마주하는 것은 우리에게 나타나는 현상(Erscheinung)입니다.

이렇게 보면, 우리 인식은 제한된 인식이라고 볼 수 있습니다. 이는 우리가 사물 자체, 즉 우리에게 나타나기 이전의 사물 그대로의 모습을 아는 것이 아니라, 그것이 우리에게 나타난 측면만을 아는 데 그친다는 점 때문이죠. 좀 심하게 말하면 '알맹이 없는 껍데기'에 대한 인식이라고 할 수도 있습니다.

우리의 인식이 아무리 형식을 앞세워도 우리 능력은 현상 배후에 있는 '사물 자체'에까지 이를 수는 없습니다. 그래서 우리는 현상과 사물 자체를 엄격하게 구별해야 하고, 우리가 인식할 수 있는 범위를 현상세계에 제한할 필요가 있습니다. 우리는 전능한 인식자가 아니죠. 하지만 그렇다고 우리 인식능력이 미치는 범위 안에 있는 현상에 대해서까지 인식을 포기해서는 안 되죠. 이 영역에서는 우리 나름대로 보편타당한 인식을 만들 수 있습니다.

> 우리 감각기관에 나타나는 것이 있는 그대로의 사물이 아니기 때문에, 우리는 대상이 우리에게 나타나기 전에 원래 무슨 색인지, 어떤 모양을 하고 있는지를 알 수 없습니다. 그것은 우리에게 나타날 때 이미 인식형식에 의해 '틀 지어진' 것으로 주어집니다. 우리는 그것이 만들어지기 '이전'이나 그 틀 '바깥'을 볼 수는 없죠. 다시 말해, 우리는 우리가 인식형식으로 가공하여 일정하게 색칠하고 모양을 지은 것, 그렇게 바뀐 채 우리에게 나타나는 현상만 볼 수 있습니다. 제가 손가락으로 가리키고 있는 이것(책상)은 우리에게 나타난 책상, 현상으로서의 책상입니다.

사물 자체는 우리에게 자신의 모습을 보여 주지 않습니다. 그것은 우리 경험에 어떠한 질료도 주지 않습니다. 이것은 우리의 감각능력이 약해서 그런 것도, 노력이 부족해서 그런 것도 아니고, 인식의 조건상 그럴 수밖에 없습니다. 시력이 2.0이 아니라 5.0이라고 해도, 우리가 눈을 더 크게 뜨거나 현미경이나 망원경, 아니 입자가속기를 동원한다고 해도 사정은 달라지지 않습니다.

양자역학의 예를 들어 볼까요? 하이젠베르크(W. Heisenberg)의 불확정성 원리까지 갈 것도 없이, 간단하게 소립자물리학에서 소립자를 관찰하는 방식을 봅시다. 원자 이하 단위인 양자(量子, 소립자 덩어리)는 우리에게 보이지 않기 때문에 그것을 보려면 입자가속기를 사용해야 합니다. 그래서 우리가 찾는 소립자가 있을 만한 곳에 가속된 입자를 쏘게 되죠. 그러면 전자총을 맞은 소립자가 측정기에 모습을 나타냅니다.

그런데 그 녀석이 총을 맞고 비틀거리기 이전에 어떤 모습을 하고 어떻게 운동을 했는지 알 길이 없고, 총을 맞은 이후의 위치와 운동속도를 보여 줄 뿐입니다. 그 녀석은 자기가 보여 준 모습과 원래의 모습이 똑같을까요? 그렇게 강력하게 가속된 입자를 맞고도 원래의 모습을 유지한다면 대단한 맷집을 지닌 것이겠죠. 물론 정확한 논의는 하이젠베르크 아저씨에게 여쭈어야 할 겁니다.

현상세계를 어떻게 알 수 있을까?

인간은 유한한 존재입니다. 우리는 우리 능력이 허용하는 범위 안에서만 인식할 수 있을 뿐입니다. 당연하지만 안타까운 일이죠. 그렇

앞에서 우리는 안경 가설을 얘기하면서 안경을 통해서 보는 칠판이 다른 종들과 다르게 보인다고 했죠. 이때 안경을 통해서 볼 수 있는 것들에만 국한한다면, 그러한 것들은 우리에게 보이기 위해서 안경이 보는 조건에 들어맞아야 합니다. 즉 우리에게 보이도록 나타나야 하죠. 그렇다면 우리가 보는 조건에 따라서 대상이 나타나야겠죠.

다고 여기에서 주저앉을 수는 없습니다. 칸트 할아버지는 이런 우리 인식의 유한성을 다른 각도에서 해석합니다. 우리의 제한된 인식능력과 인식형식 때문에 사물의 본모습을 보지 못하는 점은 어찌할 수 없지만, 우리가 우리에게 나타나는 현상을 알 수 없는 것이 아니라는 점이죠. 그나마 다행입니다.

칸트 할아버지는 우리 인식의 가능 조건을 한탄하는 것이 아니라, 이 조건을 인정하고 가능한 대안을 모색합니다. 어떤 길이 있을까요? 인식 조건을 잘 보고, 조금만 생각을 바꾸면 되죠. 우리는 인식 조건에 제한되어 있지만, 달리 보면 이 조건에 따라서 대상이 나타나죠. 그러므로 우리의 인식 조건은 대상이 나타나는 조건이기도 합니다.

이처럼 칸트 할아버지는 우리의 인식 조건을 대상에게 들이댑니다. 그리고 단호하게 명령하죠. "대상들은 앞으로 이 조건에 따라서 나타날 때에만 인식될 것이다. 너희들이 이 조건을 따르지 않으면 우리는 너희들을 존재하지 않는 것으로 여길 것이다."

다시 말해, 칸트 할아버지는 이런 인식 조건을 현상세계를 가능하게 하는 조건으로 봄으로써 사태를 역전시키려고 합니다.

우리는 '유한성'에 갇혀 있지만 이 유한한 형식으로 현상세계와 대결하죠. 그 형식으로 현상세계를 구성하면서 현상에 대한 보편타당한 인식을 요구합니다. 이때 유한성은 인식의 한계이면서 동시에 인식의 가능 조건을 대상세계에 요구하는 것이기도 한 점에서 양면성을 갖습니다. 이것은 우리 안경이 모든 것을 볼 수는 없지만, 우리가 보는 사물들은 모두 이 안경에 보이도록 나타나야 하는 점을 말하죠.

칸트 할아버지는 이런 관점에서 기존의 극단적인 두 입장을 물리칩니다. 한쪽으로는 우리가 보는 대상 너머에 진짜가 있다고 하면서 우리가 보는 것이 물자체라는 독단적 주장을 거부합니다. 다른 한쪽으로는 우리가 보는 것은 그저 가상에 지나지 않는다는 입장도 거부합니다. 칸트 할아버지는 이런 극단적 주장들이 우리 인식을 비판적으로 검토하지 않는 점에서 불법적인 것이라고 판결합니다. 인식 대상과 관련하여 독단론과 회의주의는 유죄 판결을 받죠.

> **질문**
> 1. 우리 인식의 유한성이 갖는 양면성은 무엇을 말하나요? 왜 우리가 세계를 보는 능력이 제한된 것이면서도 현상세계를 객관적으로 인식할 수 있다고 할까요?
> 2. 만약 우리가 7가지 색만 볼 수 있는 안경을 쓰고 있다면 현상들의 색은 어떻게 나타날까요?

코페르니쿠스적 전회와 칸트적 전회

칸트 할아버지는 이러한 관점 전환을 코페르니쿠스적 전회(轉回)에 비유합니다. 코페르니쿠스는 아리스토텔레스의 세계 해석에 기반을 둔 중세의 신학적 관점이 우주 해석을 독점하던 평온한 분위기를 뒤흔들어 놓죠. 그는 태양이 지구를 중심으로 돈다는 이론을 뒤집어서 지구가 태양 주위를 돈다고 주장했습니다.

당시에 코페르니쿠스의 이런 주장은 인간과 세계의 관계를 보는 눈이 완전히 다른 것이었습니다. 종래 해석처럼 인간과 지구는 더 이상 세계의 중심이 아니고, 태양계의 여러 행성 가운데 하나에 지나지 않으며, 있어도 그만 없어도 그만인 우주의 주변부로 내동댕이쳐집니다. 그러니 당시의 높으신 분들은 이런 반기독교적 해석에 대해서 혼란초래죄, 진리참칭죄를 선고하려 했죠. 어떤 험악한 사태가 일어났는지는 여러분도 잘 아실 겁니다.

칸트 할아버지도 이런 코페르니쿠스적 뒤집기를 시도하죠. 그래서 인식의 영역에서 대상과 인식 주관의 자리를 뒤집어 놓습니다. 즉 종래 인식론에서는 대상이 중심에 있고 (대상은 우리와 무관하게 그것 자체로 존재합니다.) 우리가 주변에서 대상을 보기 위해 그 대상을 따라 돌았다고 보았습니다. 그런데 칸트 할아버지는 이런 대상 중심의 관점을 전복시킵니다. 이제는 거꾸로 인식 주관이 중심에 있고 대상이 인식 주관의 주위를 돈다고 봅니다. 코페르니쿠스의 이야기와 뭔가가 좀 다른 듯하지만, 어쨌든 중심과 주변의 위치를 바꾸어 놓은 것은 비슷하죠.

자, 이런 주장이 가능한 까닭에 대해서 설명할까요? 그런데 미안하게도 우리는 이미 그 이유를 배웠습니다.

우리는 사물 자체는 아니지만 현상에 대해서 인식형식을 부여합니다. 그러면 현상은 이 형식이 부여한 바에 따라서 우리에게 나타납니다. 이제 현상은 우리의 인식형식이 제시한 조건에 따라야 하기 때문에 이 관계에서 인식형식이 주도적이게 마련입니다. 현상은 주관이 요구한 일정한 형식에 복종해야 하죠. 현상은 이와 다르게 나타날 수 없기 때문에 우리의 인식형식이 현상에 명령을 내리고 법칙을 부여하는 셈이죠.

우리는 인식형식을 대상의 질료에 부여합니다. 그제서야 비로소 대상이 자기 모습을 드러내고 질서 지어지기 때문에, 인간이 중심에 서 있고 대상이 우리 주변을 돌고 있다고 할 수 있습니다.

코페르니쿠스는 지동설을 주장함으로써 인간을 우주의 중심에서 주변부로 내몰고 인간과 지구의 자존심을 약화시켰지만, 칸트 할아버지는 거꾸로 이런 전회를 통해서 인식하는 인간을 대상세계의 중심으로 끌어올립니다.

이제 대상들은 인식 주관을 중심에 두고 그 주변을 돌아야 합니다. 우리 주위를 정해진 길에 따라서 돌고 있는 대상들에게 격려의 말을 한마디 하지 않을 수 없죠.

"대상들이여! 우리가 정해 준 궤도를 벗어나지는 말게. 혹 어지럼증이 나면 이야기를 하게나. 우리가 다른 궤도를 찾아볼 테니. 너무 빨리 돌지도 너무 느리게 돌지도 말고 정해진 대로 가면 되네."

이런 사정을 고려한다면, 대상과 인간 가운데 누가 주인공이고 누가 법칙을 정합니까?

둘째 시간 | # 감성과 오성은 서로 도와야 한다

우리가 인식형식을 현상에 부여한다면 이제 어떻게 인식이 이루어지는지 살펴볼 필요가 있습니다. 그래서 인식형식에는 어떤 것이 있는지, 이런 형식은 어떻게 작용하는지, 이런 형식을 사용하는 우리 능력은 어떤 것인지를 살피기로 하겠습니다. 이 과정은 꽤 복잡하므로 먼저 단순하게나마 개요를 잡고, 차근차근 보충하도록 하죠. 자, 이제 인식의 발걸음, 인식이 어떻게 마련되는지를 봅시다.

수용하는 능력과 사고하는 능력은 어떻게 작용하는가?

칸트 할아버지가 볼 때 인식에 대한 심의는 인식능력에 대한 질문과 직결됩니다. 인식하는 능력은 크게 감성(感性, Sinnlichkeit)과 오성 (悟性, Verstand, 또는 지성)으로 나뉩니다. 일단 감성은 감각을 통해서 수용하는 능력이고, 오성은 이렇게 수용된 것을 바탕으로 사고하고 판단하는 능력 정도로 봅시다. 우리는 이 두 능력을 적절하게 사용하여 현상세계를 구성합니다. (물론 이 외에도 상상력과 이성이 있습니다.)

그러면 인식능력의 작용을 간략하게 살펴볼까요? 인식능력은 대상에서 주어지는 질료를 수용하는 능력과 그렇게 주어지는 것들을 개념적으로 일정하게 결합하여 사고하는 능력으로 나뉩니다. 즉 감성

은 수용하고, 오성은 사고작용을 맡습니다.

먼저 받아들이는 능력인 감성은 무엇을 받아들일까요? 그것은 우리 감각을 통해서 들어오는 표상들이죠. 칠판의 예를 들면, 아직 우리가 그것이 칠판이라고 인식하지 못한 상태에서 이 표상은 희고, 딱딱하고, 매끈하고, 네모난 모습 등이죠. 또 장미의 경우라면 붉고, 부드럽고, 향기롭고, 예쁜 모습 등이겠죠. 감성은 일단 이런 다양한 표상을 한꺼번에 받아들여서 사고할 준비를 갖춥니다. 물론 이것들은 대상 그 자체가 아니라 대상에 대한 직관(直觀, Anschauung)입니다.

그런데 감성이라는 인식능력은 이것을 받아들일 때 어떤 형식을 사용할까요? 칸트 할아버지는 이 직관을 틀 짓는 형식을 바로 공간과 시간으로 봅니다. 즉 직관은 시간과 공간의 틀로 짜여 우리에게 수용되죠.

이해를 위해서 약간 엉뚱하지만, 시간과 공간의 좌표가 감성의 형식이고, 직관되는 내용은 이 좌표에서 특정한 값으로 나타난다고 볼까요? 공간과 시간의 값을 $f(s, t)$로 나타낸다면, 현상들은 예를 들어서 $f(3, 6)$, $f(5, 89)$, $f(0, 23)$ 등으로 특정한 값을 갖는 시간-공간 좌표로 주어지겠죠.

이때 주의할 점이 있죠. 직관 내용이 들어오고 난 뒤에 비로소 그것이 시간-공간에 따라 틀 지어지는 것은 아닙니다. 감성은 이미 시간-공간의 틀을 가지고 직관을 받아들이죠. 즉 감성의 형식은 우리가 경험하기 전에 미리 갖추고 있는 것이죠. 이런 까닭에 이것을 앞에서 선험적 형식이라고 했죠.

> 직관은 대상을 마주하여 개념을 매개하지 않고 곧바로 주어지는 것을 보는 작용, 또는 그렇게 주어진 것을 가리킵니다. 장미의 경우에 붉음, 부드러움 등이 직관된 내용입니다.

다시 말해, 대상은 인식의 한 능력인 감성에 의해 수용될 때 시간-공간의 틀에 따라야 하죠. 시간-공간의 형식을 갖추지 않은 것들은 감성의 문에 들어올 자격을 갖추지 못한 것이죠. 대상 자체가 원래 어떠한 것이든 간에 그것이 우리에게 인식되려면 일단 시간-공간의 틀에 따라야 합니다. 이 형식은 우리가 대상을 보는 조건이자 동시에 대상이 우리에게 나타나는 조건이 되죠.

"아니, 인간이 뭐길래 우리에게 자기의 형식을 강요한담! 하지만 날 보고 싶어 한다니까, 기분이 좀 나쁘더라도 조금만 참지 뭘." 어쨌든 우리는 이런 대상의 온순한 태도가 고마울 따름입니다. 혹시 벌써부터 머릿속이 복잡한 분이 있나요? 설마 그럴 리가!

현상에 따라다니는 공간

감성이 시간과 공간으로 질료를 틀 짓는 점을 좀 더 살펴볼까요? 감성은 시간과 공간으로 직관을 받아들인다고 했는데, 왜 시간-공간이 필요할까요? 이것은 책상, 장미, 바다, 《순수이성 비판》이라는 책처럼 우리 '바깥'의 현상과 기쁨, 슬픔, 분노, 《순수이성 비판》을 읽고 싶은 욕망처럼 우리 '안'의 것을 구별하기 위한 것이죠. 그래서 책상같이 일정한 공간적 크기를 지니는 외적 현상은 공간을 통해서 받아들이고, 기쁨처럼 공간적 크기를 갖지 않은 것들은 시간을 통해서 받아들입니다.

따라서 모든 외적 현상은 일정한 공간적 크기, 공간적 연장을 지녀야 합니다. 곧 공간의 3차원 좌표에 따라 나타나야 합니다.

이를테면 갈색의 딱딱한 어떤 것이 있다고 할 때, 일정한 면을 지닌 갈색이나 일정한 연장을 지닌 딱딱함이 있는 것이죠. 반면 어떤 공간적 크기도 지니지 않은 갈색, 공간적 크기가 0인 딱딱함이란 있을 수는 없을뿐더러, 그것의 직관 내용은 아무것도 없겠죠.

따라서 공간은 외적 현상이 감성에 나타나기 위한 최소 조건이죠. 그것이 갈색이건 황색이건, 딱딱하건 부드럽건, 네모건 세모꼴이건 그 내용은 각각 다르더라도 그것이 자리매김하는 공간형식은 같죠. 그것들은 하나같이 일정한 공간적 연장을 지니는데, 단지 그 크기가 다를 뿐이죠. 교실과 책상은 공간적 연장을 지닌다는 점에서는 같지만 다만 그 양적 크기가 다릅니다.

이처럼 공간은 모든 외적 현상에 반드시 따라다니는 것입니다. 모든 현상은 공간과 함께 있습니다. 그러면 사물을 담고 있는 공간 표상은 과연 어디에 있을까요? 우리가 흔히 생각하듯이 우리 바깥에 있을까요? 그렇지 않죠. 공간은 우리 바깥의 사물에서 생기는 것이 아닙니다.

칸트 할아버지는 신기하게도 그것이 인식하는 주관, 곧 나 자신 안에 있다고 봅니다. 따라서 우리가 바깥에 있는 공간을 보고 공간 표상을 갖는 것이 아닙니다. 거꾸로 우리가 이 '공간형식'을 현상들에 적용하는 겁니다. 이런 점에서 공간은 사물이 아니라 우리 안에 있는 표상일 뿐입니다.

지금 이 내용을 이해하신 분은 깜짝 놀랄 겁니다. "아니, 공간이 우리 바깥에 있는 객관적인 것이 아니라 주관적 표상이라니!" 바로 그렇습니다. 칸트 할아버지 당시에도 물리학자들은 공간이 물질을 감싸고 있는 그릇 같은 것으로 생각했습니다. 그래서 물질이 공간 속을 운동하는 경우에도 공간은 그것과 무관하게 변하지 않고 그대로 있다고 생각했죠. 뉴턴 아저씨는 이런 점에서 물질의 운동으로부터 독립된 '절대 공간'을 생각했습니다.

그런데 칸트 할아버지는 생각이 다릅니다. 만약 공간이 이처럼 물질적인 것, 모든 물체를 담는 엄청나게 '큰 그릇'이라고 본다면, 공간과 물질의 관계는 (담기는) 사물과 (담는) 사물의 관계가 됩니다. 그렇다면 그 공간이라는 사물은 도대체 어떤 그릇에 담아야 할까요?

칸트 할아버지는 공간 안에 사물이 있는 것도, 공간이 사물인 것도 아니라고 봅니다. 우리가 사물을 볼 때 공간형식을 집어넣어서 본다는 것이죠. 이것은 우리가 보는 사물의 표상에는 항상 공간이 들어 있다는 점에서 알 수 있죠.

이런 점에서 공간은 모든 사물이 나타나는 주관적 조건 또는 우리가 현상에 부여하는 선천적 형식, 주관적 형식입니다. 물론 주관적 형식이라고 해서 멋대로 늘이고 줄일 수 있다는 의미는 아닙니다. 선천적이라는 표현은 필연적이라는 말과 바꿔 쓸 수 있다는 점을 생각하면 됩니다.

공간을 잘 이해했는지 장미의 예로 확인해 볼까요? 우리가 장미라고 부르는 것은 우리의 표상, 즉 나에게 나타난 현상일 뿐입니다. 그것은 원래 붉고 향기롭고 부드러운 것이 아닙니다. 다만 이런 감각들이 내 안에서 작용할 뿐입니다. 그래서 그것은 붉게 보이고 부드럽게 만져지는 것처럼 우리에게 나타납니다. 장미의 내용이 원래부터 공간적 연장을 갖는 것은 아니죠. 다만 우리에게 그렇게 연장된 것처럼 보일 뿐이죠. 이런 사정은 우리가 공간의 형식으로만 현상을 직관할 수 있기 때문입니다.

내적 현상에 시간형식을 부여하라!

그러면 시간은 어떨까요? 우리 안의 직관, 예를 들어 기쁨, 슬픔, 짜증, 가슴 답답함, 행복함, 우울함 등과 같은 내적 상태를 받아들이기 위해서 공간 직관을 사용할 수는 없겠죠. 하지만 이런 기쁨이나 슬픔 등은 적어도 몇 초 동안 지속됩니다. 즉 시간적 지속을 갖습니다.

시간적 지속은 어떠한 내적 직관에나 모두 들어 있는 보편적인 것입니다. 즐거운 감정이든 슬픈 감정이든 그것들에서 시간을 제거한다면 어떤 직관도 주어지지 않겠죠. 내가 0초 동안 기쁘거나 행복하다는 것은 가능하지 않죠. 이처럼 모든 내적 상태는 시간 없이는 경험할 수 없습니다.

이와 같이 모든 내적 직관에 필연적으로 시간이 들어 있다면 시간은 바깥에서 주어지는 것일 수 없습니다. 이런 시간이 바로 내적 직관의 형식이죠. 따라서 우리 내부에 나타나는 모든 것은 시간형식을 지니고 있어야 하고, 시간과 함께 나타납니다.

간단하게 복습해 볼까요? 앞에서 직관 내용을 공간과 시간의 좌표 값 $f(s, t)$로 표시한 적이 있죠. 이런 식으로 보면, 공간인 s의 값은 0과 같거나 0 이상이고, 시간 t의 값은 0 이상이어야 합니다. 무슨 말이죠? 즉 $f(0, 3)$의 경우는 공간적 크기가 없는 내적 상태를 나타내는 경우지만, $f(3, 0)$의 경우는 불가능하죠. 이것은 공간적 크기를 갖지만 시간적 지속이 없는 경우인데, 이처럼 시간 속에 존재하지도 않으면서 공간적 크기를 갖는 경우는 당연히 없습니다.

외적인 것도 시간적 지속을 지녀야 합니다. 책상이 0초 동안 존재할 수는 없으니까요. 따라서 외적인 것이든 내적인 것이든 모든 표상은 시간 속에서 지속됩니다. "모든 현상 일반, 즉 감성의 모든 대상은 시간에서 존재하고, 필연적으로 시간에 관계한다."

이렇게 볼 때 f(0, 0)의 경우도 가능하지 않습니다. 왜 그럴까요? 이 경우는 특정한 직관 내용이 어떠한 공간적 크기도 시간적 지속도 갖지 않는 것이어서 공간과 시간 속에 모습이 나타나지 않기 때문이죠. 따라서 f(s, t)에서 t는 항상 0보다 커야 합니다.

벌써 칸트 할아버지의 말을 자장가 삼아 졸고 있는 분도 있군요. 그런 분은 꿈속에서 인식을 탐구하고 있나 본데, 그런 내밀한 상태에도 소리 없는 시간이 그 바탕에 깔려 있습니다. 이런 인식 과정에서 우리는 모든 현상을 공간과 시간 형식으로 질서 지어서 받아들입니다. 그리고 이 형식은 우리가 부여하는 것이지 외부에 있는 것이 아닙니다. 우리는 시간-공간 좌표 안에서 현상들을 수용합니다. 그러면 이제 이런 사고 틀이 어떤 의미를 숨기고 있는지 살펴봅시다.

시간-공간을 거부하는 대상들이 있는가?

그런데 과연 사물들이 자기에게 낯선 시간-공간 좌표를 순순히 받아들일까요?

만약 대상들 가운데 공간이나 시간을 싫어해서, 그것이 우리에게 질료를 줄 때 공간이나 시간과 무관하게 촉발하는 불행한 경우가 있을 수 있죠. 이때는 설령 어떤 대상이 있다고 하더라도 우리는 그것을 시간-공간의 틀로 수용하지 못하죠. 그래서 그런 것을 경험할 길도, 알 길도 없습니다. 그러한 것들을 없다고 할 수는 없지만 인식할 수는 없습니다.

이처럼 대상에서 직관되는 것이 우리의 공간형식, 시간형식을 통해서만 주어진다면, 시간-공간 안에 나타나지 않는 대상들을 파악할 길은 막혀 있습니다. 예를 들어서 영혼, 신, 초감각적 현상, 현상으로 나타나지 않는 X 등은 우리에게 어떠한 시공간적 직관도 부여하지 않기 때문이죠.

보고 싶은 친구가 모습을 보여 주지는 못하지만 멀리서 전화로나마 자기 목소리를 들려주면 고마울 때가 있죠. 이때 그 친구는 자기의 모습을 전화 통화의 조건에 맞춰서 들려줍니다. 친구가 떨떠름한 표정으로 "야, 반갑다" 하고 얘기할 때, 그 목소리에 묻어 있는 이상한 음조를 눈치채지 못하는 경우에 들려오는 소리만이 그가 나에게 존재하는 유일한 현상이죠. 이때 멀리 있는 사람의 목소리가 '우리에 대해서' 나타날 수 있는 조건을 만들기 때문에 그 소리를 들을 수 있죠. 그리고 이 소리는 원래의 소리 자체가 아니라 나에게 들리는 현상이죠.

그런데 우리가 아무리 그것들을 보고 들을 수 있는 조건을 만들려고 해도 초감각적이고 신비한 존재들은 어떻게 할 수 없죠. 공간적 대상의 경우에 우리는 공간이라는 3차원의 틀로 대상을 볼 수밖에 없기 때문에 만약 4차원, 5차원의 세계가 있다면 어떻게 될까요? 그런 세계도 우리는 3차원으로밖에 나타낼 수 없으니 그것을 파악하기는 불가능하겠죠.

물론 이때 신이나 영혼을 인식하지 못한다고 해서, 신이나 영혼을 믿는 것이 잘못이라고 하는 것은 아닙니다. 그것들이 우리에게 어떠한 감각적 질료도 부여하지 않기 때문에 참되게 인식할 수는 없지만, 그것을 믿음의 대상으로 여기는 것을 틀린 것이라고 할 수는 없죠.

이렇게 볼 때, 대상이 우리에게 어떤 조건에서 나타나는지를 알 수 있겠죠. 칸트 할아버지의 경우에는 초감각적 대상을 인식하는 문제보다는, 뉴턴 과학이나 유클리드 기하학의 대상들처럼 우리 인식 조건을 만족시키는 대상들을 필연적으로 인식할 수 있는지를 살피는 데 관심이 있습니다.

그런데 우리가 다른 대상, 예를 들어서 아름다운 것이나 도덕적 의지, 신앙의 대상을 살피는 경우는 어떻게 될까요? 칸트 할아버지는 각각의 경우를 구별합니다. 아름다운 대상의 경우에는 미적 판단과 관련하여 그 대상의 표상이 우리를 만족시키는가를 살피고, 도덕적인 것의 경우에는 이론적 이성이 아니라 실천적 이성의 문제에 연결 짓습니다.

오성이여 사고하라!

그런데 이런 감성능력만으로는 인식이 이루어지지 않습니다. 다른 능력이 더 필요하죠. 그것은 바로 오성입니다. 감성이 수용한 다양한 것들은 아직 개념적 사고를 거치지 않은 상태이므로 그것만으로는 인식이 이루어지지 않습니다. 감성은 수용할 수 있는 다양한 감각 자료를 모았을 뿐이죠. 그래서 감성이 받아들인 이런 다양한 것에 대해서 오성이 작용합니다.

오성은 감성이 받아들인 조직화되지 않은 것들을 개념을 통해서 일정한 규칙에 따라서 결합합니다. 예를 들어 어떤 것(칠판)이 인식 주관을 자극하여 하얗고, 딱딱하고, 평평한 것 등이 주어질 때, 이런 다양한 것들을 단순히 늘어놓아서는 그것이 무엇인지 알 수 없죠.

이때 오성이 '이것은 칠판이다'라고 판단
하기 위해서 직관된 것들을 칠판이라는 하
나의 개념으로 결합시켜야 합니다.

　이처럼 오성은 주어진 다양한 직관을 일
정한 형식에 따라서 판단하고 결합해야 하
는데, 무엇으로 이 작업을 할 수 있을까요? 이 작용을 가능하게 하는
형식이 바로 범주(範疇, Kategorie)입니다. 범주는 오성이 직관을 결
합하는 선험적 형식으로서 오성이 개념적 판단을 할 때 그 바탕에
있는 형식이죠.

　이러한 범주들은 오성이 사용하는 개념들의 관계 형식을 정리한
것으로서, 오성이 바르게 사고하는 길잡이라고 볼 수 있습니다.

범주를 적용해서 사고한다

칸트 할아버지는 이 범주들을 양, 질, 관계, 양태(양상)로 나누어 다
음과 같은 표로 정리하죠.

양	단일성	다수성	총체성
질	실재성	부정성	제한성
관계	실체와 우유성(偶有性)	인과성(원인과 결과)	상호성
양태(양상)	가능성과 불가능성	현실적 존재와 비존재	필연성과 우연성

표상이 주어질 때, 그 양을 보면 하나이거나(책상 하나) 여럿이거나 (돌맹이 여러 개) 전체인 경우(모든 사람)로 나뉘죠. 다른 경우는 없습니다. 마찬가지로 어떤 것의 양상은 가능하거나 현실적이거나 반드시 그러해야 하는 경우로 나뉩니다. 그래서 오성은 각 경우의 표상들을 양, 질, 관계, 양태의 각 범주에 포섭하고, 이것을 결합합니다.

범주에 관한 자세한 논의는 생략하고, 이 범주표를 사용하는 예를 하나만 들어 보죠. 우리가 눈앞에 보고 있는 어떤 것(칠판)의 예를 설명해 볼까요? 먼저 감성에 의해서 그것의 직관이 주어지겠죠. 이 직관은 시간-공간의 틀을 따르고 오성의 판단 밑에 놓입니다. 오성은 각 경우에 맞는 범주를 찾아서 해당되는 내용을 그 밑에 포섭합니다.

먼저 '양'을 살피면 직관된 것은 하나죠. 그러면 '단일성'을 부여합니다. 그다음에 그것은 없는 것도, 부분적으로 있는 것도 아니고 실재하므로 '실재성'에 포섭됩니다. 여기까지 보면, 우리에게 주어진 그것은 단일하고, 실재하는 것입니다. 하지만 이것만으로는 무엇인지 알 수 없으니까, 다른 범주인 '관계' 범주를 사용합니다. 그것은 이러저러한 성질을 지닌 하나의 '실체'죠. 즉 하얗고, 매끈하고, 평평하고, 네모난 성질을 지닌 실체입니다. 마지막으로 '양태'를 보면, 그것은 지금 눈앞에 있으므로 있을 수 있는 것도, 반드시 있어야 하는 것도 아니고 '현실적인' 것입니다.

이런 검토 과정을 거쳐서 다양한 내용이 '칠판'으로 종합되어서 칠판-인식이 이루어집니다. 복잡해 보이지만 능숙한 오성 능력은 이 작업을 순식간에 해내죠. 어디 한두 번 해 보는 일인가요?

범주들을 지고 땀 흘리는 칠판

범주가 선험적이라고 했죠. 즉 범주가 경험에서 나오는 것이 아니라 우리가 범주를 앞세워 경험을 받아들인다고 했습니다. 이것을 감성과 오성의 작용과 관련하여 다시 정리해 볼까요?

예로 든 칠판은 사물 자체(칠판 자체)로서는 공간과 시간에 관계할 필요가 없죠. 하지만 우리는 공간과 시간이라는 직관형식을 부여해야만 그것을 수용할 수 있으니까 칠판에 공간과 시간을 짊어지게 하는 거죠. 칠판은 공간과 시간으로 틀 지어진 채 우리에게 직관될 수 있죠.

이것은 오성에 대해서도 마찬가지입니다. 어떤 것(칠판)을 실체라고 하는 경우에 그것 자체가 실체인 것은 아니고, 우리가 실체 개념을 그것(칠판)에 부여한다고 해야죠. 그래서 칠판은 내가 그것에 가져간 인식형식, 즉 공간-시간의 직관형식과 사고형식(범주)을 짊어져야 합니다. 칠판이 이런 형식을 짊어지고 있다고 하더라도 사실 무거울 것은 없죠. 형식은 무거운 것도 가벼운 것도 아니니까요.

그래서 공간과 시간에 의해서 직관이 주어지고, 이것은 범주에 의해서 하나의 개념으로 통일됩니다. 만약 인식 주관이 미리 범주를 지니고 있지 않다면 감성에 의해서 주어지는 다양한 것을 통합하는 작업, 개념을 부여하는 작업을 할 수 없게 되겠죠. 결국 인식할 수 없습니다.

오성의 작용에서 특히 주목할 것은 오성이 능동적이고 자발적인 작용이고, 오성이 만드는 결합은 바깥에서 주어지는 것이 아니라 오성이 스스로 산출한다는 점입니다.

지금 우리는 갈 길이 바쁘지만 범주의 의미를 이해하기 위해서, 아니 범주 때문에 인식을 보는 눈이 근본적으로 달라진 것을 살피기 위해서 인과법칙의 문제를 검토하는 것이 어떨까요?

인과법칙은 어디에 있는가?

1) 인과법칙 비판

인과법칙이 무엇인지를 새삼스럽게 설명할 필요는 없겠죠. 일정한 원인이 있으면 어떠한 경우든 예외 없이, 반드시 일정한 결과가 뒤따릅니다. 거꾸로 표현하면 어떤 결과가 주어지면 반드시 어떤 원인이 있어야 한다는 것이죠.

그런데 문제는 이것이 인과법칙이라면 원인이 '반드시/필연적으로' 결과를 초래해야 합니다. 원인과 결과 사이에 필연적 결합(necessary connection)이 있어야 하죠. 즉 a라는 원인-사건은 항상 b라는 결과-사건을 낳아야 합니다. a가 때로는 b를, 때로는 c라는 결과를 낳는다면 곤란합니다. 불을 지핀 굴뚝에 연기가 나는가 하면, 아니 땐 굴뚝에 연기가 나기도 한다면 얼마나 혼란스럽겠습니까?

불을 지피면 항상 연기가 나야 하죠. 하지만 아니 땐 굴뚝에서는 연기가 안 나야 합니다. 연기라는 결과는 어떤 경우에도 불을 지핀 원인과 떨어질 수 없습니다. 물이 끓고 있다면 저절로 끓는 게 아니죠. 분명히 열을 가한 사건이 있어야 하죠. 또 누군가가 원인 모를 죽음을 당했다고 하더라도, 우리가 아직 모를 뿐 분명히 원인이 있겠죠. 그래서 탐정이 그 원인의 미로를 찾는 과정이 추리소설이 되죠. '원인 없는 결과가 없다'라는 것이 추리소설의 원칙입니다. 이처럼 원인과 결과의 관계에서 반드시 어떠한 예외도 없이 원인과 결과가 결합해야 합니다.

그런데 경험주의자 흄(D. Hume)이 이것에 결정적인 반박을 하는 바람에 철학마을과 과학마을이 발칵 뒤집힌 적이 있습니다. 우리의 경험세계에서 일정한 원인은 일정한 결과를 반복적으로 만들어 냅니다. 그런데 우리가 경험하는 세계에서는 어떠한 경우에도 필연적인 것을 찾을 수 없다는 점이 문제죠. 달리 말하면, 어떤 원인이 어떤 결과를 만드는 사건이 1000번, 5만 번, 5조 번 반복된다고 하더라도 그것이 필연적이라고 할 수는 없습니다.

우리는 원인에 이어서 결과가 나타나는 현상은 무수히 보았지만 신기하게도 '필연적 결합' 자체는 본 적이 없죠.

"아니, 무슨 말씀! 불을 지피면, 연기가 나는 현상을 내가 789,000,000번이나 봤는데, 무슨 이야기요?"

"당신이 본 것은 원인이 있으면 결과가 잇달아 일어나는 것을 본 것이지, 원인과 결과의 필연적 결합을 본 것은 아니오! 미안하지만 그것은 볼 수가 없소."

우리는 a가 b에 앞서는 것을 반복적으로 본 까닭에 a가 나타나면 당연히 b가 따라 나오리라는 주관적인 기대를 합니다. 바로 반복적 습관을 주관적으로 확신하는 거죠. "a가 있는 곳에는 곧 이어 b가 나오더라! 여러 번, 아니 수천 번 봤으니까 이번에도 틀림없겠지." 습관이 쌓이고 a-b의 연쇄가 반복되기 때문에 필연적 결합을 객관적으로 보지는 못하지만,

우리가 1권에서 공부했던 것을 떠올려 봅시다. 바로 까마귀색조사위원회를 괴롭히던 문제죠. "모든 까마귀는 검은가?" 절대로 검다고 할 수는 없죠. 경험적 사건이기 때문에 수많은 까마귀가 검고, 미래의 까마귀가 검다고 하더라도 "모든 까마귀는 검다"라고 할 수는 없죠. 필연성은 경험적 반복에서 나오지 않습니다.

그것을 주관적으로 기대할 수밖에 없죠.

　과학은 이런 인과법칙을 바탕으로 삼는데, 이 법칙을 증명할 길이 없다면 어떻게 될까요? 과학은 기껏 수많은 경험을 쌓아서 그것이 반드시 그러하다고 우기는 것에 지나지 않게 됩니다. 반복에 따른 주관적인 기대를 어찌 법칙이라고 할 수 있겠습니까?

2) 인과법칙은 우리 안에 있다

흄은 인과관계에 대한 무자비한 비판을 합니다. 칸트 할아버지는 과학을 사랑하신 분인데, 이 비판을 접하고는 정신이 번쩍 들었다고 합니다. "나는 흄의 책을 읽고 비로소 독단의 잠에서 깨어났다." 칸트 할아버지가 얼마나 많은 밤을 번민으로 지새웠을까요? 여러분은 혹시 이때의 번민을 작품화한 《쾨니히스베르크의 경야(經夜)》라는 책을 본 적이 있나요?

　다시 인과법칙에 대한 비판을 정리합시다. 지금까지 모든 사람은 인과법칙이 자연의 법칙이라고 생각했지요. 그런데 알고 보니, 자연 속에는 인과법칙이 없다는 거죠. 필연적 결합은 주관적 기대에 지나지 않고, 그것을 관찰하거나 경험할 수도 없으니까, 어떠한 필연성이나 객관성도 있을 리 없죠.

　이 충격적인 사건을 칸트 할아버지가 어떻게 해결할 수 있을까요? 이것은 앞에서 오성의 범주들을 설명하는 자리에서 본 '인과성' 범주를 통해서 설명할 수 있습니다. 앞에서 양, 질, 관계, 양태마다 세 항씩 배당된 범주들을 본 적이 있죠. 그 가운데 '인과성'이 있었지요? 바로 관계 범주 가운데 있었죠.

　칸트 할아버지는 인과관계를 오성이 사고하는 범주의 하나로 봅시다. '아니, 인과성이 범주의 하나라면, 우리가 오성으로 사고할 때 미리 지니고 있는 형식 가운데 하나라는 말이 되는 것 아닙니까?' 바로 그거죠. 인과성은 대상세계에 있는 것이 아니라 우리가 대상들에 부여하는 형식이란 뜻이군요!

맞습니다. 인식형식이 대상을 틀 짓는 작업 도구의 하나가 인과 범주라면, 인과성은 대상세계에서 나온 것이 아니라 바로 우리가 대상세계를 틀 짓는 형식이고, 대상세계를 보기 위한 조건이 되지 않겠습니까? 신기한 일이군요!

원래 자연세계 속에 인과관계가 객관적으로 있기 때문에 우리가 그것에 따라 인과관계를 인식하는 것이 아니라는 이야기죠. 거꾸로 우리가 인과관계를 대상에 집어넣어서 마치 대상이 인과관계에 따라 필연적으로 나타나는 것처럼 인식된다는 것이죠. 거참! 말은 되는데…… 좀 혼란스럽군요.

3) 인과법칙을 현상에만 적용해야 한다

이것을 칸트 할아버지가 구별한 현상과 물자체로 나누어 보면 간명합니다. 인과관계는 사물 자체에 있는 것이 아닙니다. 그것은 현상에만 있는 것입니다. 우리가 현상세계를 인식할 때, 인식형식인 인과관계를 투입해서 보기 때문에 현상세계가 인과 질서를 지닌 것으로 보인다는 것이죠. (물론 물자체가 인과적 질서를 갖는지는 우리로서는 알 길이 없습니다.)

인과법칙이 현상에만 적용된다고 해서 그것이 우연적인 것이라고 보아서는 안 됩니다. 우리가 현상에 부여하는 범주가 선천적인 것이므로 이 관계는 보편타당성과 필연성을 지닙니다. 현상들이 우리가 부여하는 주관적 범주에 따른다고 해서 현상들의 관계가 제멋대로 연결된다고 보아서는 안 되죠.

이처럼 인과 질서는 자연의 질서가 아니라 우리 인식의 질서죠. 이런 인과 범주가 없다면 우리는 자연의 현상들을 질서 있게 관계 짓지 못하고 그저 경험적 반복에 지나지 않는 것으로 볼 수밖에 없으니까, 어떤 원인이 우리가 기대하는 결과를 낳을까 조마조마하게 바라보면서 가슴을 졸여야 할 겁니다.

인과법칙이란 항상, 예외 없이, 하지만 지루하게 a → b를 반복하니까 우리는 다른 가능성을 고려할 필요 없이 'a가 있는 곳에 b가 있을 수밖에 없다'라고 외면서 안정된 예측을 할 수 있습니다. 이런 방식으로 칸트 할아버지는 인과관계에 얽힌 논란을 정리합니다. 재판정에서 할아버지는 두 가지 잘못된 주장을 물리치죠.

인간들이 인과법칙을 가지고 객관적 자연세계를 있는 그대로 본다는 '독단론'을 깨뜨리고, 또 흄처럼 인과법칙을 주관적 기대에 지나지 않는 것으로 보는 '회의주의'도 잘못이라고 지적합니다.

왜죠? 만약에 범주로서의 인과법칙이 있고, 인과법칙이 선험적 인식 틀이라면 당연히 보편타당성을 지니죠. 앞에서 설명한 것처럼 우리 모두에게 칠판은 똑같이 보이니까요. 묘하죠. 인과법칙은 자연적 현실이 아니다. 그것은 인간이 세계를 보는 방식인데, 이 방식은 필연성을 지닌다.

이렇게 보면 인과법칙을 설명할 수 있는 길이 열리고, 이것에 기초를 둔 순수한 자연과학이 필연적 인식을 마련할 수 있는 길도 열립니다. 다만 이것이 적용되는 범위를 현상세계에 국한한다는 조건을 잊어서는 안 되죠. 요컨대, 인과관계에 관한 논란은 이제 그것이 물자체에서 현상으로 옮겨 오면서 필연성을 갖는 것으로 매듭 짓습니다.

감성과 오성은 서로 도와야 한다

다시 인식 과정에 대한 설명을 계속합시다. 좀 전에 보았듯이 인식을 위해서는 마음의 두 능력인 '감성'과 '오성'이 필요합니다. 그런데 인식을 위해서 서로 다른 두 능력이 다투지 않고 어떻게 서로 도와야 할까요? 또 감성과 오성이 서로 협력해야 한다고 할 때, 이 가운데 어느 것이 더 중요할까요? 그저 수용하는 데 그치는 감성보다는 능동적으로 사고하는 오성이 중요할까요? 아니면 반대일까요?

여기에서 칸트 할아버지의 답을 들어 볼까요? 우리가 대상을 인식하려면 먼저 감성적 질료를 오성의 개념에 제시해야 합니다. 아무리 오성이 능동적이고 자발적이라고 하더라도 이런 질료가 없다면 자기 능력을 발휘할 길이 없습니다. 그래서 감성이 없는 오성, 직관이 없는 개념은 '텅 빈' 것일 수밖에 없습니다. 이런 점에서 감성은 오성이 그 능력을 발휘하도록 '직관의 다양성'을 마련하는 점에서 중요합니다.

반대 방향에서는 사정이 어떨까요? 감성적 질료만으로는 어떠한 인식도 생산하지 못하죠. 오성이 분류하고 질서 짓지 않으면, 감성은 목표도 없이 질료만 잔뜩 쌓은 셈이죠. 갈 곳도 없이 여행을 떠난 셈이라고나 할까요? 즉 개념이 없는 직관은 맹목적입니다.

이런 두 측면을 볼 때, 우리는 감성과 오성이 저마다의 고유한 능력을 지닌 점에서 서로 다르지만 인식을 위해서는 두 능력이 협력해야만 함을 알 수 있습니다.

혹시 이해하지 못한 분들을 위해서 라면이라도 먹으면서 공부해 볼까요? 자, 이 늦은 밤에 라면을 끓이려는데, 다행히 제가 요리 솜씨가 뛰어납니다. 아뿔싸! 준비된 냄비와 불은 있는데, 라면이 없군요. 저처럼 재료가 없는 요리사의 솜씨는 텅 빈 것이죠. 그런데 옆집 친구는 모든 재료가 완벽하게 준비되어 있는데 라면을 끓일 줄 모른다고 하니…… 허, 이 친구는 얼마나 맹목적으로 재료를 수집한 것입니까?

어쨌든 저와 옆집 친구는 라면을 끓이기 위해서 서로 협력할 수밖에 없군요. 이런 화해와 협력은 감성과 오성의 경우에도 똑같이 적용됩니다. 이 두 능력은 서로 작용하는 면이 다르지만 서로 협력할 때에만 인식을 제대로 만들 수 있습니다.

이처럼 칸트 할아버지는 각 능력의 고유한 몫과 그에 따른 차이를 인정하면서 동시에 두 능력의 일치, 조화를 요구합니다. 어쨌든 이런 일치가 가능하려면 '보이지 않는 손' 같은 것이 감성과 오성을 도와야 하지 않을까요?

우리는 감성과 오성의 분업을 통해서 인식이 가능함을 알게 되었습니다. 그런데 이런 능력을 '누가' 사용하는지를 알아볼 필요가 있겠죠. 설마 능력들 자체가 자동적으로 작용하지는 않겠지요. 그러면 도대체 누가 인식능력들에게 과제를 부여하고, 그것들을 조화롭게 사용할 수 있을까요?

누가 감성과 오성이 협력하도록 하는가?

칸트 할아버지는 이런 작용을 총괄하는 '주체'가 필요하다고 봅니다. 감성과 오성이 작용하는 바탕에서 인식의 통일을 가능하게 하는 주체는 무엇일까요? 할아버지는 이런 근본적인 사고 주체를 가리키기 위해서 '의식 일반' 또는 '선험적 통각(先驗的 統覺, transzendentale Apperzeption)'이라는 어려운 용어를 쓰죠. 이때 '통각'이란 주어진 표상들의 다양성을 통일시켜 의식하는 작용을 말합니다. 여전히 어려운가요?

칸트 할아버지는 이런 주체의 작용을 '나는 생각한다(Ich denke)'라고 표현하기도 합니다. 즉 주체를 '생각하는 나'로 봅니다. 이처럼 내가 생각한다면 나는 생각하는 나이고, 이것은 바로 '자기의식'을 말합니다. 이것은 데카르트를 소개할 때 이미 살펴본 것이죠.

여기에서 '내가 생각한다'고 할 때 나는 무엇을 생각하나요? 나는 어떤 대상을 생각할 수 있겠죠. 하지만 대상을 생각하는 것 외에도 바로 내가 나를 생각하는 면을 놓쳐서는 안 되죠. 즉 나는 '대상을 생각하는 나'를 생각할 수 있습니다. 그렇다면 내가 나를 생각할 때, 내가 의식하는 대상은 바로 나이므로, 이것을 자기의식이라고 할 수 있겠죠.

수용된 표상을 오성이 결합할 때, 이것이 가능하려면 통일된 자아가 필요합니다. 이것을 '나는 생각한다'의 자기의식이라고 할 수 있습니다. 이 자기의식의 작용이 모든 표상에 함께 있을 때에만, 그리고 그것을 통일시킬 때에만 인식능력을 조화롭게 사용할 수 있고 그것에 맞물리는 대상의 존재가 확보될 수 있습니다.

이처럼 자기의식은 의식이 자기 자신을 의식하는 작용을 말합니다. 이를테면 내가 검붉은 장미를 보고 있거나, 서정성이 넘치는 베토벤의 〈피아노 소나타 8번〉을 듣고 있다고 해 봅시다. 이때 나는 대상을 보거나 듣고 있지만, 동시에 이렇게 보거나 듣는 나 자신을 의식할 수 있습니다. 내가 나의 보는 작용 자체를 보고, 내가 나의 듣는 작용 자체를 의식하는 것입니다.

우리 의식은 '대상에 대한 의식'이면서 동시에 그 바탕에서 이런 '의식작용 자체를 의식'하는 것이기도 합니다. 즉 대상의식과 자기의식은 분리될 수 있지만 또한 하나로 모아져야 하죠. 자기의식은 의식작용을 의식하는 것, 그래서 자기 바깥의 대상에 쏠린 의식의 작용을 다시 자기 안으로 불러오는 것이죠.

이 자기의식을 인식 과정과 연결해 볼까요? 내가 대상을 사고하는 것, 즉 표상을 수용하고 그것을 사고하는 것이 인식 과정이고, 이런 과정을 사고하는 것이 자기의식이라면, 자기의식은 인식 과정 전체에 따라다닙니다. 즉 모든 표상(직관과 범주)에는 '나는 생각한다'가 들어 있습니다.

그런데 칸트 할아버지는 이 자기의식을 경험적인 것이 아니라 선험적인 것이라고 보죠. 그것은 모든 인식 과정에 필연적으로 전제되고, 또 필연적인 근거가 됩니다. 인식에서 만나는 모든 표상은 이 자기의식을 벗어나지 않으며, 이 자기의식은 그것들을 통일하는 근거가 됩니다.

재미있는 것은 앞서 데카르트가 이런 자기의식을 자명한 것으로 보고, 어떠한 추론 없이도 직관을 통해서 분명하고 혼돈의 여지없이 알 수 있다고 한 것과 달리, 칸트 할아버지는 이러한 "나는 생각한다

(cogito)"의 자기의식을 알기 위해서 이렇게 복잡한 길을 걸어왔죠. 데카르트가 인식의 산에 오르면서 자기의식을 안내자로 삼는다면, 칸트 할아버지는 산을 다 내려가다가 산 저 너머에서 자기의식을 찾는다고 할 수 있지 않을까요? 이런 주체를 미리 상정한 뒤에 인식을 설명하는 것이 아니라, 인식 과정들을 설명한 끝에 이런 주체의 작용이 필요함을 보여 주고, 그래서 어쩔 수 없이 '생각하는 나'를 불러온 거죠. (물론 데카르트에게서 가장 확실한 것이라는 점과 여기에서 모든 인식의 선험적 조건이란 점은 근본적으로 다르지 않죠.)

또한 "나는 생각한다"는 대상에서 주어지는 것이 아니라 우리의 자발적인 작용이죠. 주체는 이런 자발성으로 대상의 표상을 종합, 통일시켜서 대상이 비로소 존재하도록 하죠. 만약 이런 통일작용이 없다면 표상은 낱낱의 것들로 흩어질 뿐이겠죠. 이런 자발성이 '우리에 대해서(für uns)' 존재하는 대상의 뿌리입니다. 대상은 그 자체로 있는 것이 아니라 나의 자기의식에 근거를 두어야 비로소 존재할 수 있습니다.

이런 점에서 자기의식은 근대 철학의 주요한 특성을 잘 보여 줍니다. 근대 철학은 인식론적 반성을 통해서, 존재의 문제를 인식하는 주체 안에서 근거 짓고, 대상의 객관성을 주체의 지배권 아래 둡니다. 칸트 할아버지는 이런 점을 분명하게 보여 주기 위해서 인식론적인 '코페르니쿠스적 전회'를 이야기한 것입니다. 한마디로 근대 주체는 현상계의 법을 정하는 권리를 지니고, 현상을 구성하죠.

현상을 만든 인간

칸트 할아버지는 별로 복잡하지도 않은 것들을 행여 우리가 알아듣지 못할까 봐 꼼꼼하게 설명하시죠. 우리가 이 내용을 잘 알고 있다는 것을 보여 주기 위해서 간략하게 정리해 볼까요?

대상이 주어질 때 우리는 그것을 인식형식으로 구성합니다. 그런데 앞에서는 처음에 현상이 있고 그것이 질료를 주어야 비로소 인식 과정이 진행된다고 설명했죠. 이 설명이 좀 이상하지 않습니까?

"우리에게 나타나는 현상을 도대체 누가 만들었을까요? 하느님인가요?"

아니, 아직도 이해를 못 하셨군요. 당연히 인식하는 우리죠. 현상은 우리가 인식형식을 부여해서 공들여 만든 것이죠. 그러면 처음에 있는 것은 현상이 아니라 현상을 만든 선험적 형식과 그것을 사용하는 능력이지요.

예를 들어서 확인해 볼까요? 여기 놓인 칠판이 흰색으로 보이는 까닭은 바로 우리가 칠판을 흰색으로 칠했기 때문입니다. 바둑이와 인간의 차이가 여기에 있습니다. 바둑이가 볼 때 칠판이 하얗다면 '칠판이 원래 하얘서 그렇구나' 하겠지만, 칸트 할아버지를 아는 근대인은 인식 과정의 구성작업 때문임을 알고 있죠.

이런 까닭에 현상은 우리가 구성한 것입니다. 그저 주어지는 것이 아니죠. 이렇게 구성한 현상이 마치 우리에게 대상처럼 나타난 거죠. 칸트 할아버지가 현상과 물자체를 구분하고, 우리가 인식하는 것이 현상이라고 하는 이야기는 바로 이것을 가리킵니다. 우리는 현상을 인식할 수 있는데, 이 현상은 바로 우리가 만든 작품인 거죠.

이 얘기를 삐딱하게 듣는 사람은, 우리가 형식으로 현상을 구성해 놓고 나서 마치 그 사실을 잊은 체하다가 현상을 인식하는 과정이나 그 끝에서 "아니, 현상에 우리가 부여한 형식이 있군. 이상한데, 아니 실은 당연한 거지" 하고 능청을 떤다고 할지도 모르겠군요. 이런 지적이 틀린 것은 아니죠. 우리는 현상을 인식하면서 우리가 부여한 형식을 다시 찾아내게 되고, 결국 우리의 형식과 그 산물(현상)을 오가면서 인식 놀이를 하는 셈이죠. 그래서 우리가 현상에서 발견한 질서는 원래 우리가 부여한 것일 뿐임을 확인하게 됩니다.

우리가 현상을 인식한다는 점을 칸트 할아버지의 코페르니쿠스적 전환과 관련하여 인식 주관과 대상의 상관관계를 다시 정리해 봅시다. 아마 깜짝 놀랄 만한 의미가 드러날 겁니다. 인식 대상은 항상 인식형식에 맞추어서 나타나야 합니다. 다시 말해, 대상이 인식되기 위해서는 우리의 인식형식이 요구하는 기본 조건, 즉 인식이 가능한 조건을 따라야 합니다.

이 조건은 현상이 나타나는 조건이자 동시에 인식이 가능한 조건이죠. 그리고 이런 인식의 가능 조건에 따라 현상의 존재 조건이 설정됩니다. 어떤 것이 '우리에 대해서' 존재하려면 우리의 인식 조건을 반드시 따라야 합니다. 어떤 존재가 있다고 해서 그저 인식되는 게 아닙니다. 요컨대, 현상이 존재할 수 있는 조건은 바로 인식 주관이 세우는 거죠. 인식 주관이 명령하고, 현상은 그것에 순종하는 셈이지요. 이런 까닭에 이제 대상은 주인공의 자리를 우리에게 넘겨줄 수밖에 없습니다. 주인공인 우리가 보는 모든 세상은 바로 우리가 구성한 것입니다.

우리의 '인식하는 주인공'을 건축가와 비교해 볼까요? 건축가는 일정한 질료를 구성해서 우리가 생활하거나 음악을 공연할 건축물을 만들죠. 그는 세계의 일부에 자기 틀을 부여해서 인간적인 생활 공간을 형성합니다. 그런데 인식 주관은 세계의 일부를 설계하고 구성하는 것이 아니라 '현상 전체'를 자기 틀로 구성합니다. 그는 현상 세계를 구성한 훌륭한 건축가인 셈이죠. 인식 주관이 구성한 이 세계는 바로 주관 자신이 잔뜩 솜씨를 부린 작품이 아닐까요?

이처럼 칸트 할아버지는 기존의 사고 틀을 뒤집어 놓습니다. 현기증이 나지 않습니까? 전통 사고방식은 원래 벽이 평평한 것이어서 우리에게 그렇게 보인다고 했습니다. 사실은 우리가 공간형식으로 이미 그렇게 구성해 놓았기 때문에 그렇게 보일 수밖에 없는 거죠. 따라서 칠판이 하얗고 매끈하고 평평하게 보이는 것, 꽃들의 다채로운 색과 향기, 나아가 현상들이 매끈한 인과적 질서를 이루는 것도 이런 맥락에서 보아야 하죠. 그래서 우리가 인식하는 이 세계는 사물 자체가 아니라 현상세계입니다. 이 세계는 바로 인간이 구성한 것이고, 인간이 이 세계 전체를 만든 자입니다. 만약 이 현상세계가 법을 따른다면 그 법을 정한 자는 바로 우리입니다.

현상이 먼저 있는 것이 아니죠. 그것은 우리의 산물입니다. 그리고 우리는 현상 속에서 바로 우리가 만들었던 형식이 나타나 있음을 다시 확인하면 됩니다. 즉 칠판이 흰색으로 보이는 것은 내가 흰색으로 칠했기 때문이지요. 현상들 간의 인과관계도 내가 인과 범주로 미리 짜 놓은 것이어서 현상들이 인과 질서에 따라서 나타나죠.

여러분은 그 작업에 동참해 놓고도 이것을 까먹었기 때문에 지금 이 강의를 듣고도 어리둥절하거나 신기하게 생각하는 거죠. 자, 기억을 되살려 보세요. 계속 기억이 나지 않는 분들은 다시 처음으로 돌아가야 할 겁니다. 빨간 안경이 나오는 부분을 찾아서 다시 확인해 보세요. 이런 주장은 인간을 그가 구성한 현상세계 위에 두고, 인간을 '자연의 입법자'로 드높이는 거죠. 한마디로 인간 중심의 주체성의 철학이라고 할까요?

이처럼 칸트 할아버지는 자신의 인식론을 통해서 인간이 현상세계의 입법자임을 선언하고, 인식의 법은 인식 주관이 부여하는 것임을 천명합니다. 이제 인식의 법정에서 입법하고 심판하는 권한이 인간에게 부여되죠.

그런데 문제는 여전히 남아 있습니다. 이렇게 구성된 세계가 사물 자체가 아니라 현상세계라는 점이죠. 우리에게 보편타당하게 나타나는 현상을 우리가 만들었다는 것은 분명하지만, 현상은 우리에게 나타난 것일 뿐 대상의 원래 모습, 즉 사물 자체라고 할 수는 없죠. 이런 점에서 인간은 현상을 만들었음에도 현상 배후에 있는 사물 자체를 인식할 수는 없습니다. 단지 생각할 수 있을 뿐이죠. 사물 자체는 우리에게 어떠한 감각 자료도 주지 않기 때문입니다.

이렇게 보면 인간은 한편으로 자연의 주인이지만, 다른 한편에서는 자기가 보는 세계 저 너머, 즉 물자체의 세계에 대해서는 아무것도 인식할 수 없습니다.

비관적으로 보는 사람은 우리가 세계를 알면서 동시에 모른다고 하겠죠. 아니면 우리의 인식이 반쪽에 지나지 않는 것이라고 할 수도 있겠죠. 마치 코끼리를 만지고 있는 장님과 다를 바가 없다고 하지 않을까요?

우리가 알 수 있는 현상세계가 아름답다면, 이 아름다운 구성은 우리 자신의 작품입니다. 혹시 이 세계가 추하더라도 그것은 우리가 그렇게 구성했기 때문입니다. 칸트 할아버지는 이런 현상세계의 입법자, 창조자가 바로 우리 자신이라는 자각을 일깨운 분이죠.

우리는 무엇을 알 수 있는가?

우리는 현상세계의 모든 것에 대해서 보편타당하게 인식할 수 있습니다. 다만 물자체에 대해서는 어떠한 권리도 주장해서는 안 되죠. 이런 조심스러운 결론에 접한 분들 가운데 칸트 할아버지의 업적을 칭송하는 사람도 있겠지만, 불만을 드러내는 사람도 있습니다.

"에이, 시시해. 아니 우리가 경험할 수 없는 세계에 대해서는 아무것도 모른다고? 이게 무슨 철학이야. 과학자들의 비위나 맞추는 것이지. 우리는 우리에게 나타난 책상 배후에 있는 책상 자체도 모르지 않는가! 그러니 경험에 주어지지 않는 영혼이나 신에 대해서는 아무것도 모를 수밖에."

이런 불만에 대해서 칸트 할아버지는 사실 이런 문제들은 형이상학자들이 오래전부터 다루어 왔음을 상기시킵니다. 그래서 과연 이런 논의와 그 결론들이 우리의 인식능력을 비판적으로 검토하는 이성의 재판정에서 그 정당한 권리를 인정 받을 수 있을까요?

사실 이성의 재판정에서는 이 문제를 다루면서 그 이름에 걸맞은 심의를 하고, 결과적으로 형이상학자들의 주장을 거의 대부분 근거 없는 것이라고 판정하여 그것들의 시민권을 박탈하는 험악한 판결을 하게

이성의 법정이 눈을 부릅뜨고 이런 주장들을 심의하는 것이 바로 《순수이성 비판》의 2부에 해당합니다. 사실상의 순수한 이성, 즉 경험의 도움을 받지 않고 이성만으로 구성된 주장을 다루는 '선험적 변증론'입니다.

되죠. 자, 이제 형이상학의 나무는 어떻게 될까요? 칸트 할아버지가 하인에게 나무를 자를 도구를 가져오라고 시키는 것 같은데, 과연 형이상학의 나무는 멀쩡할까요?

진리의 재판정에서 확인한 바에 따르면, 우리는 인식능력을 잘 파악해야 하고, 그것을 적절하고 적법하게 사용해야 하고, 인식의 가능한 범위를 잘 지켜야 한다고 합니다. 인식의 제한된 범위에 만족하고, 알 수 없는 것에 대해서는 모른다고 해야겠죠. 이렇게 법정의 질서를 지키는 것만으로도 현상세계에 대한 보편타당한 인식이 가능함을 알 수 있고, 순수수학과 자연과학을 비롯한 인식의 영역에서 객관성을 확보할 수 있었습니다. 그리고 '생각하는 나'는 이런 현상세계의 주인공임을 알 수 있었죠.

"나는 무엇을 알 수 있는가?"라는 질문에 대한 칸트 할아버지의 첫 번째 판결이 마음에 드시는지요? 아직 질문에 대한 답이 완결된 것은 아니니까, 조금 더 생각해 보고 여러분 나름대로 이 판결의 정당성을 평가할 필요가 있습니다. 칸트 할아버지에게만 모든 짐을 떠넘겨서는 안 되겠죠. 여러분은 무엇을 알 수 있고, 또 무엇을 알 수 없을까요?

여러 색의 창문으로 보는 마술 정원

어려운 강의를 부드럽게 끝내기 위해 소설 작품을 하나 인용할까 합니다. 프랑스 작가 미셸 투르니에(Michel Tournier)의 단편 〈소녀와 죽음〉에 나오는 한 장면입니다.

주인공 멜라니는 철학적 성향을 몸에 지닌 소녀로 '죽음'을 탐구합니다. 그런 소설 주제와 별도로 우리의 논의와 관련되는 부분만 보기로 합시다. 멜라니는 부모가 살던 지붕 밑 아파트로 올라가는 나선형 계단에서 여러 가지 색으로 된 작은 유리 창문을 보죠. 소녀는 가끔 계단에 앉아서 색깔이 다른 유리창을 통해 정원을 내려다보는 것을 재밌어 했는데, 그때마다 그녀는 매번 기적과 같은 광경을 보게 되죠.

그렇게 낯익고 금방 알아볼 수 있는 정원이 붉은 유리를 통해서 보면, 마치 화재가 난 듯 타는 불속에 파묻혀 있는 것처럼 보입니다. 그럴 때 정원은 그녀가 놀고 공상에 잠기던 장소가 아니라, 낯설고 잔혹한 불꽃이 핥고 있는 지옥의 불덩이가 됩니다. 초록색 유리로 자리를 옮기면 정원은 가물거리는 바닷속이 됩니다. 푸르스름한 저 깊은 곳에는 물귀신이 엎드려 있는 것 같습니다. 반대로 노란 유리는 태양 같은 따뜻한 그림자를 가득히 퍼뜨리고 금빛 가루들을 뿌리면서 마음을 북돋습니다. 푸른빛 유리는 나무들과 잔디를 낭만적인 맑은 달빛으로 감쌉니다. 남색 유리는 작은 사물 하나하나에까지 엄숙하고 거창한 자태를 부여합니다.

이처럼 정원은 늘 똑같으면서도 매번 깜짝 놀랄 정도의 새로운 모습을 갖습니다. 멜라니는 그의 정원을 극적인 지옥 속에, 노래처럼 즐거운 분위기 속에, 혹은 장엄하고 화려한 빛 속에 마음내키는 대로 잠가 놓을 수 있다는 자신의 마술적 위력에 홀리고 맙니다.

어떤가요? 이 부분은 마치 칸트 할아버지의 인식론을 소개하기 위해서 쓴 구절 같지 않습니까? 색유리들의 요술은 바로 무엇을 가리킬까요? 이렇게 매번 달라 보이는 정원을 만드는 것은 색유리가 아니라 바로 멜라니라는 점은 우리가 현상의 입법자에 관해 이야기한 부분과 같다고 할 수 있겠죠.

길고 지루한 강의가 끝났군요. 다음 강의를 듣기 전에 자신감이 생긴 분은 《순수이성 비판》을 한번 펼쳐 보세요.

"모든 인식은 항상 경험과 함께 시작한다. 하지만 그렇다고 해서 인식이 경험에서 나오지는 않는다."

아! 이거 아는 이야기지요. 그러면 조금씩 읽어 나갈 수 있을 겁니다. 물론 이 책을 읽는 데 목숨을 걸거나, "이 책을 못 읽으면 내 손에 장을……" 같은 책임지지 못할 약속은 하지 마세요. 여러분은 이 책의 주요한 내용을 이미 알고 있기 때문에 좀 더 정확한 내용을 확인하기 위해서, 아니면 우리 강의의 부족함을 알차게 메우기 위해서 보면 되죠. 이 책을 못 읽었다고 인생이 불행해지는 것은 아니죠. 자존심이 약간 상할 뿐이죠.

다시 한 번 물어보겠습니다. 여러분이 보고, 듣고, 만지는 세계를 만든 훌륭한 존재가 누구일까요? 왜 칠판이 이렇게 보이고, 진달래는 저렇게 보일까요? 바로 여러분이 그 주인공입니다. 이 현상세계는 우리가 알 수 있는 세계입니다. 물론 그렇다고 우리가 모든 것을 알 수는 없습니다.

🕐

칸트 할아버지, 형이상학의 나무를 자르다

칸트 할아버지는 인간이 보편타당한 인식을 할 수 있는 길을 마련했습니다. 그런데 우리는 이런 인식에만 만족할 수 없습니다. 현상세계 너머에 있는 물자체에 대해서 알고 싶어 하죠. 그래서 칸트 할아버지가 아무리 말려도 이성의 재판정을 빠져나와서 순수한 이성의 신기루를 좇아가죠. 할아버지는 이런 모습을 보고 형이상학적 지식을 심문하는 이성의 재판정을 따로 엽니다. 물론 이때 '순수한 이성'이란 경험적 요소가 섞이지 않은, 경험의 한계를 받아들이지 않는 이성을 말하죠. 과연 어떤 판결이 나올까요?

경험의 한계를 뛰어넘으려는 못 말리는 형이상학적 충동

우리는 현상세계를 필연적으로 인식하는 것만으로는 인식의 욕망을 온전하게 채우지는 못합니다. 바로 형이상학적 충동 때문이죠. 달리 말하면, 지금까지는 경험 안에서 보편타당한 인식을 마련할 수 있었습니다. 그런데 우리의 경험에 모든 것이 주어지는 것이 아니므로 경험할 수 없는 것들이 많이 있습니다.

예컨대, 우리가 감각적으로 경험할 수 없는 영혼은 어떤 것이고, 몇 개나 되는지, 영원불멸한 것인지, 혹시 생김새가 있다면 어떤 모양이고 몇 그램이나 되는지, 또한 세계는 공간적으로 끝이 있는 유한한 것인지, 시간적으로 언제 생겨났고 그 끝은 언제까지 계속되는지, 이 세계를 주재하는 최고 존재인 신이 존재하는지? 우리는 이런 것들에 대해 관심이 많고, 이런 것들에 대한 인식이 삶의 방향을 좌우하는 경우가 많습니다.

이런 것들이 바로 현상 너머에 있는 '물자체'에 대한 인식을 요구하죠. 그런데 이런 종류의 인식은 앞에서 활약했던 감성이나 오성으로는 가능하지 않습니다. 왜 그런지는 잘 아시겠죠?

바로 여기에서 지금까지 감성과 오성의 배후에서 쉬고 있던 '이성(理性, Vernunft)'이 등장합니다. 이성은 우리의 인식이 경험세계에 제한되는 것에 만족하지 못하고, 경험을 뛰어넘은 대상에 관심을 갖죠. 게다가 이런 초감각적 대상에 대한 보편타당한 인식을 추구하려고 합니다.

이처럼 공간과 시간의 한계를 뛰어넘으려는 억제할 수 없는 충동은 경험에 묶여 있는 오성의 적법한 사용을 무시하고 초감각적인 세계로 날아오르려 합니다. 비록 그런 상승에서 날개가 꺾이는 한이 있더라도, 이런 비상의 노력은 결코 멈출 수 없습니다. 그렇다면 이처럼 불가능한 인식의 하늘을 날아오르려는 노력은 과연 무의미하거나 헛된 것일까요?

칸트 할아버지는 이런 문제를 '선험적 변증론'에서 다룹니다. 감각적 경험세계를 뛰어넘으려는 이런 노력이 우리 인식능력의 하나인 이성과 관계되죠. 칸트 할아버지는 이 뿌리에서 형이상학의 나무가 어떻게 성장하는지를 조용히 지켜봅니다. 그러다가 순수한 이성의 능력을 비판적으로 검토하는 법정에서 이것을 철저하게 검토하고, 비판적 이성의 칼날을 들이댑니다.

할아버지의 비판적 검토로 형이상학의 나무는 통째로 쓰러지죠. 순수이성의 능력을 비판적으로 검토하는 법정에서 순수이성으로 꽃편 형이상학의 나무가 베이면서 형이상학이 쌓아 올린 우상들이 파괴됩니다. 영혼, 세계, 신에 관한 모든 논의는 권리 없는 주장으로 내몰립니다. 이들에 대한 인식은 모두 유죄 판결을 받습니다.

이처럼 무시무시한 면모를 보인 할아버지는 자기 곁에서 비가 오나, 눈이 오나 우산을 들고 산책 길을 따라다니는 하인의 얼굴을 무심코 쳐다보죠. 하인의 서글픈 모습에서 느껴지던 애처로움을 할아버지는 다른 방식으로 위로하려고 합니다.

칸트 할아버지는 이처럼 인식 영역을 엄격하게 제한했지만, 곧이어 신앙의 영역, '실천이성'의 영역을 개척합니다. 그래서 영혼, 세계, 신의 문제는 도덕적 관점에서 검토되고 정당화됩니다. 이제 할아버지는 산책 길에서 하인의 편안한 얼굴을 볼 수 있게 되었죠.

순수한 이성이 이념들을 만들다

이 문제를 개념으로 정리해 봅시다. 모든 것을 알고 싶어 하는 인간은 우리 경험에 주어지지 않는 것들, 곧 시간과 공간에 제한된 것을 뛰어넘는 것에 관심을 갖습니다. 우리는 영혼, 인간의 자유, 세계의 본질, 신의 존재 여부, 우리 삶의 목적 등에 대해서 알고 싶어 하죠. 아울러 이런 문제들의 답을 찾는 과정에서 경험할 수 있는 것뿐만 아니라 경험할 수 없는 것들까지도 알고 싶어 합니다.

특히 우리가 경험할 수 없는, 경험 바깥에 있는 것들은 어떤 수를 써도 경험에 주어지지 않기 때문에 인식할 수 없습니다. 그런데도 우리의 똑똑한 철학자들은 현상 저 너머에 있는 듯한 이런 예지계 (noumena, 본체계)를 인식할 수 있다고 주장하죠. 그리고 그것으로 완전한 인식의 질서를 구성하곤 했습니다.

칸트 할아버지가 보기에 이런 형이상학적 작업은 우리 감각경험에 나타나지 않는 것들에 대해서 아무런 감각 자료도 없이 개념들만 교묘하게 짜 맞추어서 만들어 낸 것이죠. 한마디로 개념의 유희죠. 그래서 할아버지는 형이상학이 만든 이런 놀이판을 비판적으로 검토하죠. 이제 경험적 요소를 말끔히 걷어 낸 순수한 이성에 대한 비판이 본격적으로 이루어지죠.

그러면 이성은 우리가 앞에서 본 오성과 어떤 점에서 다를까요? 오성이 판단하는 능력이라면, 이성은 추론하는 능력입니다. 이런 이성을 쓰는 방식 가운데 하나는 순수하게 논리적으로 사용하는 것이고, 다른 하나는 경험적이거나 선험적으로 사용하는 것이죠.

형이상학은 이성을 논리적으로 사용합니다. 이것은 경험을 중시해서 개념이 실제 대상에 일치하는지에 상관하지 않고, 개념이 논리적으로만 타당한지를 살피는 경우죠. 그래서 '모순율'에 바탕을 두고 개념들이 서로 모순되지 않으면 '참'이라고 여기죠. 예를 들어 '둥글다'라는 술어는 주어 '사각형'과 논리적으로 결합할 수 없습니다. 순수한 이성은 순전히 논리적 조작을 통해서 개념을 결합하고 추론합니다.

이런 추론의 논리적 사용에서는 인식의 객관적 타당성은 문제되지 않고 그 형식만 문제가 됩니다. 즉 인식이 실제로 대상에 일치하는지는 문제가 되지 않습니다.

이성을 경험적으로 사용하는 경우에는 경험적 판단이 인과율에 의해서 얻어지기 때문에 일정한 조건에 제한됩니다. 모든 현상은 원인을 조건으로 갖고, 이들 원인은 다시 원인에 의해 한정됩니다. 이와 달리 이성은 이런 조건에 묶이지 않고 조건을 뛰어넘어서 무조건적인 통일을 찾으려는 충동에 이끌리죠. 즉 이성은 조건의 무한한 계열을 통일할 만한 무조건적인 것을 구합니다.

순수한 논리로 만든 이념

이러한 무조건적인 이성이 자기에게 알맞은 대상을 만들어 내죠. 이것을 칸트 할아버지는 '이념(理念, Idee)'이라고 부르죠. 할아버지는 이런 이념의 예를 세 가지 듭니다. 영혼, 세계, 신이죠.

이와 같은 이념을 만들기 위해서 형이상학자들은 오성의 범주를 사용하고 이 범주들 가운데 관계 범주를 이용해서 이성을 논리적으로 추론하죠. 이념은 경험을 뛰어넘은 것이기 때문에 당연히 어떠한 감각적인 내용도 지니지 않죠. 다만 논리적, 이성적으로만 알 수 있는 것이죠. 영혼을 손으로 만지거나 볼 수 있나요? 그런 이상한 경험을 했다고 하는 사람이 칸트 할아버지 시대에도 있었나 봅니다. 신도 감각적인 대상은 아닙니다. 신을 보거나 만진 사람들은 사람이 아니라 신과 비슷한 종류의 존재일 겁니다.

그런데 세계는 어떤가요? 어떤 사람은 자기가 세계를 보고 만질 수 있다고 생각하죠. 하지만 지금 우리가 말하는 세계는 세계의 부분이나 조각이 아니라 존재하는 사물을 모두 포함한 전체를 말하죠. 우리는 세계의 일부를 감각할 수 있지만 세계 자체, 모든 사물을 보거나 만질 수는 없죠. 이념의 하나인 세계는 우리의 감각을 뛰어넘어서 있는 이론적인 대상이죠. 그래서 누가 "세계는 무한하고, 끝이 없다"라고 할 때에는 그 끝을 실제로 보고서 그렇게 주장하는 것이 아니라 이론적으로 그렇게 생각한다는 이야기죠. 그 끝을 볼 수 있다면 문제될 것이 없습니다. 하지만 아무도 그 끝을 볼 수 없으니까, 이성의 눈을 지닌 형이상학자가 나서서 세계에 대한 어떤 주장을 하는 거죠. 하지만 형이상학자도 '세계'를 눈으로 보거나 손으로 잡을 수는 없습니다.

칸트 할아버지는 영혼을 심리학적 이념, 세계를 우주론적 이념, 신을 신학적 이념이라고 부릅니다. 이런 영혼, 세계, 신의 이념은 이성의 형이상학적 충동과 관련되죠. 그리고 이성은 경험세계에 제한된 오성에 이념을 주어서 다양한 것을 온전한 하나로, 조건에 매여 있는 것들을 무조건적인 것으로 통일하라는 명령을 내립니다.

영혼을 잘 아는 형이상학자의 이야기

자, 이런 이념들에 대해서 차례대로 조금씩 설명해 봅시다.

먼저 영혼을 볼까요? 우리 정신은 많은 표상을 만들죠. 그런데 그런 표상들을 하나로 묶을 수 있는 어떤 것이 있을까요? 형이상학자는 그런 통일을 영혼의 몫으로 봅니다. 다시 말해, 영혼의 이념은 우리의 모든 표상의 밑바닥에 존재하는 것이고, 사고하는 주관을 무조건적으로 통일하는 어떤 것을 말합니다.

이성은 영혼이라는 심리학적 이념을 만들죠. 그것이 어떤 것인지 범주로 사고합니다. 먼저 답을 보고 이야기해 볼까요? 영혼은,

1) 양으로 보면 단일성=인격적입니다.

2) 성질로 보면 단순합니다.

3) 관계로 보면 실체입니다.

4) 양태로 보면 비물질적입니다.

이제 차례대로 살펴볼까요?

1) 영혼의 양적인 면을 보면, 영혼은 서로 다른 시간에 언제나 하나고 동일한 것이죠. 즉 우리 사고의 내용은 다양하지만, 이런 다양한 사고들에서 사고하는 자아의 일치를 의식할 수 있죠. 그래서 영혼은 양적으로 통일된 것으로 추론됩니다. '영혼은 하나며, 여럿이 아니다.' 이것은 영혼이 인격이라는 의미입니다.

2) 영혼의 질적인 측면은 어떨까요? 영혼의 활동은 사고하는 다수를 합해서 만들 수 있는 것이 아니죠. 그래서 영혼의 성질은 단순하죠. 곧 결합된 것이 아닙니다. '영혼은 단순하다.' 이런 단순한 것은 결코 파괴되지 않습니다. 파괴되는 것은 언제나 부분으로 분해되는 것이므로 결합된 것만 파괴될 수 있죠. 그래서 '영혼은 파괴되지 않고, 불멸(不滅)이다.' 여러분이 무수하게 보아 온 '영혼불멸'이 이런 사고방식에서 나온 것입니다.

3) 영혼은 어떤 관계로 나타날까요? 우리의 주관적 표상이 이러저러하게 변한다고 하더라도 언제나 '나는 생각한다'라는 의식이 바탕에 있습니다. 이것으로부터 이성은 영혼이 실체라고 보고, 우리의 신체와 같은 것이 아니라고 추론합니다. '영혼은 실체이고, 사고하는 실체이다.' 실체는 생기거나 소멸하는 것이 아니죠. 그래서 영혼은 영원합니다.

4) 영혼의 양태는 어떠할까요? 영혼은 외부의 모든 사물에 관계하지만 그 자체는 물질적인 것이 아닙니다. 따라서 '영혼은 비물질적이며, 정신적'이라고 추론할 수 있습니다. 이처럼 기존의 형이상학은 이성 추론으로 영혼의 본질을 만들어 냅니다.

그런데 이성의 재판정을 연 칸트 할아버지는 이 명제를 검토하기 위해 이성의 칼을 갈고 있습니다. 이런 합리적 추론은 타당하고, 인식의 정당한 권리를 지닐까요?

칸트 재판장님의 선고를 봅시다. 결론부터 이야기하면, 영혼에 대한 이성의 추론은 부당하고 아무런 인식의 권리를 갖지 못합니다. 어떤 이유 때문에 그럴까요?

이성은 오성의 범주를 활용하여 영혼이라는 이념의 본질을 규정했습니다. 만약 오성 범주를 영혼 이념에 적용하는 것이 허용된다면, 이 추론은 문제가 없을 것입니다. 하지만 익히 알다시피 오성 범주들은 경험 영역 안에서만 사용이 허가되어 있습니다. 즉 범주는 우리의 가능한 경험 대상에 대해서만, 시간-공간 속에 주어지는 대상에 대해서만 적용될 수 있습니다. 그런데 영혼이라는 이 특이한 대상은 어떤 것입니까? 영혼은 결코 경험할 수 있는 대상이 아닙니다. 영혼 이념은 단지 순수한 이성, 즉 어떤 경험적 내용도 지니지 않은 이성이 만든 것입니다.

따라서 우리가 영혼을 시간-공간에서 직관할 수 있다면 형이상학적 주장은 타당할 겁니다. 그러나 영혼 이념은 이성 스스로가 만들어 낸 사고물(思考物)이기 때문에 타당할 수 없습니다. 이런 주장은 이성의 자연스러운 충동에서 나온 추론이지만, 그릇된 추론 (Paralogismus, 오류추리)에 지나지 않습니다. '비판적 이성'의 눈으로 볼 때에는 허용될 수 없는 것, 정당한 권리가 없는 것입니다. 불법적으로 이성을 멋대로 사용한 예입니다.

이처럼 심리학은 이성의 재판정에서 학문의 가치를 인정 받지 못합니다. 물론 이런 명제가 타당하지 않다고 해서 영혼을 부정할 수는 없습니다. 왜냐하면 이성이 비판적으로 검토한 결과 우리가 영혼에 대해서 아무것도 알 수 없다고 했기 때문입니다. 영혼에 관한 이러저러한 주장들은 타당한 것도, 그렇다고 부당한 것도 아닙니다. 다만 이런 영혼을 굳이 믿고 싶어 하는 것까지 부정할 수는 없습니다. 믿고 싶은 사람은 믿어도 좋지만 우리는 영혼을 알 수는 없고, 모르는 것을 모른다고 해야 합니다.

이제 세계에 관한 주장들을 검토해 봅시다. 세계에 대한 형이상학적 주장들은 어떤 권리를 주장할 수 있을까요? 이 문제는 영혼 문제보다 좀 더 복잡합니다. 여러분께서 허락하신다면 재판 기록을 간략하게나마 소개하겠습니다. '만약 세계가 끝이 있을까?' '이 세계는 과연 창조된 것일까?' '이 세계에는 필연적인 법칙만 있을까?' '자유가 있을까?' '요즘 자연과학에서 복잡성 이론으로 세계를 '복잡계(complex system)'로 설명하려 하는데 과연 이것이 타당할까?' 등을 알고 싶으면 이 기록을 참조할 필요가 있습니다.

제가 기록을 조금만 들추어 볼 테니, 관심 없는 사람은 조용히 신을 다룬 다음 부분으로 건너뛰세요. 그러면 칸트 할아버지의 재판기록을 좀 더 살펴볼까요?

순수이성의 이율배반

순수한 이성은 우리가 경험하는 모든 현상이 일정한 조건에 얽매여 있는 것에 불만을 느끼고 이것을 뛰어넘으려는 충동에 이끌리죠. 그래서 모든 현상을 무조건적으로 통일할 '세계 이념'을 만듭니다. 그런데 여기에서는 서로 의견이 갈려 세계의 성격에 대해 서로 양보할 수 없는 주장이 팽팽하게 맞서기 때문에 재판정 분위기가 훨씬 험악합니다. 이 재판에서는 피고가 둘인데, 저마다 자기 주장을 교묘하게 정당화하죠.

예를 들어 세계가 양적으로 어떤 성격을 갖는지 추론해 봅시다. 이 세계에 공간적 끝과 시간적 끝이 있을까요, 없을까요?

이런 질문에 대해서 두 가지 형이상학적 주장이 가능합니다. 즉 세계가 유한하다거나 반대로 무한하다고 볼 수 있죠. 이런 까닭에 형이상학의 역사(지금은 물리학자들까지도 이 논쟁에 가세해서)에서 서로 상반되는 주장이 맞서죠. 이처럼 대립되는 의견들은 한 치의 양보도 없이 자신의 진리성과 상대방의 오류를 내세우죠. 이제 이 문제를 이성의 재판정에서 매듭지읍시다.

칸트 할아버지는 과연 어느 편을 들까요? 공정한 재판관인 칸트 할아버지는 어느 한쪽 주장에 편드는 것이 아니라 이런 두 주장이 맞서는 문제 상황이 어떻게 만들어졌는지를 검토합니다. 즉 '세계 이념'에 관한 상이한 주장이 맞서는 논쟁 구도 전체를 비판적으로 검토합니다.

그래서 칸트 재판장은 논쟁에 말리지 않고 논쟁하는 판을 보려고 합니다. 재판장은 이런 세계관의 투쟁을 '순수한 이성의 이율배반 (二律背反, Antinomie)'이라고 부릅니다.

일단 이 싸움판을 정리해 봅시다. 우주론적 이념에서 다음의 질문들이 있습니다.

1) 세계는 공간적, 시간적으로 한계를 갖는가?(양)
2) 세계는 단순한 부분들로 이루어져 있는가?(성질)
3) 세계에는 자연 필연성 이외에 자유가 있는가?(관계)

4) 세계에는 세계의 부분이건, 아니면 그 원인이건 간에 절대적으로 필연적인 존재자(신)가 있는가?(양태)

각각의 주장에 대해서 '그렇다'라고 하는 쪽을 '주장(thesis)'으로, '그렇지 않다'라고 하는 쪽을 '반대 주장(anti-thesis)'으로 정합시다.

이 가운데 한 예만 보죠. 1)의 양적 특성에 관한 질문에 대해서 주장은 "세계는 시간적으로 시작과 끝을 갖고, 공간적으로 유한하다"고 주장하고, 이에 맞서는 반대 주장은 "세계는 시간적으로 시작을 갖지 않으며, 공간적으로도 한계를 갖지 않는다. 즉 세계는 시간적, 공간적으로 무한하다"라고 주장합니다. 여러분은 이 논쟁에 대해서 어떻게 생각합니까?

세계는 유한한가?

과연 세계는 유한할까요? 즉 시간적 처음이 있고, 언젠가는 시간이 끝나고 그 종말에 이를까요? 공간적으로 끝이 있어서 그 너머에 아무것도 없을까요? 누군가가 세계의 모든 땅을 다 사들여서 독차지하고픈 소망을 품고, 아주 넓은 땅이긴 하지만 어쨌든 그 끝이 있기에 언젠가는 그 땅을 모조리 사들일 수 있을까요? 또 시간의 처음에 어떤 것들이 태어나고 시간의 끝에서는 모든 것이 죽어야 하는 걸까요? 영원히 살고 싶은 사람은 시간이 유한하면 안 되겠죠? 그는 아마 시간적 처음이나 끝이 없는 세계를 바랄 것이고, 더불어 공간적으로도 끝이 없어서 세계가 막힘없이 무한하길 바라겠죠.

또 세계의 끝이 있다면 그 끝 바깥에는 무엇이 있는지, 만약 그 바깥에 아무것도 없다면, 아무것도 없는데 왜 끝이 있다고 하는지도 문제가 되겠죠. 하여튼 문제가 꼬리를 물고 이어지죠. 그리고 세계에는 자유란 없고 필연만 존재하는지 아니면 자유가 있는지 여기에서 모든 문제를 다 검토할 수는 없으니까 두 가지만 살펴보기로 합시다.

칸트 할아버지는 이런 문제들을 철저하게 검토한 뒤에 재미있는 점을 발견합니다. 만약 세계가 무한하다면 유한하지 않아야 하고, 반대로 유한하다면 결코 무한할 수 없겠죠. 그런데 신기하게도 이런 상반된 주장 모두는 각자 자신의 정당함을 밝힐 수 있습니다. 상반된 주장 가운데 하나만 타당한 것이 아니라 맞서는 두 주장이 상대방을 논박할 수 있다는 거죠. 그래서 공존할 수 없는 두 주장이 모두 정당한 것처럼 보이는 이율배반이 나타납니다.

이것은 '나는 너를 사랑한다'와 '나는 너를 미워한다'가 상반되는 것이어서 이 가운데 하나만 맞아야 할 텐데 모두 성립한다고 주장하는 이야기와 비슷하죠. 물론 모든 경우에 이런 상반되는 주장이 동시에 성립하지는 않죠. 모순율 때문에 둘 가운데 하나는 틀린 거죠. 그런데 세계 이념의 경우에는 그게 그렇지가 않은가 봅니다.

즉 A와 -A가 동시에 타당하다는 어이없는 결과가 나타납니다. 말을 바꾸면 '세계유한론'을 인정하는 쪽과 반대로 '세계무한론'을 주장하는 쪽 모두가 자기 주장이 타당함을 증명할 수 있습니다. 이처럼 상반되는 두 주장이 모두 증명이 된다면, 세계는 유한하기도 하고 무한하기도 하며, 세계는 필연적인 측면과 자유의 측면이 공존한다는 말인가요? 이런 점 때문에 형이상학자들은 서로 자기 주장을

만약 '창조론'을 믿는다면, 이 세계가 창조된 것이니까, 처음부터 있었던 것은 아니겠죠. 신적인 존재가 "세계야, 이제부터 있어라"라고 명령하여 그때부터 비로소 존재하기 시작한 것이라고 봐야겠죠. 그런데 세계 바깥에 이처럼 신적인 존재를 상정하는 것은 이치에 맞는지가 또 문제입니다. 신이 이미 존재하는 시점에 아무것도 없었다고 봐야 하는지?

관철하려 합니다. 이 싸움은 승리와 패배가 가려지지 않는 가운데 끝없이 계속됩니다.

주장과 반대 주장은 자기의 정당성을 증명하기 위해서 귀류법을 사용합니다. 귀류법은 상대방의 주장이 부조리함을 밝히는 방식이죠. 즉 상대편 주장을 따라가 보면 어쩔 수 없이 모순에 빠짐을 보여 줌으로써 그것과 반대되는 자기 주장이 옳을 수밖에 없다고 하는 것이죠. 이를테면 세계가 유한하다고 주장하는 쪽은 세계가 무한하다고 가정하면 헤어날 길 없는 모순에 빠지게 됨을 보여 주는 거죠.

"멍청하게도 세계가 무한하다고 뻔뻔스럽게 이야기하는 놈들을 불러와 봐. 그놈들의 돼먹지 않은 주장을 한번 따라가 보자고, 그러면 앞뒤가 안 맞게 되어 있어." 이런 식이죠. 그래서 세계가 무한하지 않다면 당연히 유한할 수밖에 없겠죠? 이런 방식으로 반대파를 무력화하는 방식으로 자기를 정당화합니다.

그래서 칸트 할아버지는 이런 이율배반의 경우들을 하나하나 검토하죠. 우리의 인식능력과 관련하여 과연 어떤 것이 타당한 권리를 지닌 것인지를 살핍니다.

세계는 유한하다 – 무한할 수 없으므로

세계가 유한하다는 주장과 그 반대 주장을 차례대로 살펴봅시다. 먼저 유한론부터 시작할까요?

"세계는 시간적으로 시작과 끝을 갖고, 공간적으로 유한하다."

유한론은 이것을 증명하기 위해서 상대편 주장을 가정하죠. 곧 '세계가 무한하다'라는 명제가 모순됨을 보여 주려고 하겠죠. 먼저 공간부터 볼까요? 이들은 미련한 무한주의자들이 '공간이 무한하다'라고 주장하는 점에 어떤 잘못이 있는지 봅니다.

"현명한 우리는 이 주장의 터무니없음을 만천하에 알리고자 한다. 공간이 무한하고 끝이 없다고 주장하는 자들이여! 내 자네들의 주장을 인정할 테니, 무한한 공간을 한번 빠짐없이 더해 보는 것이 어떨까? 혹시 자네들은 무한한 공간을 이루는 부분 공간들을 한 번이라도 모아 보지 않고 괜히 무한하다고 떠드는 것은 아닌가? 그것이 아니라면 이번 기회에 그 공간들을 빠짐없이 모아서 그것이 무한함을 보여 줄 수 있겠지?"

과연 그럴까요? 한번 해 봅시다. 무한한 공간은 부분들로 되어 있겠지요. 그 한 부분, 한 부분을 다 모아 봅시다. 그런데 공간이 무한하다면, 그 부분 공간들의 수가 무한할 수밖에 없죠. 하지만 우리는 무한한 것을 다 더할 수는 없습니다. 아무리 더해도 또 남아 있고, 또 더하면 더한 것보다 더 많은 것이 남아 있겠죠. 그것들이 무한하니까요. 그래서 무한한 공간을 완결된 것으로 보여 줄 수 있는 길은 없습니다. 아마 무한한 시간이 지나서 그 답을 알 수 있겠죠. (사실은 불가능하다는 뜻입니다.)

톨스토이의 단편 〈사람에게는 얼마만큼의 땅이 필요한가?〉를 각색한 한 편의 글을 봅시다.

"자, 그동안 자네가 수고 많았네. 내 보답하는 의미로 자네가 원하는 만큼의 땅을 주기로 하겠네. 오늘 하루 동안에 자네가 표시한 땅을 모두 자네에게 주겠네. 아무리 넓어도 좋으니, 갖고 싶은 만큼 자네 땅을 갖도록 하게."

"아니. 그게 정말입니까? 주인님."

그 사람은 우리 한반도보다 몇 배 넓은 땅을 지닌 지주의 엄청난 자비에 감격하여 자기 마음껏 땅을 확보하려고 힘껏 뛰어나갔죠. 곧 멀리 사라집니다. 그 사람은 그날 하루 동안에 자신이 갈 수 있는 최대한으로 달려갈 것이고, 땅 없는 서러움을 단번에 만회하려고 젖 먹던 힘까지 내서 뜁니다. 하지만 그는 피곤하기는커녕 눈앞의 땅들을 가질 수 있다는 희망으로 한껏 부풀어 올랐습니다. 어두워지자 그는 자기가 달려간 길을 죽을힘을 다해 달려옵니다. 드디어 주인이 있는 곳까지 왔습니다.

"주인님, 제가 저 멀리까지……."

그는 말을 더 잇지 못하고 쓰러지고 말죠. 자신의 소유가 될 땅을 다시 한 번 보기도 전에 그 자리에서 숨을 거두죠. 그는 자신이 영원히 잠들 자기 신체 크기만큼의 땅에 묻힙니다. 그에게 필요한 땅이 그 정도라는 사실을 그는 마지막 순간에 깨달았는지도 모르겠습니다.

무한한 공간을 유한한 시간에 다 합하려고 하는 사람들은 그 무한한 공간의 일부밖에 보여 줄 수 없습니다. 무한한 크기의 공간을 온전하게 보여 줄 수는 없습니다. 자, 이제 포기하는 게 어떨까요? 유한한 인간은 무한한 공간을 만지거나 볼 수는 없습니다. 이 증명을 위해서 공간을 측정하러 갔다가 행방불명되는 사람의 숫자만 늘어날 뿐이니, 공간이 무한하다는 주장은 포기하는 것이 좋을 겁니다.

그러면 이제 시간의 경우를 볼까요? 시간이 무한하다고 생각하면 어떤 모순이 생길까요? 만약 세계가 시간적으로 '처음'을 갖지 않는다면 어떻게 될까요? 그런데 분명히 '지금' 우리가 존재하고 있죠.

그러면 지금이 존재하기 위해서는 처음도 없이 아득한, 아니 무한한 과거에서 시간이 흐르고 흘러서, 또 흐르고 흘러서 지금까지 와야 하죠.

달리 말하면 시간의 처음이 없고 시간이 무한하니까, 지금이 되기 전에 이미 무한한 시간이 있었다고 하겠죠. 아울러 그 무한한 시간이 흘러서 지금이 되었다는 것을 보여 주어야 하죠. 과연 시작도 없는 무한한 과거에서 현재까지 올 수 있을까요? 시간이 현재까지 오는 데 무한한 시간이 걸리겠죠. '무한한 시간이 걸린다'는 이야기는 과거에서 출발한 시간여행이 현재까지 오지 못한다는 이야기와 같습니다. 이처럼 무한한 시간의 계열 때문에 과거에서 아무리 시간이 지나가도 여전히 과거에 머무르게 되죠.

아마 시작도 없는 무한한 과거에서 이 주장이 타당함을 보여 주려고 시간여행을 떠난 사람이 있다면, 먼저 영원한 생명을 부여 받아야 하겠죠. 아득한 그때에 떠나서 아직도 오고 있을지도 모르지만 그 사람이 아무리 빠른 속도로 오더라도 무한한 시간이 걸리기 때문에 우리가 그 사람을 만날 가능성은 전혀 없습니다.

무한한 시간이 걸려서 우리가 있는 현재까지 올 수 없다면, 현재는 존재할 수 없죠. 하지만 현재는 지금 분명히 있고, 지금 있는 현재를 가짜라고 할 수도 없습니다. 이런 모순 때문에 무한한 시간을 가정해서는 안 되는 거죠. 그래서 이치에 맞도록 '시간적 처음'이 있음을 인정해야 합니다. 어떻습니까? 이런 까닭에 시간은 처음이 있습니다. 그 처음이 언제인지는 정확하게 알 수 없고, 신이 창조했는지 어떤지는 모르겠지만 어쨌든 시간적 처음이 없어서는 안 되죠.

"시간 무한론자여! 과거 속으로 뛰어들어서 열심히 처음을 찾아보려무나!"

이제 정리해 볼까요? 만약 세계가 시간적 처음을 갖지 않는다면 무한한 계열의 사태가 일어났어야 합니다. 즉 현재의 순간 이전에 무한한 시간의 계열이 완결되었어야 합니다. 그런데 무한한 계열은 완결될 수 없습니다. 이처럼 시간이 무한하다는 가정이 모순되므로 시간적 처음이 있어야 합니다.

질문

1. 무한한 시간의 계열을 지나가는 데 얼마의 시간이 걸릴까요?

2. 세계가 무한하다고 가정할 때 어떤 모순이 생기는지 자기 나름대로 논박해 봅시다. 공간이 무한하거나, 시간이 무한하다는 주장을 하나하나 살펴보세요.

3. 여러분은 세계의 시간과 공간이 유한하다고 보나요? 그렇다면 어떤 이유에서 그렇게 생각하나요?

4. 세계가 유한하다는 주장의 '반대 주장'을 보고 나서 다시 이 '주장'과 비교해 보세요.

세계는 무한해 – 유한하다는 주장이 터무니없으므로

이런 논증에 대해서 세계무한론자들은 조용히 항복할까요? 어림없는 이야기죠. 그들도 세계가 유한하다는 기괴한 주장이 모순된 것임을 밝힙니다. 그래서 그들은 이런 모순 때문에 어쩔 수 없이 세계가 시간-공간적으로 무한할 수밖에 없다고 봅니다.

"세계는 시간적으로 시작을 갖지 않으며, 공간적으로도 한계를 갖지 않는다. 즉 세계는 시간적으로, 공간적으로 무한하다."

이것을 증명하기 위해 유한주의자처럼 세계가 시간적으로 시작을 갖는다고 가정해 볼까요?

a가 시간적 '시작'이고, 그 앞은 아무런 시간도 없다고 해 봅시다. 마찬가지로 b는 시간적 '끝'이고, 그다음에는 어떠한 시간도 없다고 해야 하죠. 이처럼 시간의 시작과 끝을 상정하면 어떻게 될까요? a 는 '처음'이니까 시간이 비롯되는 신기한 지점이죠. 그러면 그 앞에 는 무엇이 있나요? 텅 빈 시간이 있지요. 즉 시간이 없습니다. 텅 빈 시간에는 아무것도 존재할 수 없을 텐데, 도대체 무엇이 시간을 만 들 수 있을까요?

텅 빈 시간에는 아무것도 없기 때문에 시간이 없으면 아무것도 있 을 수 없죠. 그 시간의 처음을 만들 수 없죠. 텅 빈 시간에서 갑자기 시간이 솟아나는 것은 불가능합니다. 이처럼 텅 빈 시간에서는 어떤 것도 생길 수 없으므로, 세계가 시작을 가질 수는 없습니다. 또한 시 간적 '끝'이 있으면 어떻게 될까요? 그 끝 다음에는 아무것도 없고, 시간도 없겠죠. 있던 것들은 모조리 사라지고 시간도 사라집니다. 그런 텅 빈 상태에서는 아무것도 없으니 그것을 이야기할 사람도 없 을 겁니다.

이런 점을 볼 때, 시작이나 끝을 가정하는 것은 모순입니다. 따라 서 시작도, 끝도 없는 무한한 시간을 생각할 수밖에 없죠.

다음으로 세계가 공간적으로 유한해서 그 끝이나 한계가 있다고 해 봅시다. 그림에서처럼 세계에는 일정한 테두리가 있고, 그 바깥에는 아무것도 없다고 합시다. 이처럼 세계 바깥에 아무것도 없다면 어떻게 되나요?

아무것도 없고, 단지 공허(無)만 있다고요? 무슨 이상한 말씀. 무(無)는 없는 것이죠. 그런데 왜 무가 있다고 하나요? 세계 바깥에는 무가 있는 것이 아니라 아무것도 없죠. 그런데 도대체 무엇이 있다는 말입니까?

그러면 존재하는 세계와 그 바깥에 있는 '부재하는 것'은 어떤 관계를 갖습니까? 어떤 두 사물 사이의 관계가 가능하려면 존재하는 어떤 것과 존재하는 다른 것과의 관계여야 하겠죠. 그런데 '어떤 것' 과 '아무것도 아닌 것'이 맺는 관계란 도대체 무엇이죠? 이 관계는 아무런 관계도 아닙니다.

그러면 존재하지 않는 무가 존재를 가로막는 바깥이라고 할 수 없습니다. 텅 빈 공간이 세계를 제약할 수는 없죠. 그러니 세계가 존재하다가 무에 가로막혀서 멈출 필요가 없겠죠. 왜 아무것도 없는데 멈추나요? 계속 가더라도 막는 것이 없으니 얼마든지 갈 수 있죠. 이렇게 자꾸 갈 수 있다면 한계는 없는 거죠. 혹시 자꾸 가다가 세계 바깥으로 떨어지지 않을까 걱정하는 사람이 있나요? 우리가 절벽에서 한 걸음 더 나아가 떨어지는 것은 더 이상 땅이 없고 공기가 있기 때문이죠. 하지만 아무것도 없다면 떨어질 수 있을까요? 아무것도 아닌 것 속으로 떨어진다는 것은 안 떨어지는 것이죠. 그래서 세계는 무한할 수밖에 없습니다.

이렇게 저마다의 주장을 듣고 보니 더 정신이 없죠. 각 주장이 엉뚱한 논증을 한 것은 아니죠. 분명히 나름의 근거가 있으니 말이죠. 서로 상반되는 것 가운데 하나만 타당해야 하는데 둘 다 자기 주장을 정당화하는 해괴한 일이 벌어졌죠. 그러면 순수한 이성을 재판하는 칸트 할아버지는 이 해괴한 사건을 어떻게 판정할까요?

질문

1. 현대 우주론 가운데 하나는 세계가 팽창한다고 봅니다. 물론 아무도 우주의 끝을 관찰할 수는 없죠. 그러면 이런 사고는 세계가 유한하다고 보나요, 아니면 무한하다고 보나요? 만약 여러분이 세계가 무한하다고 본다면 이런 우주론적 사고를 어떻게 비판할 수 있을까요?

2. 최초의 시간을 상정하는 것은 어떤 난점이 있나요?

3. 공간적 한계를 상정하는 경우에 그 한계 너머에는 무엇이 있다고 해야 하나요?

4. 여러분 나름대로 주장과 반대 주장을 비교할 때 어떤 쪽이 어떤 이유에서 더 타당하다고 보나요?

5. 창조론은 세계에 대해서 어떤 사고방식을 갖고 있을까요? 시간과 공간이 무한하다면 창조론이 가능할까요?

맞서는 두 주장이 모두 맞을까? 틀릴까?

각 주장이 서로 팽팽하게 맞서는 이율배반의 난처한 상황에서 재판 장인 칸트 할아버지의 판결을 보기로 합시다. 할아버지는 이 화려한 논쟁의 한가운데에서 어느 한쪽 편을 들 것이 아니라 싸움판 자체를 검토해야 한다고 했죠. 만약 한쪽을 편들면 다른 쪽의 비판을 피하기 어려울 겁니다. 칸트 할아버지는 서로 싸우는 두 사람에게 이 싸움 자체가 정당한지를 먼저 검토하자고 하면서 일단 싸움을 말립니다.

칸트 할아버지는 심각한 표정으로 이 문제를 이성의 본질과 연결 시켜 따지려 합니다. 먼저 '세계 이념'은 현상들의 무한한 계열을 '무조건적으로' 통일해서 만든 추론의 산물이죠. (현상세계의 모든 현 상은 인과적으로 제약된 것인데 이성은 이것을 뛰어넘은 무제약적인 이념 을 추구합니다.)

'세계'는 결코 우리가 인식할 수 있는 대상일 수 없습니다. 왜냐하 면 세계가 인식되려면 그것이 우리 경험에 주어져야 하는데, 어느 누구도 현상 전체를 볼 수는 없기 때문이죠. 우리는 다만 현상의 일 부만 볼 수 있을 뿐이죠. 세계는 순수한 이성이 만든 개념일 뿐, 경 험할 수 없습니다. 즉 우리 경험에서 세계에 상응하는 것을 찾을 수 없습니다.

> 세계는 경험적으로 현존하는 사물이 아니죠. 이성이 자연을 탐구 하기 위해서 오성에 부여하는 규칙일 뿐입니다. 이 규칙은 "그대의 탐구를 제약된 현상의 범주에 멈추지 말고, 마치 그대가 추구해야 할 무제약적인 것이 존재하는 것처럼 현상의 계열을 해석하라"라

고 할 수 있죠. 경험적 오성은 이 규칙을 자연에 적용해서 마치 자연이 무조건적으로 통일된 하나인 것처럼 여기고 열심히 자연 탐구를 하게 되죠.

이런 '세계 이념'을 실재하는 경험적 대상으로 오해한 것은 형이상학의 잘못이죠. 경험적 대상이 아닌 세계 이념에 대해서 우리는 아무것도 알 수 없죠. 우리는 이것에 대한 어떠한 인식의 권리도 갖지 못합니다.

앞에서 세계의 성격에 관한 주장(정립)과 반대 주장(반정립)을 보면, 주장에서는 세계의 사물들을 물자체로 보고 사고 대상으로 생각하지만, 반대 주장에서는 세계를 경험적 현상으로 보기 때문에 이율배반이 생긴 것입니다.

세계 자체는 결코 경험 대상이 아닙니다. 현상을 통일적으로, 하나의 전체로 설명하고 싶은 이성이 만든 '사고 대상'입니다. 이런 세계를 보거나 만졌다고 하면 곤란하죠. 이런 세계에 대해서 공간, 시간적인 '양'과 '질'을 따지는 것은 의미가 없죠. 대상이 아닌 것은 양도, 질도 갖지 않기 때문입니다.

그러므로 양에 관한 첫 번째의 두 가지 맞서는 주장과 질에 관한 두 번째의 주장과 반대 주장은 모두 잘못입니다. 세계는 유한하게 제한된 것도, 무한하게 무제한된 것도 아니죠. 마찬가지로 세계가 단순한 부분으로 이루어진 것인지, 복합적인 것으로 이루어진 것인지 알 수 없습니다.

아직 머리가 아프지 않은 사람들은 세 번째 이율배반인 '자유'에 관련된 문제를 하나 더 보고 갑시다. 물론 세계에 자유가 있는지 없는지는 아직 잘 모르겠지만, 여러분이 자유롭게 이 부분을 보거나 말거나 할 수 있지는 않을까요? 그 이유가 뭐죠? 이 부분을 읽으면 답을 알 수 있지 않을까요? 지금 우리가 다룰 이율배반은 앞의 경우와 가정이 좀 다릅니다.

필연성과 자유 사이에서

세 번째 이율배반을 간략하게 살펴봅시다. 문제는 알죠? '세계에는 원인과 결과로 이어지는 필연적 법칙만 있는가?' 아니면 '원인과 결과에서 벗어난 자유가 있는가?'이죠.

그런데 자유를 인정하고 싶어도 뉴턴의 역학 세계에는 자유가 발붙일 공간이 없죠. 왜 그럴까요? 원인이 있으면 반드시 그에 따르는 결과가 있어야 하기 때문이죠. 어떠한 결과도 저 혼자 생길 수는 없죠. 반드시 어떤 원인의 산물일 수밖에 없는 거죠.

그러면 주장과 반대 주장을 차례대로 봅시다.

1) "이 세계에는 인과율을 바탕으로 하는 자연 필연적인 사건 말고도 자유로운 행동이 있다."

이 주장을 증명하는 방식은 앞에서 본 것처럼 자유가 없다고 가정해서 그 모순을 밝히는 것이죠. 만약 이 세계에 필연성밖에 없다면, 모든 원인은 그것의 원인에, 또 그것은 앞선 원인에 무한하게 이어져야겠지요. 그런데 이런 무한한 원인의 계열로 이루어진 사건들의 계열은 원인이 그 원인을 찾고, 또 그 원인은 자기 원인을 찾아서 끝없이 거슬러 올라가야 합니다. 언제 이 계열이 끝날까요? 이 계열이 끝나지 않으면 첫 번째 원인을 찾지 못하게 되는 거죠.

이처럼 최초의 원인이 없다면 모든 인과 관계의 질서정연한 사슬은 가능하지 않습니다. 그런데 원인을 찾아서 무한히 거슬러 올라가는 것은 결코 최초의 시작을 찾을 수 없을 겁니다. 따라서 필연적 인과 사슬을 벗어난 어떤 것이 있어야 하죠. 그것은 그 자체가 원인이 되는 점에서 자발적인 원인, 자기 원인이죠. 어떤 다른 것의 도움도 없이 스스로 시작하는 원인 말입니다. 이것이 시작하고 나서 다른 모든 현상이 원인과 결과의 계열을 차례대로 이어 나갑니다. 그래서 자기 자신에게서 나오는 원인은 인과법칙에 매이지 않은 자유로운 것이죠. 그래서 자유가 존재해야 합니다.

> 자연세계에서 자유는 원인 없이 일어나는 것을 가리킵니다.

2) "이 세계에는 자유란 없고, 모든 것은 반드시 자연법칙에 따라 생긴다."

이 주장을 증명하기 위해서 있지도 않은 자유를 가정해서 어떤 모순이 생기는지를 봐야 합니다. 이 세계에서 만약 '원인 없이' 일어나는 자유로운 사건이 있다면, 이 사건과 그것에 앞서는 원인 사건과의 관계는 폐기되어야 합니다. 게다가 이런 '족보 없는' 사건들의 수가 많다면 더 큰일이죠. 즉 원인 없는 사건들은 인과법칙에 모순되죠. 이런 원인 없는 결과들은 무질서를 낳아서 원인과 결과 들을 온통 혼란스럽게 만들겠죠.

그래서 경험세계는 인과법칙에 의해서 차례대로 나타나는 현상들로만 이루어져야 합니다. 자유는 경험세계에서는 찾을 수 없고, 다만 사고가 만든 허구일 뿐입니다. 이런 자유는 혼란을 부를 뿐이죠.

현상이냐 물자체냐? 자유를 보는 두 가지 관점

칸트 재판장님은 이런 이율배반에 대해서 묘한 판정을 내립니다. '세계에는 필연적인 질서만 있는가?' 이 질문에 대해서 세계를 무엇으로 보는가에 따라서 답이 달라진다는 거죠. 즉 인과관계를 현상에 속하는 것으로 보는가, 물자체에 속하는 것으로 보는가에 따라서 사정이 달라지죠.

우리가 세계의 사물들을 현상으로 본다면 자연인과성을 인정해야 하죠. 그래서 현상들은 필연적인 관계를 맺을 뿐, 이것을 벗어난 자유로운 것은 있을 수 없죠. 그래서 자유를 부정하는 반대 주장 2)가 타당하죠.

하지만 이와 달리 세계의 사물들을 물자체로 본다면, 자유를 인정하는 것이기에 주장 1)이 타당할 수 있죠. 그래서 현상의 필연성을 뛰어넘는 자유의 세계가 가능할 수 있습니다. 나중에 칸트 할아버지는 인간의 도덕과 관련하여 이런 자유가 필요하다고 주장하죠. 인간이 필연성에만 매여 있다면 자유롭게 도덕적인 행위를 할 수 없을 테니까요. (이 문제는 나중에 실천이성의 틀로 다시 논의할 겁니다.)

앞에서 보았듯이 세계는 얼마나 큰가, 어떤 것으로 이루어졌는가를 묻는 것은 가능하지 않습니다. 하지만 세계 안의 현상들 사이에 자연인과성만 작용하는가, 아니면 자유가 있는가를 물을 수 있습니다. 다만 이런 관계를 현상이나 물자체 가운데 어느 쪽으로 보는가에 따라서 달라지죠. 물론 우리는 물자체를 알 수 없고, 그것을 증명할 수도 없고, 그렇다고 부정할 수도 없습니다. 그래서 자유의 문제는 이론적으로 알 수 있는 문제가 아니라 믿음의 대상이죠. 나중에 도덕철학에서 칸트 할아버지가 자유를 어떻게 정당화하는지 보게 될 겁니다.

이처럼 칸트 할아버지는 합리적 우주론에서 생긴 이율배반들을 다루면서 독단론과 회의론을 모두 물리칩니다. 그는 인식의 부당한 권리주장을 부정하거나 제한하죠. 이때 할아버지는 형이상학자들에게 다음과 같이 충고합니다.

"세계에 관한 형이상학적 명제들은 우리 인식을 확장할 수 없습니다. 그런 주장들로는 결코 초감각적 세계에 관한 인식을 마련할 수 없습니다. 조용히 해 주세요."

알 수 없는 것을 안다고 해서 사람들을 혼란에 빠뜨리면 곤란하죠. 그래서 우리의 인식능력에 허용된 범위에서 일정한 한계를 지키면서 세계에 관한 인식을 추구해야 합니다. 우리는 모든 것을 알 수 없고, 알 수 있는 것에 대해서만 인식능력을 적법하게 사용해야지, 형이상학적으로 불법적으로 사용해서는 안 되겠죠.

서구 형이상학에 관한 주장 가운데 가장 관심을 끌고 뜨거운 논쟁을 벌인 것이 바로 신의 존재를 둘러싼 논의입니다. 형이상학자치고 신에 관해서 언급하지 않은 사람이 없습니다. 게다가 그들의 주장이 서로 일치하는 경우도 별로 없습니다.

칸트 할아버지는 이런 신의 존재에 관한 다양한 주장을 잘 정리해서 그것들이 어떤 방식으로 신의 존재를 이론적으로 증명하는지를 살피죠. 그리고 이런 증명들에 어떤 문제점이 있는지를 비판적으로 검토합니다. 그 결과 모든 신의 존재 증명이 잘못이라는 무시무시한 결론을 내리죠. 그래서 앞으로 더 이상 신의 존재를 이론적으로 증명할 수 없다고 못박습니다. 어떤 내용이 전개될지 궁금하지 않나요? 과연 신은 있을까요, 없을까요? 이런 신의 존재를 이론적 인식을 통해서 알 수 있을까요?

신의 존재를 증명할 수 있을까?

모든 형이상학적 논의는 바로 '신'의 문제로 초점이 모아지죠. 이때 신은 가장 완전한 존재, 존재하는 모든 것들의 원인, 이 세계가 보여주는 아름다운 조화와 목적의 원인이죠.

순수이성은 우리 눈앞의 다양한 사물을 보면서 이런 사물들을 하나로 통일해서 세계 전체를 사고하려고 하죠. 이때 세계를 포함해서 존재하는 모든 것을 한정 짓는 최고의 실재성을 상정할 수 있죠. 이런 최고의 실재가 있어야 모든 사물이 존재한다고 볼 수 있고, 최고의 존재자인 '신의 이념'을 칸트 할아버지는 순수이성의 '이상'이라고 부릅니다.

이런 신을 증명하려는 형이상학자들은 만약 신이 없거나, 신을 증명할 수 없다면, 이 세계에는 완전성도 없을 것이고, 사물이 존재할 수도 없을 것이고, 어떠한 조화, 질서, 목적도 없을 것이라고 생각하죠. 그래서 신이 존재함을 '순수한 이성'으로 증명할 수 있다고 생각하죠.

칸트 할아버지는 이런 증명들을 분류, 정리하고 그 내용을 검토합니다. 그리고 이런 증명에서 순수한 이성이 이성능력을 적법하게 사용했는지를 살피죠. 과연 신의 존재를 인식의 틀로 정당화하거나 부정할 수 있을까요?

칸트 할아버지는 이런 증명을 크게 세 가지로 분류합니다.

1) 존재론적 증명

존재론적 증명은 앞에서 베리타스(데카르트)와 피노키오의 대화로 본 적이 있습니다. 혹시 기억이 가물가물한 사람을 위해서 한 번 더 되풀이하죠.

잘 알다시피 신은 완전하고 전능한 존재입니다. 또한 무한하고 선하고 모든 것을 알고 있고…… 한마디로 신은 완전한 존재입니다.

그런데 완전한 존재가 없을 수 있나요? 예를 들어 '신은 완전하지만 존재하지 않는다'라거나 '신은 우리가 상상할 수 있는 모든 어려움을 해결할 수 있는 전능한 능력을 지니는데, 존재하지 않는다'라거나 '신은 없는데 신은 선하다'라거나 '신은 모든 것을 아는데 없다'라고 할 수 있나요?

이런 식으로 신의 전능함을 찬양하면서 다른 한편으로 신이 없다고 주장하는 것은 앞뒤가 맞지 않습니다. 아니 앞뒤가 맞지 않는 정도가 아니라 없으면서 전능하다거나, 없으면서 완전하다고 해서는 안 되죠. 없는 것은 어떤 능력도 행사할 수 없고 어떤 무한성도 없고 어떤 완전함도 보여 줄 수 없다고 해야겠죠.

지금 이야기한 것을 간단하게 표현하면, 신의 '완전함'이라는 개념에는 이미 '존재'가 포함되어 있습니다. 다음 두 사람의 이야기를 들어 보세요.

갑   자네는 신의 존재를 증명할 수 있는가?

을   물론이지. 자네는 신이 완전하다는 것을 인정하는가?

갑   당연하지. 완전하지 않는 것은 신이라고 할 수 없지.

을   그러면 완전한 신이 없을 수 있다고 생각하는가?

갑   글쎄, 그런 완전한 신이 존재하는 것 같은데, 막연하게 생각해서는 알 수 없지. 그래서 자네에게 이성을 잘 사용해서 그것을 증명해 보라고 하지 않는가? 자, 나를 합리적으로 설득시켜 보게. 만약 신이 없다면 이 세계는 모조리 불완전한 것들로만 이루어져 있을 것 아닌가? 그래서 어쨌든 이 모든 불완전한 것들을 떠받쳐 주는 완전한 존재가 적어도 하나는 필요하지.

을   그런 쓸데없는 이야기를 하는 것을 보니, 자넨 내가 이미 증명을 끝낸 것을 모르는 모양이군.

갑   아니 언제?

을   방금 우리는 신이 완전성을 지녔다고 하지 않았나? 그런데 완전한 것은 존재하지 않을 수 없지. 즉 완전한 것은 완전하기 때문에 그 완전성의 한 속성으로 존재를 지녀야 하지. 자, 다시 요약하면 '신은 완전하고, 완전한 것은 존재한다'가 되네.

갑   아니, 그것을 증명해 보라니까?

을   아직도 못 알아듣는군. 신의 '완전함'이라는 개념에는 이미 '존재'가 포함되어 있네. 이것이 의심스러우면 존재하지도 않는 완전성이라는 개념이 얼마나 모순된 것인지를 생각해 보게. 만약 신에게 존재가 결핍된 것이라면 신은 자신의 완전성에 적어도 한 가지 결함을 지닌 거지. 신은 완전하고 어떠한 결핍도 있어서는 안 되므로 신은 존재할 수밖에 없지. 존재하는 신이 존재하지 않거나 존재할 수 없는 신보다 더 완전하지 않은가?

갑   논리적으로는 문제가 없는 것 같은데, 뭔가 속은 듯한 느낌이 드는데.

을   이상하다니! 완전한 신이 존재한다는 것이 무엇이 이상한가? 이 증명을 믿을 수 없다면 신을 불완전한 것으로 보면 되지.

　이처럼 신의 증명을 시작하자마자 한 발자국을 내딛는 사이에 끝나 버립니다. 즉 한 문장으로 끝나지요. "신은 완전하므로 존재한다." 이처럼 뛰어나고 완벽한 증명을 이해하지 못하는 멍청한 사람은 손을 들어 보시오?

　이때 칸트 할아버지는 멍청함을 무릅쓰고 손을 번쩍 들죠. 그런데 지금 우리가 신의 존재를 증명하는 경우들을 보고 있는 중이니까, 일단 칸트 할아버지의 용감한 속내를 살펴보는 것은 조금 미루기로 합시다.

2) 우주론적 증명

우리가 현상세계를 볼 때, 모든 것은 원인에 의존하죠. 따라서 어떤 것의 원인이 있어야 하고, 또 그 원인도 그것의 원인이 있어야 하죠. 그래서 원인을 끝없이 찾아가야 하죠.

　그런데 이 모든 것의 원인인 어떤 것이 있지 않으면 끝없이 원인으로 거슬러 올라가기만 할 뿐 첫 번째 원인을 찾을 수는 없죠. 그래서 그 자체가 어떤 것에도 의존하지 않는 궁극적인 원인이 있어야만 합니다. 만약 이것이 없다면 존재하는 모든 것은 원인 없이 존재하는 것이 되고 말기 때문입니다. 따라서 이 궁극적 원인에서 다른 모든 것이 나와야 하죠. 이런 '원인의 원인'이 바로 신입니다. 이런 궁극적 원인은 다른 모든 원인을 자체 안에 포함하는 한 가장 완전한 존재죠. 그래서 신은 존재합니다.

　이 증명이 그럴듯하지 않습니까? 그런데 재미있는 것은 마지막이죠. 바로 모든 것의 궁극적 원인인 신은 완전한 것이고, 그래서 완전하기 때문에 당연히 존재한다고 끝나죠. 이 점에서 이 증명은 앞에서 살펴본 '존재론적 증명'을 바탕에 깔고 있습니다.

3) 자연신학적 증명

이 증명은 자연 질서에는 어떤 혼란이나 무질서로 설명할 수 없는 일정한 합목적성이 있다는 점에서 출발합니다. 꽃의 아름다움, 솔방울의 질서 정연함, 규칙적인 광물의 결정들, 생태계의 조화, 자연 경관의 아름다움, 자연의 일정한 질서 등이 단순히 우연의 산물일까요? 생물의 기관들, 예를 들어서 '눈'처럼 복잡한 기관은 우연한 원인들이 모여서 저절로 이루어진 것일까요? 이처럼 자연의 질서는 뛰어난 조화를 보여 줍니다. 이런 엄청난 조화를 만든 어떤 완전한 존재가 있어야 하지 않을까요?

또한 자연의 질서 안에서 모든 현상이 어떤 목적을 지향하죠. 각각의 목적은 더 높은 목적을 지향합니다. 그러면 이런 목적들의 목적이 있어야 하죠. 이런 목적이 우연의 산물이 아니라면 그것을 부여할 능력을 지닌 어떤 존재가 필요하죠. 그래서 이런 목적을 의도적으로 배치한 지성적 존재가 필요합니다. 이런 완전한 존재가 바로 신이라고 할 수 있죠. 이처럼 세계의 질서는 신에게서 나오고, 모든 것은 신이 부여한 목적과 질서의 산물이라면 완전한 신은 존재해야 합니다.

이 증명도 일리가 있죠. 그런데 다시 한 번 이 증명의 끝에서도 신을 이 세계에 조화와 목적을 부여하는 완전한 존재로 보고, 그런 완전한 존재가 있을 수밖에 없다고 주장하는 것을 볼 수 있습니다.

이처럼 신을 증명하려는 세 가지 증명은 모두 신을 완전하다고 보고, 이 개념에서 그 존재를 이끌어내고 있습니다. 형이상학자들은 완전한 존재인 신의 존재를 이런 식으로 증명합니다. 그런데 과연 이 증명이 제대로 된 것일까요? 이런 증명은 신을 인식의 틀로 정당화하는 것이죠. 과연 이성이 만든 이념인 신을 가장 확실하게 인식할 수 있다는 주장이 정당할까요? 칸트 할아버지의 생각은 다릅니다.

신의 존재를 증명할 수 없다

앞의 이런 증명들에 대해서 이의를 제기한 칸트 할아버지의 이야기를 듣기로 할까요? 도대체 어떤 점 때문에 칸트 할아버지는 모든 신의 존재 증명, 특히 존재론적 증명에 이의를 제기할까요?

앞에서 지적했듯이 이 논증은 신의 완전성이라는 개념에서 완전한 그것의 존재를 이끌어 냅니다. 다시 정리하면 '개념'에서 '존재'를 도출합니다. 즉 어떤 (완전한) 개념이 그 안에 이미 존재를 포함하고 있다고 주장합니다.

칸트 할아버지는 이것을 이상하다고 봅니다. 이 주장처럼 개념이 있다고 그 존재가 따라나온다면 어떻게 될까요?

내가 지금 배가 고프다고 합시다. 그래서 머릿속에서 아주 정교하게 빵의 개념을 만들어 봅니다. 그러면 이런 빵의 개념이 있다고 해서 실제로 빵이 내 앞에 나타날 수 있습니까? 빵을 만들고 먹는 과정이 귀찮다면, 아예 배부른 상태의 개념을 만들 수도 있죠. 그렇게 하면 조금 있다가 개념이 존재를 불러들여서 배가 부르게 되나요? 당연히 그럴 리가 없죠. 도리어 그 생각 때문에 배가 훨씬 더 고플 수도 있죠.

칸트 할아버지는 존재는 개념에 무엇을 덧붙이는 것이라고 보죠. 존재에 관한 판단은 '분석판단'이 아니라 '종합판단'이죠. '꽃이 존재한다'와 같은 존재판단에서 주어의 개념인 '꽃'에 그 존재가 들어 있다고 해서는 안 되죠. 꽃의 개념이 있다고 해서 꽃이 실제로 존재하는 것은 아니기 때문이죠. 이 존재가 개념을 채워야 하죠.

칸트 할아버지는 사물의 단순한 개념에서 그 사물의 존재를 끌어들일 수 없다고 봅니다. 존재가 단순히 논리적 개념과 같지 않기 때문입니다. 개념이 존재를 만들기 위해서는 개념이 '그 바깥으로' 나가야 합니다. 존재는 개념이 지닌 한 성질이 아니죠.

칸트 할아버지는 100만 원이라는 돈을 예로 듭니다. 현실적으로 존재하는 100만 원과 단순한 사고 대상인 100만 원의 개념 사이에는 내용상 차이가 없습니다. 다만 앞의 경우에는 돈이 존재하지만, 뒤의 경우에는 실제로 돈이 없다는 점이 다르죠. 가상의 개념인 100만 원은 내 지갑에 넣을 수 없고, 내 재산을 한 푼도 늘리지 못합니다.

우리는 사랑의 개념으로부터 사랑의 존재를 끌어낼 수는 없습니다. 만약 그런 개념이 존재로 바뀐다면, 애인 없이 긴 밤을 지새며 가슴을 에는 달빛에 상처 입을 사람이 있을 리 없겠죠. 또 엄마 없는 아이는 얼마나 많은 엄마 개념을 만들까요? 하지만 그 아이의 엄마 개념을 채울 현실의 엄마는 나타나지 않습니다.

11세기의 중세 철학자 안셀무스(Anselmus)는 보통의 경우에 개념이 존재를 포함한다는 주장은 부당하지만, 신의 존재를 문제 삼는 특수한 경우에는 사정이 다르다고 하죠. 우리가 이상적인 섬의 개념을 머릿속에 그린다고 해서 이상적인 섬이 존재할 리는 없죠. 하지만 신 같은 '완전한 존재'의 경우에는 예외적으로, 존재가 그 개념

안에 들어 있다고 해야 한다고 주장하죠.

이에 대해서 13세기의 위대한 스콜라 철학자 토마스 아퀴나스(Thomas Aquinas)가 반대하죠. 우리가 정신 속에 이상적인 섬, 도깨비, 인어 등을 상상할 수 있지만 이것은 개념일 뿐이고, 개념은 그 대상이 존재한다는 것을 포함하지 않는다는 거죠. 이것은 우리도 아는 것이죠. 물론 '완전성'이라는 개념은 특수한 경우이므로 그 개념이 '완전한 존재의 존재'에 대한 개념을 포함한다고 해야 할 것이지만, 그렇다고 해서 이런 추론이 우리를 개념 영역 바깥으로 나가게 하지는 않는다는 거죠.

이 점을 아주 쉽게 얘기해 보죠. 개념이 존재를 포함하지 않지만, 보통과 달리 신이라는 지고한 존재의 경우에만 '단 한 번' 예외를 인정해야 한다는 겁니다. 그렇다면 모든 경우에 그처럼 개념이 존재를 포함하는 경우가 없는데, 어째서 일반적으로 불가능한 것이 단 한 번의 예외를 만들어야 할까요? 다른 것은 다 안 되는데 혼자만 된다고 하니! 참 편리한 주장이죠.

그런 면에서 개념은 그것이 완전하다 하더라도 존재를 그냥 덤으로 갖는 것은 아니죠. 신의 예외적인 경우를 정당화할 논리를 새로 개발하는 것이 좋을 겁니다.

이처럼 칸트 할아버지는 합리적 신학의 논의들이 '순수한 이성으로' 신의 존재를 증명하는 데 실패함을 보여 줍니다. 물론 그렇다고 해서 신이 존재하지 않는다고 할 수는 없습니다. 신이 존재하는지, 존재하지 않는지는 순수한 이성이 인식 영역에서 확정할 수 없는 성격의 것이라는 거죠. 안타깝게도 우리의 인식능력은 이 문제에 대해서 알 수 없습니다. 그래서 이 문제를 다른 각도에서 보아야 합니다.

칸트 할아버지는 신을 인식할 수 있는 대상으로 보지 말고 믿을 수 있는 대상으로 보아야 한다고 생각합니다.

순수이성에게 유죄를 선고한다

이 정도 이야기를 들었으니, 칸트 할아버지가 순수한 이성을 검토하는 재판정에서 어떤 결론을 제시할지 짐작이 갈 겁니다. 앞에서 지적한 것처럼 이성이 만들어 낸 '이념'은 우리 인식의 영역을 넓히지 못합니다. 그래서 칸트 재판장께서는 이런 모든 형이상학적 논의들을 이유 없다고 물리치고, 그것들이 주장하는 인식의 권리를 모조리 부정합니다.

"이념은 인식의 영역을 확장할 수 없다. 학문으로서의 형이상학은 가능하지 않다. 형이상학은 이성의 놀이일 뿐이어서, 유사 인식이나 가상을 만들 뿐이다. 순수한 이성의 형이상학적 주장은 근거 없는 것이고, 어떤 인식의 권리도 지닐 수 없다. 순수이성은 철학마을에서 조용히 할 것."

우리 식으로 좀 심하게 이야기하면, 형이상학은 학문보다는 공상과학소설이나 철학 잡담과 더 어울린다고 한 셈이죠.

칸트 할아버지는 순수한 이성에게 충고합니다. 이성을 적법한 권리에 따라서 합법적으로 사용하라고 말이죠. 이성을 이념을 구성하는 방식으로 사용해서는 안 되고, 규제적인(regulativ) 방식으로 사용해야 한다는 것입니다. 즉 이념은 어떤 경험적 대상을 가리키는 것도 아니고, 또한 그 내용도 알 수 없죠. 하지만 이념을 모든 현상을 통일적으로 설명하는 규칙이나 관점으로 사용할 수는 있습니다.

이런 사용에 대해서 좀 더 살펴보죠. 이성은 오성에 목표를 줄 수 있습니다. 모든 규칙이 이 방향과 목표를 향해서 한 점에 모이지만 '허초점(focus imaginarius)'에 지나지 않습니다. 물론 이것은 오성에 최대의 통일과 확장을 가능하게 합니다.

이처럼 오성에 규칙을 부여함으로써 마치 존재하는 모든 것에 필연적 원인이 있는 것처럼 사고할 수 있습니다. 우리 인식은 이 이념에 의해서 체계적으로 통일될 수 있죠.

> 영혼 이념은 대상이 아닙니다. 이성이 오성에 부여하는 규칙일 뿐이죠. 영혼 이념은 모든 심리 현상을 그 바탕에서 통일시키는 영혼의 관점에서 고찰하도록 이끕니다. 단순하고 영원한 주체인 자아 이념으로 욕망, 정서, 상상력 같은 심리 현상들을 하나의 법칙으로 묶고 통일하도록 노력하게 하죠. 이념을 발견적인 원리로 사용할 수 있습니다. 신 이념은 자연을 체계적이고 목적론적으로 통일된 것으로 볼 수 있도록 자극합니다. 이것은 오성이 자연을 탐구하는 데 도움이 되죠.

예를 들어 '세계 이념'은 자연현상들을 인과법칙에 따라서 학문적으로 통일되도록 자극하고, 발견을 이끄는 원리로 사용될 수 있습니다. 그래서 자연현상을 인과법칙에 따라서 과학적으로 통일하도록 자극하거나 발견적인 원리로 삼을 수 있죠.

이런 까닭에 이성을 내재적으로 사용해야 합니다. 이성이 이성에 상응하는 대상을 인식하도록 할 수는 없지만, 그것을 경험과 연결해서 사용할 수는 있죠. 하지만 이념을 경험 바깥에 초험적으로 사용하면 불가피하게 오류, 가상에 빠지게 됩니다. 그래서 규제적으로 사용해야 합니다. 이와 달리 이성을 이념을 구성하는 방식으로 사용하는 것은 독단입니다. 이성은 대상에 대한 어떤 개념도 만들 수 없죠. 그래서 이성은 오성과 관계해서 개념을 정리하고 통일성을 부여할 수 있을 뿐이죠.

이렇게 볼 때 문제는 우리 인식능력을 어떻게 사용하는가에 있습니다. 감성, 오성, 이성 등을 적절하게 사용해야 합니다. 이성을 구성적으로 사용하는 것은 오류를 낳죠. 다만 규제적으로 사용해서 발견적 원리로 삼을 수는 있습니다.

칸트 할아버지는 이성을 부정하는 것이 아니라 이성의 불법적 사용을 잘못이라고 봅니다. 물론 할아버지가 형이상학의 나무를 잘라 버렸지만 그 뿌리까지 뽑을 수는 없죠. 그 뿌리는 바로 우리의 형이상학적 충동이기 때문이죠. 우리의 능력을 돌보지 않고 무비판적으로 모든 것을 완전하게 인식하려는 충동을 없앨 수는 없습니다.

이로써 이성을 앞세운 형이상학의 노력은 무모한 것임이 밝혀졌습니다. 그런데 이 가운데 신의 존재를 증명할 수 없다는 이야기가 많은 사람들에게 충격을 주었죠. 특히 칸트 할아버지의 산책 길을 매일 뒤따르며 시중들던 하인한테는 마른하늘에 날벼락이 떨어진 셈이죠.

"선생님, 정말 신은 없나요?"

"내가 신이 없다고 한 것은 아니네. 신을 이론적으로 알 수 없다고 한 것일 뿐이네."

"그럼 신이 있겠죠. 없을 리가 없어요."

"글쎄, 자세한 이야기는 실천이성을 다루는 부분에서 밝힐 테니까 다음 강의를 들어 보게. 그리고 궁금할까 봐 미리 한마디만 하면, 신은 믿음의 대상이라네. 그리고 신이 있어야 도덕세계가 완전해지지 않을까?"

엄마, 어떤 것이
착한 것인가요?

여러분은 도덕 문제로 고민한 적은 없나요? 우리는 칸트 할아버지가 어떻게 도덕철학의 문제들을 정리하고 자기 철학의 중심 주제로 삼는지 보기로 합시다. 칸트 할아버지는 사람답다는 것을 스스로 도덕명령을 세우고 그것을 스스로 실천하는 점에서 찾습니다. 그러면 인식의 세계와 구별되는 의지, 실천의 세계에서 어떤 원리로 도덕철학을 세우는지를 몇 가지 주제를 중심으로 정리해 봅시다. 우리는《실천이성 비판》에서 정식화된 근대의 도덕 원리를 살펴볼 겁니다.

하늘의 별과 내 가슴의 도덕법칙

칸트 할아버지의 묘비에는 "내 위에는 별이 반짝이는 하늘, 내 가슴에는 도덕법칙(Der bestirnte Himmel über mir und das moralische Gesetz in mir)"이라는 구절이 새겨져 있습니다. 이것을 하늘의 별이 밝게 빛나는 것처럼 내 가슴에는 도덕법칙이 아름답게 빛난다고 해석하는 게 좋을까요?

우리는 좀 다르게 봅시다. 하늘의 별은 역학 법칙에 따르죠. 뉴턴에 따르면, 존재하는 모든 것은 힘의 법칙에 따라 움직이죠. 천상의 존재들도 이 법칙에 따라야 하죠. 그래서 하늘의 반짝이는 별들은 바로 필연적인 법칙에 따르는 세계를 말한다고 볼 수 있죠. 물론 우리 인간도 이런 법칙의 지배를 받습니다.

그런데 인간은 자연 안에서 법칙의 필연성에 종속되는 존재로 그치는 것이 아니라 이 필연성을 뛰어넘는 자유의 영역에서 살기도 합니다. 그래서 내 가슴의 도덕법칙은 바로 의지의 세계에서 인간이 자유로운 존재로서 도덕적 선을 실현시킬 수 있음을 말합니다.

앞에서 보았듯이 필연적 법칙에 따르는 세계는 인간이 인식형식으로 구성한 현상세계입니다. 그런데 도덕적 의지의 영역은 그것과 구별되는 사물 자체의 세계죠. 칸트 할아버지는 이런 영역에 현상세계를 설명하는 이론이성을 적용할 수 없다고 보죠. 그래서 이 영역을 실천이성에 맡깁니다. 할아버지는 이론이성보다 실천이성이 더 우월하다고 보죠. 왜 그런지는 나중에 밝혀질 겁니다.

나는 무엇을 해야 하는가?

앞에서도 잠깐 얘기했지만, 칸트 할아버지는 인간을 탐구하기 위한 몇 가지 문제를 만들었습니다. 곧 '인간이란 무엇인가?'를 좀 더 작은 문제들로 나누죠. '나는 무엇을 알 수 있는가?' '나는 무엇을 해야 하는가?' '나는 무엇을 바랄 수 있는가?'로 말이죠.

이 문제들은 각각 진리, 도덕적 정의, 아름다움을 살피려는 것입니다. 이처럼 각 문제 영역을 각각의 능력들이 다른 방식으로 떠맡죠. 여기에서는 이런 능력 이론에 대해서 얘기하지 말고, 이런 구별의 의미를 볼 것입니다. 이렇게 나눈다면 진리와 정의를 같은 문제로 보면 안 되죠. 그래서 진리와 정의를 하나의 틀로 묶거나, 정의의 기준으로 아름다움을 판단하면 곤란하게 되죠. 서로 다른 영역을 혼동하는 것이니까요.

오늘 강의는 이 가운데 '나는 무엇을 해야 하는가?'를 주제로 삼습니다. 그래서《실천이성 비판》에서 다룬 내용을 살펴볼 겁니다.

칸트 할아버지는 인간이 인간답게 살기 위해서는 아는 것만으로는 부족하고 도덕적 존재가 되어야 한다고 보죠. 그래서《실천이성 비판》에서 바로 의지의 영역을 다루면서 이런 영역에도 보편적인 원리가 있는지를 비판적으로 검토합니다.

할아버지는 의지에서도 일정한 원리가 있어야 한다고 봅니다. 앞에서 살펴본 인식의 영역에서처럼 보편타당한 원리, 곧 행위 규범을 찾습니다. 물로 이런 규범은 자연 안에서 찾을 수 있는 것이 아니죠. 문제가 되는 것은 사실이 아니라 '마땅히 ○○해야 한다'는 당위의 영역이기 때문이죠.

그리고 모든 사람에게 칠판이 동일하게 인식되는 것처럼, 모든 사람한테 동일한 규범을 제시할 필요가 있겠지요. 그래서 우리는 보편적인 도덕 원리를 찾아야 합니다. 물론 이 강의에서는 복잡한 도덕철학의 문제를 따지기보다는 알기 쉬운 '실천이성 비판'을 만드는 데 목표를 두는 게 좋을 것 같습니다.

실천이성의 원리

칸트 할아버지는 일단 이성을 두 가지로 나누어서, 이론이성과 실천이성으로 구별합니다. 여기에서 이론이성은 인식능력을 사용하여 대상을 참되게 알려고 하는 것이죠. 반면 실천이성은 의지를 대상으로 삼죠. 즉 인간이 어떻게 행위하고, 행위에는 어떤 원리가 있는가를 다루죠.

이때 할아버지의 기본 입장을 먼저 아는 게 좋겠죠. 그것은 실천이성의 안내로, 인간이 스스로 의지를 규정할 수 있으며, 이런 자율적인 의지로 도덕적인 존재가 될 수 있다고 보죠. 이런 점에서 도덕세계에서 의지를 이끄는 원리가 있고, 그 원리에 따라서 행위하면 도덕적일 수 있다고 봅니다.

그러면 우리의 의지를 이끄는 원리는 어떤 것일까요? 과연 어떤 원리에 따르면 우리가 선하게 행위할 수 있을까요? 이런 원리에는 두 가지 있죠. 하나는 그 원리를 각 개인이 나름대로 정하는 경우고, 다른 하나는 모든 개인이 따라야 하는 것입니다.

각 개인이 자기의지를 이끄는 원리를 '준칙(準則, Maxime)'이라고 합니다. 이를테면 자기가 나쁜 친구와 사귀지 않겠다고 결심하는 경우에 이 원리는 그 개인에게만 타당한 것이죠. 이런 자기의 준칙을 남에게 강요할 수는 없습니다.

그런데 실천이성은 모든 의지를 이끄는 원리를 찾죠. 그래서 이런 원리는 모든 인간에 대해서 '마땅히 ○○해야 한다'라고 요구합니다. 이렇게 요구하고 명령하는 이 원리는 실천을 요구하는 '법칙'이죠. 이때 실천이성의 원리는 모든 인간에게 명령하죠. 이처럼 명령하는 점에서 실천이성은 사실(事實, Sein)이 아니라 당위(當爲, Sollen)를 문제 삼죠.

그러면 이때 왜 당위가 문제가 될까요? 인간은 이성적이면서도 동시에 감성적인 존재이기 때문에 인간의 의지는 항상 두 힘 사이에서 갈등을 겪습니다. 이성이 이끄는 힘과 감각적 요구가 이끄는 이중성 때문에 인간의 의지는 불완전하죠. 그래서 도덕명령은 욕구와 성향의 날뜀에 맞서 도덕적 선을 실현하라고 요구합니다.

도덕법칙은 조건 없이 명령한다

여기서는 이런 도덕적 명령이 어떤 것인지 살펴보기로 하죠. 방금 보았듯이 인간은 이성적이면서도 감성적이기 때문에 개인이 세운 의지의 준칙이 반드시 법칙과 일치하지는 않죠. 그래서 실천이성은 '○○하라'는 형식으로 의지에게 명령하죠. 이런 명령은 그것에 따르지 않는 사람이 있더라도 마땅히 실천되어야 하는 것입니다.

이런 명령에는 두 종류가 있습니다. 하나는 가언명령(假言命令, hypotheti scher Imperativ)이고, 다른 하나는 정언명령(定言命令, Kategorischer Imperativ)입니다.

가언명령은 "만일 성공하고 싶으면, 열심히 공부하라!" "하느님께 혼나지 않으려면, 착하게 살아라!" 등과 같이 '만일 ○○하기를 원한다면'이라는 방식으로 명령하죠. 이것은 특정한 목적이나 조건에만 타당한 조건부 명령이죠. 예컨대 성공하기 위해서 공부하라고 할 때에는 열심히 공부하는 것을 어떤 목적을 위한 수단으로 보죠. 그래서 성공을 노려서 공부하는 의지를 요구하는 거죠.

이와 달리 정언명령은 조건에 상관없이 '절대적으로' 명령하죠. 예를 들어 "거짓말하지 말라!" "사람을 죽이지 말라!" "돈을 빌려주면서 이자를 받지 말라!" 등과 같이 무조건적으로 명령합니다.

이런 명령은 성공을 위해서 노력하는 사람이건, 재미있게 살려는 사람이건 가리지 않고 누구에게나 적용되는 거죠. 그러니 '돈이 탐나서' '심심해서' '남들이 시켜서' '체면 때문에' '잘 몰라서' '유명해지고 싶어서' '국회의원이 되기 위해서' 등등 어떠한 구실이나 변명도 통하지 않죠. '무조건 ○○하라'고 인정사정없이 요구하지요. 이것은 행위의 목적이나 결과 때문이 아니라 그 자체로 가치가 있는 것을 무조건적으로 명령합니다.

이제 우리는 행위, 의지의 세계에 들어왔죠. 칸트는 실천이성으로 우리 의지에 대해서 어떤 보편적인 원리를 제시할까요? 모든 사람에게 똑같이 명령할 수 있는 방식이 있을까요? 칸트는 도덕법칙이 상대적이라고 보지 않습니다. 상대주의자들은 도덕, 규범, 법률이 나라와 민족마다 다르고, 시대에 따라 달라진다고 주장하죠. 그래서 "피레네 산맥 이쪽의 도덕, 법과 저쪽의 도덕, 법이 다르다"고 하죠.

그런데 과연 실천이성은 이런 상대성을 극복하고 보편적인 도덕을 찾을 수 있을까요? 지역과 시간에 따라서 변하지 않을 도덕법칙이 있을까요?

의지의 보편적 형식을 찾아라

한 아이가 "엄마, 어떻게 하는 것이 착한 거지?" 하고 질문하는 경우를 볼까요? 엄마는 어떻게 답해야 할까요?

흔히 어른들은 아이들에게 '착하게 살아야 한다'라고 명령하죠. 그런데 아이들은 그 내용을 잘 모르죠. 그래서 그 내용을 구체적으로 알려 주어야 하죠. 도대체 무엇을, 어떻게 하는 것이 착한 것일까요? 우리 부모들은 자상하게 그 착한 것들을 하나하나 일러 줍니다. 즉, 부모 말 잘 듣고, 어른들께 인사 잘 하고, 어른들의 나쁜 행동은 따라하지 말고, 다른 사람에게 피해를 주지 말고, 거짓말하지 말고, 어려운 처지에 있는 사람을 도와주고…… 등등 끝없는 목록을 제시합니다. 입이 아프도록 이런 내용을 하나하나 일러 주다가 지칠 수밖에 없죠. 그러면 이렇게 내용을 열거하는 방식 말고 다른 방식이 없을까요?

우리가 찾는 것은 보편적인 선(善)이죠. 그래서 칸트 할아버지는 그 내용이 아니라 형식에 주목합니다. 개별적인 내용에 휘말리지 않고 보편적인 형식을 찾습니다. 즉 의지가 어떤 형식에 따르면 선한지를 보자는 거죠. 그러면 어떤 형식이라면 그 안에 담길 내용을 모두 선한 것으로 만들 수 있을까요?

먼저 이렇게 생각해 봅시다.

"자기의 행위가 모두가 해도 마땅한 것이라면 하고, 그렇지 않고 모두가 자기처럼 행위해서는 안 된다면 그렇게 하지 말라."

이것은 바로 나의 행위 기준이 다른 모든 사람이 하는 경우에도 타당한지를 보는 거지. 곧 자기 행위 기준이 '보편타당하도록 하자는 거죠.

거짓말을 하는 경우를 볼까요? 내가 거짓말을 하는 것이 바람직한가에 대해, 나뿐만 아니라 모두가 거짓말을 해도 되는지를 생각해 보는 거죠. 어떨까요? 모두가 한결같이 거짓말을 하면 안 되겠죠. 그러니까 칸트 할아버지는 모두가 해서는 안 될 일이면 나도 해서는 안 된다는 겁니다.

마찬가지로 '내가 물건을 훔쳐도 되는가?'를 고민하는 경우에 나도 훔치고, 너도 훔치고, 모두 다 훔치면 될까요? 또한 '뇌물을 받고 특정인에게 부당한 특권을 줄 것인가?' '흑인들을 노예로 삼을 것인가?' '내 성욕을 만족시키기 위해서 다른 사람을 성적 도구로 삼아도 될까?' '불우한 자를 도울까?' 등을 결정할 때, 이런 행위가 보편적으로 이루어져도 문제가 없다면 그렇게 하는 것이 좋고, 그렇지 않다면 하지 말아야 한다는 거죠.

그래서 모든 사람에게 올바른 행위가 나에게도 올바른 행위이기 때문에, 모두에게 보편적으로 요구되는 행위를 내가 선택하면 되겠죠. 그러므로 우리가 찾는 원리는 바로 '자기의지에 보편적 입법 형식을 부여하는 것' 또는 '자기 행위원칙이 보편적 법칙이 될 수 있도록 행위하는 것'이 됩니다.

그러면 이 원리를 명령형식으로 나타내 볼까요? 칸트 할아버지의 유명한 구절을 들어 본 적이 있을 겁니다.

"네가 동시에 그것이 보편적 법칙이 될 수 있도록 의지하는 그러한 준칙에 따라서만 행위하라."

좀 복잡해 보이지만 그 내용은 방금 이야기한 것이죠. 칸트 할아버지는 이 원리는 오로지 하나뿐이고, 그 밖의 어떤 원리는 있을 수 없다고 보죠.

다시 정리하면, 이 명령은 한 개인의 행위를 이끄는 원리(준칙)가 보편적인 법칙, 즉 모든 사람이 인정할 수 있는 객관적이고 보편적인 법칙이 될 수 있도록 행위하라는 것입니다.

타인을 수단으로 삼지 마시오

칸트 할아버지는 단 하나밖에 없는 정언명령에서 3개의 명령을 도출합니다. 앞에서 나온 명령을 이해하지 못한 분들을 위해 다시 한 번 설명합니다.

1) "너의 행위 준칙이 너의 의지에 의해 보편적인 자연법칙이 되어야 하는 것처럼 행위하라."

이 원리는 보편적 명령을 예외 없는 자연법칙처럼 생각하라는 것입니다. 곧 이 명령이 객관적이고 보편적인 법칙임을 강조하죠. 예컨대, 빚에 몰려 갚을 가망이 전혀 없는데도 갚겠다고 하고서, 돈을 빌리는 행위를 봅시다. 칸트 할아버지는 이것을 용납할 수 없습니다. 만약 이처럼 모두가 지킬 의사도 없고, 지킬 가능성도 없는 약속을 한다면, 약속은 약속 구실을 할 수 없을 것이므로, 아무도 약속을 인정하지 않을 것이다. 이런 거짓말 약속은 보편적인 자연법칙일 수 없으며 자기모순에 빠지죠.

다른 예로 부유한 상태에 있으면서 곤경에 처한 남을 돕지 않는 경우는 어떨까요? '나는 남의 도움을 바라지 않으므로 나도 남을 돕지 않겠다'는 준칙이 보편적인 자연법칙일 수 있을까요? 누구나 남의 도움을 요청할 경우가 있을 텐데, 만약 앞의 준칙이 보편 법칙이 된다면, 결국 자기가 받아야 할 도움을 스스로 박탈하는 모순에 빠지게 됩니다.

2) "네 자신을 포함한 모든 인격에 대해서, 인간성을 단순한 수단으로 이용하지 말고 항상 목적으로 대우하라."

이 원리는 자기 인격이나 타인의 인격을 단순히 자기 욕망을 충족시키는 수단으로 사용해서는 안 된다는 것입니다. 이때 물건과 사람의 인격을 구별할 필요가 있죠. 물건은 우리의 목적을 위해서 사용되므로 수단적인 가치를 갖습니다. 그러나 인격은 그렇지 않죠. 인격은 목적 자체여야 하죠. 물건은 가격을 갖지만, 인격은 존엄성을 갖습니다. 따라서 인간의 인격은 어떤 경우에도 수단이 되어서는 안 되고, 항상 목적 자체로서 존중 받아야 합니다. 이런 얘기를 들으면 가슴이 뜨끔한 사람들이 많겠죠.

또한 고통 때문에 자살하려는 사람의 경우를 봅시다. 이런 사람은 자기 인격을 단순히 쾌락을 얻기 위한 수단으로 생각하죠. 그래서 쾌락이 사라지고 고통에 빠지면, 그 고통에서 벗어나기 위해 자살을 생각합니다. 앞에서 거짓 약속을 하고 돈을 꾼 경우도 자기의 이익을 위해 타인을 수단으로 이용한 것은 마찬가지입니다.

그 밖에도 타인을 수단으로 삼는 경우가 엄청나게 많죠. '저 친구를 어디에 써먹을까?' '자네는 쓸 만해' '너는 능력이 모자라서 쓸모가 없어'라는 식으로 타인을 평가한다면 칸트 할아버지가 혼을 낼 겁니다. 우리는 그렇게 생각하는 사람에게 어떤 이야기를 하면 좋을까요?

3) "이성적 존재자는 그 준칙에 의해 항상 보편적인 목적의 왕국에 사는 입법자처럼 행위하라."

이 원리는 각 개인의 '자기 입법'을 강조합니다. 개인이 자기의지를 정할 때, 마치 자기가 목적의 왕국에서 법을 제정하는 사람이라고 생각해 보라는 거죠. 법은 몇몇 개인에게만 유리하도록 정해져서는 안 됩니다. 마찬가지로 자기의지를 정할 때에도 개별적 이해를 벗어나서 보편적 의지가 되도록 해야 합니다.

인간이 스스로 법을 정하는 자리에 있다고 할 때, 그런 인간들의 결합체인 '목적의 왕국'을 상정할 수 있습니다. 이성적 존재자인 인간은 이 공동체의 구성원이죠. 각 개인은 존엄한 인격을 지닌 점에서 평등해야 하죠.

이런 경우에 어느 누구도 타인을 자기의 수단으로 사용해서는 안됩니다. 왜 그럴까요? 타인을 수단으로 삼는 것을 법 원리로 삼으면 그 법에 의해서 자기도 타인의 수단이 되고 말기 때문이죠. 이 점을 고려한다면, 법을 정하는 사람 가운데 어느 누구도 다른 사람들이 자신을 수단으로 삼도록 하는 규칙을 세우지 않을 겁니다. 법은 모두에게 적용되는 것이므로, 나에게 불리한 것은 남에게도 불리하죠. 결국 모두에게 손해가 되지 않도록 법을 정하는 것이 이성적입니다. 이런 까닭에 모두가 목적이 되도록 법을 정해야 합니다.

앞에서 제시된 보편 형식은 '너는 ○○하라'라고 명령하죠. 그런데 칸트 할아버지는 이 명령 형식이 사실은 인간의 자유의지를 바탕으로 삼는다고 보죠. 즉 그런 명령이 '의지의 자율' 또는 의지가 스스로 법을 정하는 것(자기 입법)에 바탕을 둔다고 봅니다. 아니, 그렇게 인정사정없는 명령을 하고서도 자유를 얘기하시다니…… 그러면 어째서 명령과 '의지의 자유'가 기이하게도 공존하는지 봅시다.

도덕법칙이 시키는 대로 행위하는 너는 자유롭다

앞에서 도덕법칙은 사실의 문제가 아니라 당위의 문제라고 했죠. 그래서 도덕법칙은 무조건 '○○하라'라고 요구합니다. 그런데 재미있는 것은 우리가 이런 무시무시한 도덕법칙의 명령을 따를 수도 있고, 거부할 수도 있다는 겁니다.

우리는 배고픈 강아지에게 '밥을 훔쳐 먹지 말라' '너를 모욕하는 자의 밥을 받아먹지 말라'는 명령이나 요구를 할 필요는 없습니다.

강아지에게 도덕적으로 착하게 살라고 명령할 필요는 없죠. 강아지는 그 명령을 따르거나 거부할 능력이 없기 때문이죠.

신기하게도 '착하게 살라'는 명령은 정 마음이 내키지 않으면 그렇게 살지 않을 수도 있다는 가능성을 함축하고 있습니다. 바로 명령한다는 사실 자체가 '선택'을 전제하죠. 명령을 받아들이는 자가 기특하게도 그것을 받아들일 수도 있지만, 모진 마음을 먹거나 잘못 생각해서 눈앞의 이익 때문에 그것을 거부할 수도 있죠.

만약 도덕명령이 주어진다고 무조건 그것을 따른다면 굳이 그런 명령을 할 필요가 없겠죠.

우리는 앞에서 현상세계가 인과법칙의 필연적 사슬로 이어져 있다고 했습니다. 우리가 돌을 떨어뜨리면서, "너! 떨어져라!" 하고 명령할 필요는 없습니다. 어차피 돌은 자유낙하 법칙에 따라서 정해진 속도로 떨어질 뿐 다른 가능성은 없으니까요. 만약 도덕과 의지의 세계도 그런 법칙에 따라야 한다면 도덕적 명령을 할 필요가 있을까요? 달리 말해서 명령이라는 원인이 주어질 때 무조건 그것을 따르는 결과가 나타난다면, 도덕세계 역시 필연적 법칙 아래 있는 것이죠. 그런데 도덕, 의지의 세계는 이와 사정이 다르죠.

배고픈 강아지는 먹을 것을 던져 주면, 그 분위기가 자기를 모욕하는 것이든 그윽한 분위기든 상관없이 먹습니다. 그런데 사람은 배가 고프다고 해서 항상 먹는 것은 아니죠. 엄마가 "야, 이 꽃돼지야! 너는 밥 먹는 것 말고는 사는 재미가 없지" 하고 자존심을 건드릴 때, 우리의 꽃돼지는 아무리 배가 고프더라도 속상한 자신의 마음 상태를 알리기 위해, 또는 인간의 존엄성을 드높이기 위해 꼬르륵 소리를 참으면서 한두 끼를 굶을 수도 있습니다.

우리 의지에 도덕명령이 주어질 때 내 의지는 만에 하나, 그것을 거부할 가능성이 있습니다. 그 명령에 따르면 마음이 편하고, 안 따르면 마음이 괴롭다고 하더라도 어쨌든 그럴 가능성은 있죠. 우리가 자존심 때문에, 또 다른 어떤 이유 때문에 도덕명령을 거부할 때도 없지 않죠.

신의 명령 앞에서 벌벌 떠는 척하다가 돌아서서 딴짓하는 무엄한 존재가 바로 인간이죠. "십계명을 지켜라." 하지만 실제로는 그것을 잘 안 지킵니다. 그래서 그런 명령이 계속 존재할 수밖에 없습니다. 명령과 불복종의 숨바꼭질은 아직도 계속되고 있습니다. 금지명령이 있다는 것은 당연히 금지된 짓을 하는 사람이 있다는 것을 보여줍니다.

프로이트가 인간의 욕망을 설명하면서 '오이디푸스 콤플렉스'를 인간 욕망의 중심에 놓았죠. 그래서 '근친상간 금지'라는 엄격한 규칙이 모두에게 강조됩니다. 이런 금지가 있다는 사실로부터 그것을 어기려는 욕망이 금지 이전에 있었을 것이라고 보죠. 물론 금지가 먼저인지, 위반이 먼저인지는 쉽게 규정하기 어렵죠. 그래서 "훔치지 말라"는 명령 옆에는 "훔친 사과가 더 맛있다"라는 희미한 글씨가 쓰여 있습니다.

"살인하지 말라"라는 명령은 사실상 살인의 가능성을 전제하고 있습니다. "거짓말하지 말라"라는 것도 수많은 거짓말과 싸우기 위한 선전포고이지 그 말 한마디로 거짓말을 뿌리째 뽑을 수 있다고 생각해서는 안 되죠. 만약 인간이 "거짓말하지 말라"라는 명령을 무조건

따른다면, 그 명령은 필요 없을 것이고, 길게 늘어난 피노키오의 코를 보며 킬킬거리면 그만이지요.

너는 할 수 있다. 그래서 너는 해야만 한다

자, 다시 차분하게 정리해 봅시다. 칸트 할아버지가 지적하려는 것은 도덕명령 자체가 인간의 자유를 앞세운다는 점입니다. 그래서 정언명령은 인간의 선택 앞에 놓여 있습니다. 칸트 할아버지는 "도덕법칙이 있다는 것이 바로 자유를 인식할 수 있는 바탕"이라고 합니다. 법칙과 명령이 가능하려면 바로 그것에 따르는 인간이 자유로워야 하죠. 자유 없이는 법칙이나 명령이 있을 수 없습니다.

"도덕법칙이 시키는 대로 하는 것이 바로 자네가 자유롭다는 것을 보여 주는 것이네!"

"아, 감사합니다. 그러면 저는 이 자유를 가지고 어떻게 해야 할까요?"

인간은 이 자유를 지니고 그 법칙에 자유롭게 따르거나 거부할 수 있습니다. 물론 칸트 할아버지는 뒤쪽의 경우에 대해서 눈살을 찌푸리고, 이것이 실천이성을 모독하고, 인간의 존엄을 스스로 짓밟는다고 엄중하게 타이를 겁니다.

칸트 할아버지가 보기에 이 두 경우에서 자유롭게 따르는 경우가 바람직한 것이죠. 이 경우는 도덕법칙이 의지 바깥에서 강요되는 것이 아니라 스스로 원해서, 즉 자발적으로 따르는 것이죠. 이처럼 도덕법칙에 따르는 것은 타율적인 복종이 아니라 의지 주체가 자율적으로 규칙을 받아들이는 것입니다. 이런 점에서 인간은 '자유의지'

를 지니고 있는 자율적인 존재입니다.

그런데 이 자율성이 무엇인지 아시나요? 내 마음대로 하는 것이 아니라 기꺼이 도덕법칙을 따르는 것이죠. 노예처럼 마지못해 순종하는 것이 아니라, 기분 좋게 웃으면서 받아들이는 거죠. 그런데 과연 우리가 무조건적이고 절대적인 도덕법칙의 명령을 잘 따를 수 있을까요? 혹시 가능하지 않은 경우나 아무리 노력해도 잘 안 되는 경우도 있지 않을까요?

"할아버지, 과연 제가 도덕법칙을 따를 수 있을까요?"

"물론이지. 자네는 할 수 있다네."

"어떻게요?"

"자네는 도덕법칙에 따를 수 있어. 왜냐하면 자네가 그렇게 해야 하기 때문이지."

할아버지께서 웃으면서 말씀하시는 것을 보니 마음이 놓이긴 합니다. 만약 제가 여전히 확신이 서지 않는다고 하면, 아직 "너는 해야 한다"를 제대로 받아들이지 않기 때문이라고 하시겠죠. 어쨌든 도덕법칙의 명령은 인정사정없는 것이지만 우리가 그 명령을 따를 수 있다고, 아니 따라야 한다고 믿고 도덕에 우리를 바치기로 합시다.

이제 내용을 정리해 볼까요? 도덕법칙은 자유와 밀접한 관계가 있습니다. 그래서 자연 필연성에 따를 수밖에 없는 존재에게는 도덕법칙이 무의미하죠. 이와 달리 우리 안에 도덕법칙이 있다는 사실이 의지가 자유롭다는 점을 보여 줍니다. 인간의 의지는 자유의 영역에 있죠.

도덕적 의지의 자율성은 인간을 이성적인 면과 감각적인 면으로 구별할 때 더욱 분명해집니다. 곧 인간이 오로지 이성적이어서 도덕

칸트 할아버지의 도덕철학이 전통 이론과 크
게 다른 점이 무엇일까요? 왜 할아버지는 그
저 "선하게 살아라"라고 하지 않고 도덕법칙
을 중시할까요? 선과 도덕법칙 가운데 어느
것이 먼저일까요?

적 의지에만 따르는 경우와 이성의 명령에 어긋나는 욕망이나 성향에 굴복하는 경우를 나누어야 합니다. 욕망이나 성향에 굴복하는 인간은 그것들에 복종하는 데 지나지 않지만, 이성적인 인간은 법칙을 세우고 자기가 세운 법칙에 따르죠. 자율(Autonomie)은 규범이나 규칙이 자기로부터 나오는 것입니다. 반대로 타율(Heteronomie)은 규범이 자기 바깥에서 강제적으로 주어지는 것이죠. 우리 의지는 자신이 복종해야 할 법칙을 스스로에게 부여합니다.

무엇이 선인가?

칸트 할아버지 이전의 전통적인 도덕철학은 선 개념을 규정하는 것으로 시작하죠. '무엇이 최고선인가?'를 밝히고 나서야 도덕법칙을 세웠습니다. '선'이라는 최고 원리가 일차적이고 법은 이차적이거나 선을 대신하는 힘이었죠. 우리가 '선이 무엇인가?'를 알 수 있다면 법은 필요하지 않습니다. 법은 선이 부족한 상태에서 선을 대신하거나 보충하는 것일 뿐입니다.

그런데 칸트 할아버지의 경우에는 먼저 도덕법칙이 있습니다. 우리는 도덕법칙을 실천이성에서 찾습니다. 이런 이성의 명령에 의해서 의지는 보편적인 법칙을 받아들여야 하죠. 그리고 의지가 이런 도덕법칙에 따를 때 선이 실현됩니다.

이런 까닭에 법칙이 선에 의존하는 것이 아니라, 오히려 선이 법칙에 의존하죠. 이렇게 본다면 도덕을 보는 관점이 완전히 바뀌게 되죠. 칸트 할아버지는 도덕철학의 방향을 완전히 바꾸어놓았습니다. 이것을 도덕법칙이 중심에 있고 그것의 주변에 선들이 둘러서 있다고 할 수 있을까요?

이런 관점의 변화와 관련해서 중요한 것은 도덕법칙이 그보다 높은 원리에서 나오는 것이 아니라는 점이죠. 그것은 스스로에 근거를 둡니다.

우리는 앞에서 보았듯이 '선은 무엇인가?'를 알기 위해서 그 내용을 하나하나 살펴서는 보편타당한 행위 기준을 마련하려고 했지만 그럴 수가 없었죠. 그래서 선의 '내용'이 아니라 어떤 '형식'으로 명령하면 항상 선한 행위가 되는지를 살폈고, 그 형식을 고려해서 보편타당한 선을 찾을 수 있다고 보았습니다. 이 때문에 칸트 할아버지의 도덕철학을 '형식주의'라고도 부릅니다.

칸트 할아버지는 도덕의 세계에서 선은 우리에게 주어지거나 자연에서 배우는 것이 아니라고 봅니다. 인간 스스로가 도덕법칙을 찾고 이 법칙을 자기 자신에게 부과하는 거죠. 도덕법칙을 설정하는 주체는 의지를 지닌 인간, 실천이성에 따르는 인간이죠. 이것은 앞에서 보았던 인식의 세계에서 인간이 현상을 구성했듯이, 의지의 세계에서는 인간이 도덕세계를 구성하죠. 그래서 인간이 인간다운 까닭은 스스로 도덕법칙을 정하고 그것을 스스로 따르는 자유에서 찾을 수 있습니다. 이렇게 인간은 도덕적 존재입니다.

다시 한 번 선과 도덕법칙의 관계를 정리하면, 도덕법칙에서 나온 행위가 선이고, 도덕법칙에 일치하지 않는 것이 악입니다. 곧 선 개념은 도덕법칙에서 생기고, 그것은 도덕법칙에 앞서지 않습니다.

불쌍한 감정으로 돕는 것은 도덕적인 행위가 아니다

칸트 할아버지는 의지가 실천이성의 명령에 따라야 한다고 봅니다. 그래서 이 명령에 따르지 않는 행위는 선하다고 보지 않습니다. 그런데 우리가 이성의 명령이 아니라 감정 때문에 착한 일을 한 경우에는 어떻게 될까요? 결과가 좋으니까 문제 삼지 않는 게 좋을까요? 칸트 할아버지는 결과가 좋다고 그냥 넘어가지 않죠. 왜냐하면 그렇게 감정에 따라서 행위한다면 감정이 바뀌면 다르게 행위할 수 있기 때문이죠. 감정에 따라서 이랬다저랬다 할 수 있다는 이야기죠.

예컨대 곤궁에 처한 친구를 도울 때 오늘은 불쌍해서, 내일은 안타까워서, 모레는 서글퍼서 돕다가, 그다음 날에는 자기 기분이 우울해서 돕지 않을 수도 있죠. 이 경우에 자기 행위의 동기는 불쌍함, 연민 등이죠. 이런 성향이 우리의 도덕성을 이끈다면 변덕스러운 성향도 문제지만 경우에 따라서 도덕법칙이 오락가락하겠죠. 자기 감정이 앞서 도덕법칙을 좌우하게 되죠. 그래서 칸트 할아버지는 도덕 감정에 기대지 않습니다. 게다가 감각적 존재인 인간은 도덕적 행위보다는 감각적 만족을 추구하고 행복을 좇는 경향이 있습니다.

칸트 할아버지는 이런 점 때문에 우리 행위의 동기가 도덕법칙을 따를 때에만 선하다고 봅니다. 그래서 행위를 몇 가지로 구별하죠. 의무에서 나온 행위, 우연히 의무에 들어맞는 행위, 의무를 따르지 않는 행위가 그것이죠. 칸트 할아버지는 그 가운데 의무로부터(aus Pflicht) 나온 행위만 도덕적이라고 봅니다.

도덕법칙에 대한 존경

칸트 할아버지는 도덕에서 행복을 추구하는 태도가 바람직하다고 보지 않습니다. 행복보다는 도덕법칙에 대한 존경을 앞세우죠. 우리가 가끔 선한 행위를 하면서 '그렇게 하지 않으면 마음이 불편할 것 같아서' 또는 '도와주는 게 마음이 편해서' '도와주면 기분이 좋으니까'라고 할 때가 있죠. 전통적인 도덕철학은 선을 행복 추구와 연결시켰죠. 그런데 칸트 할아버지는 행복보다는 도덕법칙을 중시합니다.

그래서 도덕법칙에 대한 존경심에서 나온 행위만 우리 행위의 동기가 되어야 한다고 하죠. 물론 이런 존경의 감정이 즐거운 것은 아니죠. 마지못해 따를 수도 있고, 기꺼이 따를 수도 있죠. 하지만 자기 감정이 어떠하든 "법칙에 따라야 하기 때문에 따른다"라고 해야하죠. 아주 엄격한 태도를 보이고, 감정보다는 이성을 앞세우는 태도도 분명하게 나타납니다.

다시 정리하면, 우리 의지는 도덕법칙을 존경해야 합니다. 그래서 어떤 감정이나 성향에 따라서 기꺼이 하는 행위라고 해서 도덕적인 것은 아니죠. 성향과 무관하게, 오히려 성향을 억누르고 행위하는 것이 중요하죠. 이때 이렇게 할 수 있으려면, 행위가 도덕법칙의 '내적 강제'를 받아들여야 하죠. 이때의 감정은 숭고한 것이라고 할 수 있죠. 이런 숭고한 감정은 도덕적 강제에 억눌리는 느낌이기도 하고, 동시에 감정에 이끌리기 쉬운 인간이 드높은 도덕적 이상에 자기를 내맡겨서 고양되는 느낌이기도 하죠. 상반된 감정이 공존하죠. 이때 행복한 느낌을 내세울 수는 없죠.

도덕적 이상을 지향할 때, 인간은 일상적 존재에서 벗어나 쉽게 도달할 수 없는 아득하게 높은 곳을 바라보며 도덕법칙의 숭고한 사명에 기가 질리죠. 저 멀리 있는 도덕적 이상에 비추어 볼 때, 현실의 자기는 초라해 보이죠.

"아, 나는 이 낮은 곳에서 부대끼며 저 세계에서 멀리 떨어져 있구

나. 높고도 먼 도덕이여, 당신을 따르겠나이다. 다할 길 없는 의무의 길을 기꺼이 가면서 보람을 느끼겠나이다."

이렇게 해서 도덕법칙을 따르고 숭고한 의무에 복종할 때, 우리는 감각적 존재로서 자연에 예속된 자가 아니라, 자연으로부터 독립해서 도덕적 이상에 가까이 가는 자가 되죠. 곧 자연의 필연성에서 벗어나서 자유로운 세계에 살게 됩니다.

마음 안에서 벌어지는 끝없는 싸움

우리가 도덕법칙을 따라야 한다고 했지만, 그렇지 않은 예들이 많습니다. 이 점이 실제로 어떤 사정과 관련이 있는지는 아시겠죠?

우리 마음속에서 싸움이 벌어지고 있습니다. 마음 한쪽에 있는 자연적인 충동은 말을 잘 안 듣죠. 다른 한쪽에는 도덕적 의지와 이성이 있습니다. 이성은 충동의 공격을 막으려 하고, 충동은 이성의 엄격한 명령이 귀찮아서 구속으로 느끼죠.

도덕의지와 충동의 끝없는 싸움. 오늘의 승리가 내일의 패배가 되기도 하죠. 이 전투에서 도덕의지가 충동을 완강하게 눌러서 이기면 도덕적이 되죠. 도덕은 마음속에서 벌어지는 내전(內戰)의 결과입니다. 그냥 주어지는 것이 아니죠. 도덕이 승리의 환호를 올리며 기뻐하고 있으면 다시 변방에서 충동이 불쑥 침입하죠. 다시 싸움이 벌어지고, 밀고 당기기가 계속됩니다. 이렇게 싸우다 보면 정이 들만도 한데, 이들은 매번 상대를 완전히 몰아내려고 하죠. 물론 때때로 양자가 일시적 평화협정을 맺는 경우도 있죠.

번번이 싸울 때마다 충동이 이기는 사람도 많죠. "내 마음에서는 도덕의지가 이겨 본 적이 없어. 그래서 나는 마음 내키는 대로 할 수 있어." 하지만 여러분은 워낙 도덕적이니까, 이런 싸움에서 항상 충동을 물리치겠죠.

그런데 이 싸움에서 꼭 지켜야 할 것이 있습니다. 방금 얘기했던 것처럼 충동과 싸울 때 너무 열심히 싸우다가 충동을 죽이면 안 됩니다. 왜일까요? 충동이 죽어 버려서 아무런 충동도 생기지 않는다면 우리 마음까지 죽어 버리죠. 그러니까 충동을 구석에 몰아넣어 사정없이 두들겨 패고, 항복할 때까지 공격하더라도, 다시 대들면 또 두들기더라도 마지막 선은 지켜야 합니다. 그래서 도덕적 인간이 된다는 것은 어려운 겁니다. 도덕의지와 충동의 싸움에서 도덕의지의 영원한 승리를 추구하되, 완전한 승리는 있을 수 없습니다. 반대로 충동이 이기더라도 도덕의지를 완전히 없애 버리면 안 되죠. 이런 의미에서 도덕의 완성은 불가능하고, 마찬가지로 완전하게 비도덕적일 수도 없습니다. 그래서 도덕적 갈등은 끝이 없죠.

칸트 할아버지의 도덕철학은 아주 엄격하고 청교도적입니다. 어쩌다 도덕적 행위를 하거나 감정에 이끌려 선한 행위를 하더라도 비난 받습니다. 오로지 법칙을 존경하고 의무를 따르는 것만이 도덕적이죠. 과연 이런 도덕의 길이 완성될 수 있을까요?

만약 완성이 불가능하다면 도덕적 요구는 불가능한 것을 하라고 명령하는 꼴이 되죠. 또 이런 도덕에 따르면 행복해질 수 있을까요? 칸트 할아버지는 실제로 아무리 노력해도 불가능한 도덕의 완성을 위해 몇 가지를 요청합니다. 그것은 '자유' '영혼의 불멸' 나아가 '신의 존재'입니다. 어떤 점에서 이런 것들을 요청하게 되었는지 살펴봅시다.

실천이성의 요청 – 인간은 자유로워야 한다

사실 이 문제는 이미 앞에서 다루었기에 여기서는 그 윤곽만 봅시다. 우리가 관찰할 수 있는 모든 행위는 감각적 대상이고, 모두 시간 안에 주어져 있습니다. 그런데도 우리가 자유롭다고 할 수 있을까요? 우리가 자유롭지 않다면 도덕법칙의 명령은 무의미하죠.

그래서 이렇게 질문할 수 있죠. "인간이 어떤 순간, 어떤 행위에 대해서 자연 필연성에 지배될 수밖에 없는데, 어떻게 같은 순간, 같은 행위에 대해서 완전히 자유롭다고 할 수 있는가?" 물론 인간이 시간 조건에 지배 받는 한 그의 행위들은 자연의 기계적 체계의 일부이고, 항상 행위는 앞선 원인들에 의해서 규정됩니다.

하지만 다른 한편, 우리는 도덕법칙을 세우고 그 명령에 따를 때 자유의 세계에 들어가게 됩니다. 즉 자연 필연성에 매이지 않고 원인 없이 결정할 수 있습니다. 그래서 도덕적 주체는 이성을 통해서 스스로 세운 법칙을 통해서만 규정될 수 있는 것으로 여길 수 있습니다. 이때 이성은 자신의 행위만 고려할 뿐 자기를 속박하는 시간을 뛰어넘죠. 이러한 주체는 자연적 시간 바깥에서 자유롭게 결정합니다. 칸트 할아버지는 이런 점에서 인간의 '자유'가 자연적 사실임을 뛰어넘어서 요청되어야 한다고 보죠.

"인간은 자유로워야 한다."

"인간은 실제로 모든 점에서 자유로운가요?"

"인간의 상황이 어떠하든 인간에게는 자유가 필요하지."

"자유가 필요하다고 인간이 자유롭다고 할 수 있나요?"

"물론 자유를 요청하는 것은 자유가 있다는 것이라고 하기보다는 자유가 있어야 한다는 것이지. 하지만 자유 없이는 도덕을 얘기할 수 없어. 그래서 인간은 자유로워야 하지."

할아버지에게 자꾸 여쭙기보다는 자유가 필요하고, 그래서 요청해야 한다는 점을 잘 생각해 보는 게 좋을 것 같습니다. 하지만 이렇게 자유를 요청한다면, 우리의 상황이 좀 이상해지죠. 원래 자연에는 필연성밖에 없죠. 그런데 우리가 도덕적 존재일 때에는 이런 필연성을 넘어서서 '자유의 나라' 시민이 될 수 있죠. 그래서 우리는 동시에 두 세계에 살고 있는 것과 같습니다. 어떻게 두 세계를 조화롭게 할 수 있는 방법이 없을까요? 칸트 할아버지는 그의 마지막 비판서인 《판단력 비판》에서 그 답을 제시합니다.

왜 덕과 행복은 일치하지 않는가?

인간이 완전하게 도덕적일 수 있을까요? 현실적으로는 그럴 수 없습니다. 그러면 도덕은 이 세계에서 영원한 꿈에 지나지 않을까요? 완전한 도덕이 불가능하고, 어느 누구도 완전하게 도덕적일 수 없다면, 덜 도덕적인 자와 더 도덕적인 자가 모두 도덕적이지 않은 점에서 비슷한 처지에 있는 것은 아닐까요?

이 문제를 도덕과 행복의 관계로 살펴봅시다. 실천이성은 무조건적인 선을 추구하죠. 실천이성이 추구하는 이런 대상이 '최고선'입니다. 한편 덕은 최고의 무조건적인 선입니다. 그런데 최고선이 완전한 선이라면 행복도 그 안에 포함되어야 하지 않을까요? 즉 행복하기 위해서 덕을 추구하는 것이 아니라 하더라도, 덕의 추구가 행복을 배제할 필요는 없습니다.

그러면 현실에서 덕과 행복은 어떤 관계일까요? 현실에서 덕을 추구하는 것이 반드시 행복한 것은 아닙니다. 오히려 악덕을 추구하는 자들이 행복을 누리는 경우를 많이 봅니다. 그러면 덕은 행복과 대립될까요? 행복을 지상 목표로 삼는 이들은 도덕을 걷어차고 눈앞의 이익을 좇고, 도덕을 지키는 순진한 사람들을 무능하다고 비웃죠.

칸트 할아버지의 얘기를 들어 봅시다. 덕과 행복이 완전한 선의 두 요소지만, 행복을 추구하는 것이 덕으로, 덕을 추구하는 것이 행복으로 반드시 연결되지는 않죠. 칸트 할아버지는 덕이 행복을 낳아야 한다고 봅니다.

그러면 어떤 근거에서 그렇게 되어야 할까요? 경험적으로 잘 알고 있겠지만 덕과 행복이 좋은 친구 사이가 되는 경우는 드물고 이런 관계는 우연일 뿐입니다. 덕은 우연히 행복을 만나지만 행복은 덕과 만나지 않더라도 별로 아쉬울 것이 없죠. 그래서 경험세계만 보면, 행복해지기 위해 덕을 소홀히 하는 것이 바람직한 것처럼 보이죠.

칸트 할아버지는 이 문제를 해결하기 위해서 세계를 둘로 나눕니다. 현상세계와 예지계(叡智界)로 나누죠. 감각적이고 경험적인 현상세계에서는 덕이 반드시 행복을 낳는 것이 아니죠. 우리가 현상세계를 유일한 세계로 받아들이면, 덕과 행복을 일치시키는 것은 잘못이라는 거죠. 곧 행복을 추구하는 것이 덕을 낳는다는 주장은 절대적으로 잘못된 것이고, 덕이 행복을 낳는다는 주장은 조건적으로만 잘못이죠. 하지만 인간이 감각세계의 자연적 존재일 뿐만 아니라 초감각적인 예지계의 존재라고 할 수 있다면 덕이 반드시 행복을 낳는다는 주장은 참일 수 있다고 봅니다.

그래서 칸트 할아버지는 덕과 행복이 일치하려면 몇 가지 요청이 필요하다고 봅니다. 여기에서 실천이성의 요청들이 나타나죠.

영혼불멸에 대한 요청

도덕법칙은 최고선을 추구하도록 명령합니다. 우리가 추구해야 할 덕은 의지, 감정이 도덕법칙과 완전하게 일치해야 합니다. 즉 감정과 충동이 어떤 갈등도 없이 완전하게 실천이성의 요구에 복종해야 하죠. 즉 충동의 완전한 패배와 이성의 완전한 승리를 요구하죠. 물론 이런 완전성은 감각세계에서는 결코 도달할 수 없는 것이죠. 그러면 어떤 경우에 이런 완전한 도덕이 가능할까요? 무엇을 요청하면 될까요?

이것이 가능하려면 이런 이상을 향한 '무한한 전진'이 있어야 합니다. 현실의 불완전한 노력이 무한하게 계속된다면 어느 지점에서 완전한 도덕이 실현될 수 있겠죠. 그런데 우리는 유한한 존재니까 살아 있는 동안에는 무한하게 전진할 수 없습니다.

그러면 혹시 우리 영혼이 무한하게 전진할 수 있다면 어떨까요? 혹시 우리가 무한한 전진을 할 수 있도록 죽지 않는다면, 완성의 지점에 도달할 수 있지 않을까요? 바로 이런 까닭에 칸트 할아버지는 우리가 앞에서 다루었던 '영혼불멸'의 문제를 다시 꺼냅니다.

"이런 무한한 전진은 영혼불멸을 전제할 때에만 가능하다."

따라서 도덕법칙이 완전한 선을 추구하도록 명령한다면, 그리고 마치 그것이 가능한 것처럼 우리에게 요구한다면, 그것을 이루기 위해 영혼이라도 죽지 않고 계속 도덕의 완성을 향해 나아가야 합니다.

물론 이때 우리가 불멸을 부여 받는다는 점에서 황홀할 수도 있죠. 그런데 이때의 불멸은 그저 오래 살라는 얘기가 아니죠. 완전한 도덕을 실현할 때까지 죽어서는 안 된다는 거죠. 즉 조건부 불멸입니다. 달리 말해, 불멸이 필요하다는 얘기는 도덕을 완성하는 데 '무한한 시간'이 걸릴 것이라는 뜻이죠. 어쨌든 칸트 할아버지는 우리가 죽을 자유도 없이 도덕의 완성을 향해 무한히 나아가야 한다고 보죠. 그래서 불멸을 요청하면서까지 도덕의 실현을 요구합니다.

바로 여기에서 순수이성이 그렇게 찾던 것이 엉뚱한 곳에서 해결될 가능성이 보이죠. 칸트 할아버지는 신의 존재 문제를 이론이성의 문제가 아니라 실천이성의 문제로 봅니다. 곧 '믿음'의 차원에서 보는 거죠. 어쩌면 칸트 할아버지는 이 때문에 형이상학적 신 증명에 대해서 그렇게 엄격하게 비판했는지도 모르죠. 이로써 칸트 할아버지는 우산을 들고 자신의 산책 길을 따라다니던 하인에게 신이 없지 않음을 보여 줄 기회를 마련했습니다.

완전한 도덕을 보증하는 신을 요청하다

도덕법칙은 또한 앞서 남겨 놓은 문제, 즉 덕과 행복의 필연적인 일치를 위해서 '신의 존재'를 요청합니다.

행복은 모든 순간에 모든 것이 이성적 존재자의 소망과 의지대로 되는 상태라고 할 수 있죠. 현상세계에서는 불가능한 덕과 행복의 필연적 일치가 가능하려면 행복과 덕을 조화시킬 '전지전능한 존재'가 있어야 합니다. 이 존재는 순수한 도덕의 세계를 마련할 수 있어야 합니다. 곧 행복이 덕에 따르고, 악덕이 더 이상 우연적으로라도 행복을 가능케 하지 않는 세계, 덕이 곧 행복을 낳는 예지적 이성의 세계를 가능하게 해야 합니다.

만약 이런 신이 존재하지 않는다면 결코 최고선이 실현될 가능성은 없습니다. 그래서 신이 존재해야 하죠. 바로 완전한 도덕을 보증하기 위해서 말이죠.

이처럼 실천이성은 신의 존재를 믿도록 합니다. 신의 존재에 대한 도덕적 증명을 마련하죠. 우리는 초감각적 세계에 대해서 전혀 알 수 없습니다. 하지만 도덕의 영역에서 자유, 영혼의 불멸, 신의 존재를 믿을 수 있고, 또한 믿어야 합니다. 그래야 우리는 현상의 필연적 법칙의 노예가 되지 않고, 도덕적 존재로서 지상에서 영원으로 상승할 수 있습니다.

한마디로 신은 도덕의 보증인이고, 실천이성이 요청한 것입니다. 신은 우리가 세계를 더 잘 알기 위해서가 아니라, 도덕적 존재인 우리의 완성을 위해서 요청되어야 합니다. 인간다움을 도덕성에서 찾는 칸트 할아버지는 스스로 법칙을 정하고, 그 법칙을 자기에게 명하고 그것에 따르는 도덕적 주체의 한계를 신을 통해서 보완합니다.

여기에서 신을 요청하는 실천이성의 논리가 흥미롭죠. 신은 존재하고, 신이 도덕을 보증하고, 우리는 그 배경에서 도덕을 추구하는 것이 아닙니다. 거꾸로 우리가 도덕을 추구하려고 하는데 우리는 도덕을 완성할 수 없기 때문에 완전한 도덕과 신이 있어야 한다고 요청하죠. 도덕적 이성이 신을 불러들이죠. 신은 실천이성의 부름에 답하고 완전한 도덕, 덕과 행복의 일치를 보증하죠. 이런 신은 도덕법칙의 영역을 지키는 신이자 도덕적인 신이죠.

물론 신은 요청된 것이기 때문에 실제로 존재하는지를 알 수 없고, 다만 신의 존재를 앞세워야만 도덕적 실천과 우리의 자유가 가능하죠.

> 파이힝어(H. Vaihinger)는 칸트의 철학을 쉽게 설명하기 위해 '마치
> ○○처럼(als ob)의 철학'이란 용어를 씁니다. 방금 보았듯이 도덕
> 의 완전한 보증인이 필요하기 때문에 '마치 신이 있는 것처럼' 생
> 각합니다. 즉 신의 존재를 요청합니다. 이런 요청으로 완전한 도덕
> 의 가능성을 마련합니다. 그런데 이런 요청은 마치 신이 있는 것처
> 럼 여기는 것이죠. 그래서 신이 있다고 가정하는 것이라고 할 수
> 있습니다.

우리는 칸트 할아버지의 도덕철학에 관한 주제들을 조금 다루었습니다. 그런데 여전히 문제가 남아 있는 느낌이 들죠. 우리가 강의를 시작할 때, 칸트 할아버지의 묘비에서 '하늘의 별'과 '가슴의 도덕법칙'을 이야기했죠. 바로 필연적인 법칙의 세계와 자유의 세계를 나누었죠. 그리고 우리가 도덕적 존재라면 현상세계를 뛰어넘은 물자체의 세계, 예지계에서 자유로운 존재일 수 있다고 했죠. 도덕적인 존재와 비도덕적인 존재는 서로 다른 세계에 살고 있는 셈이죠.

그런데 문제는 우리 인간이 살고 있는 세계가 두 개라는 점입니다. 현실세계에서 도덕을 추구하는 까닭에 인간은 두 개의 서로 다른 세계에 쪼개진 상태로 살고 있습니다. 즉 '현상적인 자기'와 '본질적인 자기'로 나누어지죠. 물론 내가 둘인 것은 아니고 하나이면서 동시에 둘이라는 거죠.

우리 의지가 도덕법칙에 따를 때, 우리는 자연의 법칙에 예속되지

않고, 우리 자신이 세운 법칙과 의무 안에서 자신을 만드는 자율적인 주체입니다. 하늘의 반짝이는 별들이 외적 필연성을 드러낼 뿐이라면, 우리 가슴의 도덕률은 우리에게 그런 세계를 넘어설 수 있는 숭고

우리가 책의 처음에 던진 질문이 하나 남아 있죠. 인간을 도덕적인 존재로 보는 칸트 할아버지는 피노키오를 인간으로 인정할까요? 인정한다면 어떤 이유 때문이고, 그렇지 않다면 어떤 점 때문에 부정할까요?

한 사명을 부여하죠. 인간은 현상을 뛰어넘어서 도덕적이 됨으로써 '자기답게' 되지만, 동시에 현상세계에 묶여서 감각과 경험 안에 살아야 합니다. 우리의 눈은 저 찬란한 도덕의 하늘을 바라보면서 우리의 발은 이 현상계의 법칙에 묶여 있는 거죠. 그래서 인간은 유한한 존재로서 두 세계의 틈바구니에 끼어 있습니다.

이처럼 둘로 쪼개진 삶을 어떻게 하나로 합칠 수 있을까요? 칸트 할아버지는 《판단력 비판》에서 둘 사이에 다리를 놓고 둘을 조화시키는 작업을 하죠. 그래서 미적인 세계와 목적론을 다루죠. 여기에서 시도된 화해가 완전할까요? 어쨌든 이 두 세계의 간극을 좁히거나 메우는 작업은 결코 쉬운 일이 아닙니다.

이후의 수많은 철학자가 이 작업에 도전하죠. 독일 관념론을 대표하는 피히테, 셸링, 헤겔은 각자 현상계와 물자체의 양분된 상태를 종합하려는 시도에 매진합니다. 그리고 쇼펜하우어와 니체도 다른 방식으로 해결책을 모색하죠. 어떻습니까? 여러분도 한번 나서 보는 것이. 그래서 칸트 이후의 수많은 경쟁자와 한번 겨루어 보는 것은 어떨까요?

시간 안에서, 동시에 시간 바깥에서

이제 우리는 자유의 문제에 관한 이론적 논의를 살펴보아야 하는데, 이 논의는 조금 까다롭습니다. 그래서 관심 있는 사람만 보아도 좋습니다. 물론 이 문제는 칸트 할아버지의 도덕철학에서 중심에 있는 문제죠.

어떤 사람이 도덕법칙에 따르는 도덕적인 행위를 한 경우를 생각해 봅시다. 물론 이런 행위는 자유로운 의지에 의한 것이죠. 그런데 이런 행위는 다른 모든 행위와 마찬가지로 현상세계 안에서 일어나죠. 다른 사건들과 마찬가지로 현상계의 시간에 따라야 하고, 자연법칙에 따라서 결정됩니다. 모든 사건은 어떤 시점에 앞선 조건에 따라서 필연적으로 생길 수밖에 없습니다. 그러면 도덕적 행위도 이런 자연 필연성을 벗어날 수 없을까요?

여기서 문제가 생겼죠? 인간은 자유로운 도덕적 행위 주체이면서 동시에 자연법칙에 따라야 하기 때문이죠. 한 인간이 동시에 서로 다른 두 세계에 있는 거죠. 필연성만 존재하는 세계와 자유로운 행위가 가능한 세계에 동시에 속한다는 이상한 결과가 생깁니다. 자연계에 속하는 우리가 어떻게 도덕적일 수 있을까요?

우리가 착한 행위를 한다고 합시다. 도덕법칙의 명령에 따라서, 점심을 굶는 친구를 위해 도시락을 싸 간다고 합시다. 이 행위는 도시락을 싸고 그것을 들고 가고, 친구에게 전하고 하는 등 일련의 행위들로 이루어집니다. 이런 행위들은 자연 인과성의 세계에서 앞선 사건이 다음 사건과 필연적으로 연결되는 맥락에 잘 들어맞습니다. 하지만 도시락을 싸는 목적이나 의도는 이런 자연법칙에 속하지 않습니다. 점심을 굶는 친구가 있다는 원인이 그 친구의 도시락을 싸고, 그것을 무겁게 들고 가는 행위라는 결과와 반드시 연결될 필요는 없습니다.

이 친구에게 도시락을 주기로 한 결정과 그에 따르는 행위들은 서로 다른 영역에 속합니다. 하나는 자연법칙에 완전하게 구속되지만, 다른 하나는 도시락을 싸거나 싸지 않을 수 있는 자유로운 결정의 영역이죠. 앞의 것이 뒤의 결정을 좌우하지는 않지만, 자유로운 의사결정은 물리적 사건들에 영향을 줄 수 있습니다.

하지만 이 경우에도 자유로운 의도나 목적이 완전하게 자연법칙에서 벗어난 것일까요? 그것 자체도 앞선 원인에 의해서 결정되는 것은 아닐까요? 의도나 목적은 심리적인 것인데, 이것이 자연법칙에 벗어나는 것일까요? 물론 칸트 할아버지는 우리 신체뿐만 아니라 심리작용도 자연법칙에 따른다고 봅니다.

따라서 인간 행위는 심리적 측면에서 보더라도 자연법칙의 지배를 받고, 일정한 원인들에 의해서 결정됩니다. 인간 행위는 그것이 생긴 상황과 가능한 원인들(예를 들어 개인들의 유전적 요인과 소질, 교육 및 사회적 조건 들을 비롯한 이전의 조건들)을 추적할 수 있다면, 완전하게 예측할 수 있을 겁니다. 하나하나의 행위가 그 원인들에 의해서 결정되기 때문에 예측된 결과를 낳게 되죠. 이런 상황에서는 자유롭다고 할 수 없습니다.

다시 문제가 생겼죠? 칸트 할아버지는 이 문제를 풀기 위해서 인간의 감각적이고 경험적인 현상적(phaenomenon)인 면과 초감각적인 물자체에 속하는 예지적(noumenon)인 면으로 나눕니다. 곧 인간이 경험적 주체이면서 동시에 예지적 주체라고 봅니다. 예지적 주체는 순수한 이성을 지닌 존재로서, 이성은 이론이성이 아니라 도덕명령에 따라서 실천적일 수 있는 이성, 곧 현상계에 개입해서 인과 사슬에 변화를 주지 않으면서도 동시에 현상계에 영향을 미칠 수 있는 힘입니다. 바로 자유로운 원인을 세울 수 있는 능력이죠.

그러면 현상적, 경험적 측면과 예지적 측면은 어떤 관계를 맺을까요? 예지적 주체는 도덕법칙을 자기 이성의 명령으로 자유롭게 받아들입니다. 이것은 단순히 주어진 것이 아니라 자기를 그렇게 만드는 것입니다. 이처럼 자신을 예지적 주체로 만드는 인간은 감각적 현상의 세계와 독립된 자로서 그 현상계의 원인으로 작용할 수 있습니다.

예지적 주체는 경험적 시간 계열에 따르지 않습니다. 순수한 실천이성은 시간에 구속되지 않습니다. 즉 시간을 벗어나 있습니다. 예지적 주체의 작용은 시간에 적용되는 자연법칙을 벗어난 자유로운 것입니다. 그것은 시간 안에 있는 사건이 아닙니다. 이런 점에서 자유는 예지적 주체에게만 가능합니다. 경험적 원인들에만 따르는 자연 존재에게는 자유가 없습니다.

"네가 살려면 너의 동족에게 총을 쏘아라"라는 명령에 순종해서 총을 발사한 사람이 있다고 합시다. 물론 그는 약간의 고민이 있었지만 불복종에 따른 곤란한 처지에서 벗어나는 것을 중요하게 여긴 겁니다. 그는 자기에게는 책임이 없다고 하면서 명령한 자에게 책임을 돌릴지도 모르죠.

로봇이나 동물의 경우라면 도덕적 세계에 살지 않기 때문에 시간 t_1에 명령이 주어지면 이어지는 시간 t_2에 총을 발사하죠. 원인과 결과가 연결되죠. 이런 존재는 현상적, 경험적 주체에 머무는 거죠.

하지만 인간은 명령이 주어질 때 예지계로 뛰어 올라가서 발사를 거부할 수 있습니다. 이런 면에서 인간은 시간 안의 인과관계에 개입하여 시간 없이 자유를 행사할 수 있고, 이 경우에 자기를 예지적, 도덕적 주체로 만드는 것입니다

이렇게 볼 때, 인간은 두 세계에 살고 있습니다. 현상계에 속하는 인간은 감각적 존재고, 예지계에 속하는 인간은 입법자가 됩니다. 현상계는 결정론적인 자연법칙이 지배하고, 예지계는 자유의 법칙, 도덕법칙이 지배합니다.

현상계에 속하는 경험적 주체는 감각세계의 일부로서 그 자체가 하나의 현상이므로 시간에 종속됩니다. 다른 한편 예지계에 속하는 주체는 예지계의 일부로서 시간과 관계없이 존재합니다. 예지적 주체는 자신을 자유의 주인공이자 도덕법칙의 자발적 주체일 수 있습니다. 주체는 자기 안에 있는 도덕법칙에 대한 의식을 통해서 자신을 예지적 주체로 만들 수 있습니다.

피노키오의 철학

2. 진리와 진리가 다툰다면?

지은이 | 양운덕

초판　1쇄 발행일 2001년 10월 3일
개정판 1쇄 발행일 2012년 12월 10일

발행인 | 김학원
경영인 | 이상용
편집 주간 | 위원석
편집장 | 정미영 최세정 황서현
기획 | 문성환 나희영 임은선 박민영 박상경 최윤영 조은화 전두현 최인영 정다이 이보람
디자인 | 김태형 유주현 구현석
마케팅 | 이한주 하석진 김창규 이선희
저자 · 독자 서비스 | 조다영 함주미(humanist@humanistbooks.com)
스캔 · 표지 출력 | 이희수 com.
용지 | 화인페이퍼
인쇄 | 청아문화사
제본 | 정민문화사

발행처 | (주)휴머니스트 출판그룹
출판등록 제313-2007-000007호(2007년 1월 5일)
주소 | (121-869) 서울시 마포구 연남동 564-40
전화 | 02-335-4422 팩스 | 02-334-3427
홈페이지 | www.humanistbooks.com

ⓒ 양운덕, 2012

ISBN 978-89-5862-552-0　04100

● 이 도서의 국립중앙도서관 출판시도서목록(CIP)은 e-CIP홈페이지(http://www.nl.go.kr/ecip)와 국가자료공
동목록시스템(http://www.nl.go.kr/kolisnet)에서 이용하실 수 있습니다.(CIP제어번호: CIP2012005616)

만든 사람들

편집장 | 황서현
기획 | 박상경(psk2001@humanistbooks.com) 최윤영 이보람
편집 | 김은미 이영란
본문삽화 | 박요셉　디자인 | 민진기디자인